雲南文庫

大家文丛

雲南文庫

大家文丛

纳西象形文字谱

方国瑜◎著　　和志武◎参订

雲南人民出版社
雲南大學出版社

图书在版编目（CIP）数据

纳西象形文字谱 / 方国瑜著；和志武参订. -- 昆明：云南人民出版社，2017.12
（云南文库. 大家文丛）
ISBN 978-7-222-16731-5

Ⅰ. ①纳… Ⅱ. ①方… ② 和… Ⅲ. ①纳西语－表形文字－中国 Ⅳ. ①H257.2

中国版本图书馆CIP数据核字(2017)第289844号

出 版 人：赵石定
统筹编辑：马维聪
责任编辑：段金华　陈　亚
责任校对：李继孔　佘丽红　陶汝昌
责任印制：洪中丽
装帧设计：刘　雨　郑　治

云南文库
纳西象形文字谱
Naxi Xiangxing Wenzi Pu
大家文丛　方国瑜　著　和志武　参订

出　版　云南人民出版社　云南大学出版社
发　行　云南人民出版社　云南大学出版社
社　址　昆明市环城西路609号　昆明市一二一大街182号
邮　编　650034　650091
网　址　http://www.ynpph.com.cn　http://www. ynup. com
E-mail　ynrms@sina.com　market@ynup. com
开　本　787mm × 1092mm　1/16
印　张　41.75
字　数　672千
版　次　2017年12月第1版第1次印刷
印　刷　云南国方印刷有限公司
书　号　ISBN 978-7-222-16731-5
定　价　130.00元

如有图书质量及相关问题请与我社联系
审校部电话：0871-64164626　印制科电话：0871-64191534

前　言

习近平总书记在党的十九大报告中指出:“文化是一个国家、一个民族的灵魂。文化兴国运兴,文化强民族强。没有高度的文化自信,没有文化的繁荣兴盛,就没有中华民族伟大复兴。要坚持中国特色社会主义文化发展道路,激发全民族文化创新创造活力,建设社会主义文化强国。”

中国特色社会主义文化,源自于中华民族五千多年文明历史所孕育的中华优秀传统文化,熔铸于党领导人民在革命、建设、改革中创造的革命文化和社会主义先进文化,植根于中国特色社会主义伟大实践。发展中国特色社会主义文化,就是以马克思主义为指导,坚守中华文化立场,立足当代中国现实,结合当今时代条件,发展面向现代化、面向世界、面向未来的,民族的科学的大众的社会主义文化,推动社会主义精神文明和物质文明协调发展。要坚持为人民服务、为社会主义服务,坚持百花齐放、百家争鸣,坚持创造性转化、创新性发展,不断铸就中华文化新辉煌。在实现中华民族伟大复兴中国梦的征程中,我们要坚定中国特色社会主义道路自信、理论自信、制度自信、文化自信。文化自信是更基本、更深沉、更持久的力量。中华民族有着深厚文化传统,形成了独特的精神标识,体现了中国人几千年来积累的知识智慧和理性思辨,这是我国的独特优势。中华文明延续着我们国家和民族的精神血脉,要加强对中华优秀传统文化的挖掘和阐发,使中华民族最基本的文化基因与当代文化相适应、与现代社会相协调,把跨越时空、超越国界、富有永恒魅力、具有当代价值的文化精神弘扬起来。要推动中华文明创造性转化、创新性发展,激活其生命力,让中华文明同世界各国人民创造的多彩文明一道,为人类提供正确精神引领。

中国是一个统一的多民族国家,在中华文化版图上,各地方的文化历史悠久,各具特色,丰富多彩。

云南地处祖国西南边陲,山川秀丽,民族众多,文化富集。是人类最早的发祥地之一。在这片土地上,既有灿烂的古代文明,也有近现代光荣的历史,底蕴厚重,影响深远。这是世代云南人民在发展完善自身的历史探索和社会实践创造中留下的宝贵历史遗产,是祖祖辈辈在不同领域、不同时期形成的民族智慧和传统文化的深层积淀,是云南历史得以传承和延续的不竭动力,是云南各民族团结进步的精神支柱。

千百年来,云南人民用自己的辛劳和智慧,守护祖国边疆,建设美丽家园。历经世代耕耘,薪火相传,创造了丰富多彩的民族文化;历经社会变迁、民族融合、文化认同,云岭大地钟灵毓秀,星光灿烂,诞生了无数杰出人物,涌现了诸多名家大师,产出了大批传世经典,为云南文化发展做出了卓越贡献。

云南有丰厚的学术文化传统。中原文化很早就在这里传播,大量的汉文典籍源源不断传入并积淀,成为云南文化的根基与传统。而地方、民族与边疆文化的诸多特色亦在云南文献中得以彰显。就地方特色而言,编史修志从来都是文化胜业,且成绩斐然。文献、专著、文集不断被创制和保存,民国年间辑刻的《云南丛书》,“初编”、“二编”即达二百零五种一千六百三十一卷及不分卷的五十册。其后更有数以万计的图书文献问世。从民族特色来说,云南民族众多,文化多元,民族典籍文化源远流长,傣族的贝叶文献、彝族的毕摩文献、纳西族的东巴文献、藏族文献、白族文献等，早已产生了世界性影响，是人类共同的文化财富。就边疆特色来看，记载或论述边地、边境、边界、边民、边防及边贸等内容丰富的边疆文献，种类多、价值高，历来都受重视。尤其是在今天云南建设民族团结进步示范区、生态文明建设排头兵、面向南亚东南亚辐射中心，建设文化强省的征程中，云南典籍文献的整理与研究被赋予了更为神圣的文化使命，推进到了新的发展阶段。盛世兴文。云南省决定实施文化建设基础工程，组织编辑出版一套具有文化保存与传承价值的大型学术文献丛书——《云南文库》，弘扬滇云文化，砥砺三迤后人，昌明云岭学术，功在当代，利在千秋。

《云南文库》分为三个系列。一是《当代云南社会科学百人百部优秀学术著作丛书》，收录中华人民共和国成立后出生的年轻一代云南学者的优秀作品。二是《学术名家文丛》，收录辛亥革命至中华人民共和国成立前出生的云南学术名家的代表之作。三是《大家文丛》，收录辛亥革命以前的云南学术大家的传世著作。通过整理和总结、展示与交流，努力促进今日云南学术文化的建设与繁荣，意义深远。

编纂《大家文丛》，是承传云南学术文化，保存云南记忆的基础性文化工程。从古至今，云岭大地孕育了诸多硕学鸿儒、名家大师、文化先贤，可谓星光灿烂。长久以来，红土高原产生了大批思想深邃、智慧非凡的光辉著作，蔚为大观，逐渐形成了具有云南自身特点的学术特色与知识谱系。今天，我们拾起历史长河的明珠，拂去传世经典的蒙尘，重新整理和展示云南学术史上的高峰之作，就是为了重构云南地方知识与文化，增强传统文化区域性叙事中存在的精神感召力，传承和弘扬优秀民族文化，以滇云文化和云南记忆，填充中华民族多元一体的文化版图。

编纂《大家文丛》，是打造云南文化品牌，增强文化自信的重要举措。云南悠久的历史文化、丰富的民族文化、独特的生态文化、包容的宗教文化，是中华文化百花园的重要组成部分。以云南学术大家及其皇皇巨著为承载的云南文化，是云南社会发展的文化源泉，是云南人民的智慧结晶。编纂丛书，就是为了回归滇云文化的本源，筑牢文化自信的根基，为更多的人了解云南搭建平台，为研究云南构筑载体，为发展云南提供借鉴，在更高层次和更宽领域传扬云南文化精神，打造云南文化品牌。

编纂《大家文丛》，是弘扬优秀民族文化，促进文化繁荣兴盛的基础工程。习近平总书记在考察云南时指出："云南少数民族文化是中华民族文化的重要瑰宝，要积极加以支持和发展，彰显民族文化的个性和特色。"我们将努力以编纂《大家文丛》等文化精品为契机，继承优良传统，发挥地域优势，突出民族特色，提高格局站位，积极推动学术创新，努力创造更多优秀的学术成果和文化精品，以滇云文化涵养云南人民，助力云南实现跨越发展。

《大家文丛》得以面世，凝聚着先哲大家的心血和智慧，离不开今贤同仁的奉献与付出。省委宣传部领导组织有力，省社科联、省文史馆、云南大学、省图书馆、云南人民出版社等相关单位和参与整理编校的专家学者不辞辛劳，通力协作，玉成丛书。翰墨流芳，文化永续。在此，向所有的参与者表示崇高的敬意和衷心的感谢。《大家文丛》是《云南文库》的压轴之作，从构思到付梓，离不开广大读者和社会各界人士的支持，在此谨致谢忱。

文化建设没有终点。希望社会各界继续支持《云南文库》编校出版工作，欢迎各方有识之士积极参与到云南文化建设的伟业中来。

《云南文库·大家文丛》编委会

2017年11月

纳西象形文字谱

弁　言

滇西北丽江一带纳西族（旧称麽些人）地区，流行着东巴教，是一种巫教，祈神禳鬼，从事迷信活动。教门的经书，是用象形文字写的。居民因疾病、消灾、求福，请东巴教徒作道场，是常有之事。我在幼年多次去看东巴跳神行法，听讽诵经书，但没有了解过经书的内容，也未曾学过文字。那时，学童开蒙读书识汉字，用纳西语讲解，而不学东巴字，一般社会生活所用的也都是汉字，只有东巴教徒用这种文字写经书，而被认为鄙俗，受到歧视。

在公元一九三二年夏，将卒业于北京大学研究所，所长刘复（半农）先生，鼓励我学习纳西象形文字。他拿法国学人巴克（j·B

acot）所著纳西研究（Les Moso）一书给我看，是著者旅行至丽江时访问社会历史、收集文物资料，编纂记录成此书，于一九一三年在巴黎出版。书里收很多图版，其重要者为纳西象形文字，他认为是世界上通用的文字中所罕见，值得研究，就请东巴教徒讲解经书，录出三百多字，逐字记音译义，称作“字典”。但东巴教门用象形文字写经书，而不把口诵的全文写下来，每段只寥寥几字，要读几句，文字符号只是帮助记忆，省略甚多；且字符多同音假借，不尽为本义。东巴教徒虽滔滔讽诵，但不解字义，故不识经书者，虽专心听讲解，往往不得要领。况巴克既不了解纳西族社会历史，又不懂语言，只凭辗转翻译，故所记录多错误。刘先生剌取其书中若干事，与我反复讨论，能知大概而未确切，当日寓晚，至今犹在心目中。

刘先生认为这种文字还有人应用，自有

一番学问，能深刻了解纳西族社会生活，精通语言，可以研究得其奥妙，且可用以研究人类原始文字，是很有价值的，鼓励我回本乡学习这种文字，后曾多次谈论这个问题。这年冬天，我到河南洛阳、信阳些地，刘先生又多次来信催促我。直到一九三三年秋我回到丽江，旅行金沙江、玉龙山名胜，后约周汝诚、杨品超二位，共同请一位东巴和宗道先生，请他讲东巴教的传说、教义和各种道场仪式，次编经书目录，讲解内容，曾详译（tśo˩bar˧tśv˧）人类来源一书及若干经书的节略，着重于文字的应用。后请不同教派的三位东巴教徒写单字卡片及标音字汇，分别逐字批记音读和众义，作初步整理，最后请年逾七旬的东巴教门长老和士贵校订，并作补充，经过约五个月成草稿一小册，离家回到北京，已是一九三四年六月也。

到京后不几天，刘半农先生病逝，无从

请益，但为了完成纳西象形文字谱，到南京从赵元任、李方桂两先生学习语言学，制定纳西语的音标。然后着手编写，先编象形文字及标音文字卡片，再编字汇，至三六年七月成书。带着稿本至苏州，从李根源（印泉）先生谒章炳麟（太炎）先生请教。他很高兴，即时命笔写序，并嘱以结合殷周古文字多作研究。就在这时，我已决定赴滇西边区考察，往返一年，被留在昆明，教读于云南大学以至今。

纳西象形文字谱写成初稿至今逾四十年间，曾经两度修改定稿，寄出付印而未如愿。在一九三九年顾颉刚先生任教于云南大学，将赴成都应齐鲁大学研究所之聘，他来昆明西郊海源寺云南通志馆找我索此稿，将列为丛书之一种，乃修改并写绪论，及收集几张图片；次年誊写清本寄往成都。后数月顾先生来信说：有美国学人罗伦士（MartisR.nrrius）

来中国学古象形文字，见我的稿本，愿翻译英文，可作英汉合璧出版，已配备助手可一年完稿。到四一年十二月太平洋战事起后，又来信说：罗伦士仓促回国，把我的稿本和图片都给劫走了。即時发信请追究，久之没有结果。到一九五三年，有国际学人来昆明访问，见我的手稿，说这样的书已在美国出版了，侵犯版权，应当起诉。为要拿着证据，他答应回国后复印寄来，但失信用，杳无下文。一九五八年吴晗同志从埃及归来过昆明，催我及時出版此稿；胡厚宣、周有光两位也再三提过，于是写三次修改稿，曾带到北京承和志武、周汝诚二位多提供意见，补充字谱几十个字，由傅于尧誊写清本，在一九六五年七月交文字改革委员会，列入六六年出版计划精印，但未能如期完成。

在一九七二年夏，我到北京医病，那時视力衰退已很严重，视网膜血管硬化，脉络变质，而不能施手术，也没有对症药物，中西医束手无策，到年底回昆明。在医病期间，把纳西象形文字谱稿本取回，缺点还多，要再一次修改，想请教于郭沫若同志，已给他信表明，但无回音，归至昆明后不久，收到郭老的信，责成我认真修改，并以通过组织关系，请和志武同志来昆明，共同整理这份稿子。

近几年来整理此稿，将已修改绪论部份刻印，请求专门家指教再作修改。主要部份为象形文字，常用字之外，专用名词甚多，大都为形声相益，不暇尽收，故称简谱。其标音文字，一字一音，异体甚多，取其简要，附载常用语词，分别声调，且记象形字次第号码，可供对校，且明同音假借，并举字例不求其全。至于文字应用，见于教门经书，因字符省略与同音假借二事，识字未必能读书，故作翻译举例，说明文字之应用。

此书分作四篇，各有专题而相结合，庶使研究这种文字掌握本质得其大概，已经四易其稿，尽力而为，但限于知识，只是初步见解，有待后之来者深入研讨，发微阐幽，有功此门学问。

方国瑜

一九七九年六月六日

麽些文字一卷，麗江方國瑜著。麽些者，羌之遺種也，其居於金沙江西、東北及四川之建昌南及雲南之麗江，其户以十餘萬人，皆事鬼不奉釋教，唐以上與中國通，迄今不立酋長，自中國派官統之。所制文字大氐以象形為字，不足即以形聲會意兼濟之，凡千數百字，如以日月之作○○，人之作吳，字與古文科斗異，而其語皆單音，亦與漢語同原。蓋余嘗謂漢族出自西羌，大禹一出而奠九州之疆土，吾今之所以為中夏者，實西羌之才俊，使我一史溯其先，當溯起于若水，若水即今雅礱江，於高陽者即古麽些之種類。嘗刻意欲求，而无舊典，而其書籍不傳，中土人士亦鮮與其人酬對者。今幸見方氏書，且爲余說右證。異日待益窮究，所得當較今茲愈廣，於以辨章種姓，適合世使外人擬議之詞一旦廓清，豈不快哉。是書爲先導可也。民國廿四年七月章炳麟序方国瑜同志：

七月四日信，早就接到。因在外好些天住医院，今天才覆你。快有半年了。真对不住。尊体近来好些吗？

大著《纳西象形文字简谱》已经改好了吗？甘古之说极有意思，希望早日改好，付印出版。

所说信已回昆明，将简要叙陈之谈。专此，顺致

敬礼。

郭沫若

六二年十一月廿二日

目　录

纳西标音文字简谱

附常用词汇

纳西文字应用举例

纳西象形文字谱绪论

丽江　方国瑜　编撰
和志武　参订

壹、纳西族的渊源迁徙和分佈

近代纳西族居住在祖国西南金沙江(长江上段)上游地带，略以长江第一湾流至东经一百度四分外，自北而南，分作东西两个区域。这两个区域的纳西族约三十万，称谓复杂，一般说来，东部称为麽些，西部称为纳西；见于史籍纪录，则通称麽些，现在已确定"纳西"为共同的族名。从本族自称来说，西部自称na˩ɕi˧，东部自称na˩ 或 na˩zɿ˧。按：ɕi˧或zɿ˧之意为"人"或"族"，而以na˩ 为专名，na˩的取意为"大"①，名从其主，称为na˩ɕi˧"纳西"是正确的。至于麽些为他称，见于纪录无定字，同音异写，且含有侮蔑，应当废除。兹述历史，徵引见于纪录的名称，仍其旧文，並不是认为这样的称谓是正确的。

纳西族渊源于远古時期居住在我國西北

河湟地带的羌人，向南迁徙至岷江上游，又西南至雅砻江流域，又西迁至金沙江上游东西地带。在漫长时期，劳动人民不断创造经济和文化，经过历史发展各个阶段，为缔造祖国统一的多民族国家的成员之一。其渊源迁徙和分布，见于纪录可考者略说之。

注：① na˩纳在口语中取意为"大"，如：bi˧ na˩大森林；hɯ˥na˩ 大海；lv˧na˩大石；dʑy˩na˥大山；hɯ˩na˥ 大雨。纳西口语，na˩的普通意思还有"黑"之意，但na˩ɕi˧不是"黑人"之意，"黑人"应为ɕi˧na˩，修饰语在被修饰语之后。

一　古羌人支系

说文解字羊部："羌，西戎牧羊人也，从羊、从人。"礼记王制篇："西方曰戎，被发衣皮，有不粒食者矣。"按：古时居住在西北草地的羌人，以游牧为主，部落分居，有"五戎""七戎"之称（尔雅释地），先后向东、西、南三面迁徙，渐迁而远，分在各地创造了历史。其向东迁徙者，如夏部族内有羌人，史记六国表说："禹兴于西羌"，集解引帝王世纪"禹生于西羌，西夷人也"。又商部族邻近有羌人，诗商颂殷武篇说"自彼氐羌，莫敢不来享，莫敢不来王"。甲骨刻辞有羌方部落（北羌、马羌），又有伐羌、征羌、获羌、来羌、用羌之事，为商之一部。又周部族亦有羌人，诗大雅生民篇说："厥初生民，时维姜嫄"；后汉书西羌传"西羌，姜姓之别也"；按："之"字应作"其"，姜为羌之别姓，有称"姜戎"（左襄十四年），其齐许申吕诸国皆姜姓。大抵夏商周三代，羌人东迁，散居于黄河中游地带，名号甚多，渐与当地居民融合，后为形成"汉族"之成员。其向西迁徙者，后汉书西羌传说："附落而南出赐支（禹贡析支）河曲西数千里，与众羌绝远"。又说"发羌、唐旄等绝远，未尝往来"。新唐书吐蕃传说："吐蕃本西羌属，有发羌、唐旄等，居析支水西”。诸羌分居，名号甚多，传说古史有戎、羌、氐、僰诸部，后以僰为中心（发、伯特），融合形成藏族之先民。其向南迁至蜀汉近境岷江流域分支而南者，为西南各族之先民，支别甚多，纳西族即其一支（说在下文）。

见于纪录之羌人支派，各为族别，而语言有相同特徵，据调查近代各族语言，从语音、语词、语法，分析综合研究其亲属关係所得结论，有汉藏语系，分汉语、苗瑶语、壮傣语、藏彝语四个语族。其藏彝语族，分藏语、彝语、景颇语等三个语支；又彝语支分彝语、纳西语、傈僳语、拉祜语、哈尼语、白语等语言。各族语言都是历史形成的，语言之亲疏关係，可知其族属渊源关係。纳西族传说汉、藏、纳西三族的祖先为三兄弟，即因其族属渊源有关，且在社会历史发展过程，友好往还，相互影响，亦有迁徙融合，故传说如此也。

南迁羌人之纳西族先民，所居住的地域、年代及社会生活，见于记载者，虽不详而大概可知，分说如下：

二、旄牛道的越巂羌

纳西族渊源于自河湟地带南迁的古羌人。后汉书西羌传说：古羌人"子孙分别，各自为种，任随所之，或为牦牛种，越巂羌是也"。又说："牦牛羌在蜀汉，其种别名号皆不可纪知也"。按：所谓牦牛羌，散居在祖国西南蜀郡边境广大地区，支别名号很多，麽些族是其中之一支。章太炎西南属夷小记说："唐时所谓麽些蛮，即羌种之流入者"，这是可以确定的。

史记西南夷传说：汉初的蜀贾人，"取筰马、僰僮、髦牛，以此巴蜀殷富"；按："髦"即"牦"，以产牛著，与蜀地经济联系很密切，为蜀郡边境的部族。后汉书西南夷莋都传说：“元鼎六年（公元前一一一年）以为沈黎郡，天汉四年（公元前九七年）并蜀（郡）为西部，置两都尉，一居旄牛主徼外夷，一居青衣主汉人”。按：“旄”亦即“牦”，以旄牛为地名；水经若水注说：“大渡出徼外，至旄牛道”，则旄牛在大渡河上游今泸定地区，而青衣在今雅安地区。莋都传又载：永平中（本纪在永平十七年，公元七四年）旄牛道的白狼、槃木、唐菆等奉贡，献诗三章；这就是所谓白狼歌，共四十四句，一百七十六字。从对译的音义来看，用汉语及过于抽象不能确定本义的约八十字，其余九十余字，基本上与近代纳西语相同或相近，语法亦相同；可知白狼语与纳西语的亲属关系是很密切的。从语言的亲属可以推知族属渊源关系是很密切的，纳西族的先民，是从大渡河以北地区迁徙而南。

任乃强西康图经民俗篇说：“麽些为康、

滇间最大民族，亦最优秀之民族也”。又说：“今泸定县南之摩西面，实称摩西面，谓摩西古境也”；不知这个地名是否很早时期已有；若然，则大渡河北旄牛族地区早已有摩西一支的族名。其在大渡河以南者，元史地理志建昌路邛部州说：“昔麽些蛮居之，后仲由蒙（按：彝族祖先）之裔夺其地”；按：邛部州即今越西县，何时为仲由蒙之裔夺之，不得而知。惟元志阔州曰：“昔仲由蒙之裔孙名科居此，至三十七世孙娑罗内附”；若仲由蒙之裔得邛部地，亦为同时，则麽些族在邛部失败，约当公元三世纪末（西晋时期）。由此可知，麽些族早年居住在邛部州，后来始衰；但非完全失败，还在长时期有麽些族住在这个地区。冕宁县志载清康熙年间，还有麽些族的土目和土民，这是从很早时期住在大渡河南的麽些族。我在一九六〇年春到冕宁访问，遇西番人宋占胜，据说：“往昔麽些村落，大部现已操汉语，老规矩已不存在”。又听说有一位冕宁麼些族干部在西昌专区民委会工作，我转到西昌时，他去畜牧场，没有见着，冕宁麼些族的情况还弄不清楚。

三　定莋的摩沙族

麼些族居住在大渡河南的年代很久，也在早期已有一部分从这地区迁到雅砻江下游一带。华阳国志蜀志越嶲郡定莋县说：“县在郡西，渡泸水（按：此系泸，即雅砻江）宾刚徼，曰摩沙夷”。按：“曰”字，今本作“白”，从蜀中广记卷三四引文改正。“摩沙”即麼些名称最早的记录。定莋即今盐源县。华阳国志又载：张嶷至定莋，“夷帅狼岑、槃木王舅不肯服”。此说已见于三国志蜀志张嶷传，称“定莋豪帅狼岑、槃木王舅，甚为蛮夷所信任”。按：张嶷至定莋，应在延熙三年（公元二四○年）稍后，狼岑即定莋豪帅，为槃木王之舅；槃木即后汉书中之白狼槃木，在旄牛道，与定莋县摩沙夷为婚姻，亦可知摩沙夷与旄牛夷有亲属关系。且疑摩沙之"沙"，即纳西语之tsʼo˩，意为人或族，摩沙即摩族，以"旄"得名，汉语称之，沿用至近代。

麽些族居住在定莋的年代可能很早，据丽江木氏宦谱说，摩娑人居定莋，世为昆明总军官，传至唐武德时叶古年凡十七世。若此说可信，则在公元二世纪末，定莋境内已有摩娑土长，与三国志所载相合。在这地区的摩娑族，后来繁盛，樊绰云南志卷一说："台登城直西有西望川，行一百五十里入曲罗，泸水从东北来，至曲罗萦回三曲，中间皆麽些部落。"又卷六说："昆明、双舍至松外以东，近泸水，并麽些蛮种落所居之地"。按：台登城，在今冕宁县南之泸沽镇，直西至西望川，应近雅砻江沿岸，惟不能确指其处。又此泸水，亦称东泸，樊志卷二说："东泸，古诺水也，源出蕃中节度北”，此即今之雅砻江。流至曲罗，不详其处。水经若水注引益州记曰：“泸水源出曲罗”，郭允蹈蜀鉴卷九徐引作“李膺益州记”，则曲罗地名已古，但非在泸水源，戴校水经注已疑“有讹误”，盖衍“源”字。又樊志卷六说：“昆明城，在东泸之西，正南至松外城”；按：昆明即今盐源县，松外在其南。新唐书地理志嶲州昌明县说：“贞观二十二年开松外蛮，置牢州及松外、寻声、林开三县，永徽三年，州废，省三县入昌明”；疑昌明即在今盐边县，寻声即双会，音读相近。樊志说：“东泸流至寻传部落，与磨些江（金沙江）合”；又说：“磨些江至寻传与东泸合”；疑寻传即寻声之误，寻声部落在雅砻江与金沙江会流之处。大概，今雅砻江下游盐源、盐边两县，历代为麽些族居住之地。

元史地理志柏兴府说：“昔摩沙夷所居，汉为定莋县隶越嶲郡，唐立昆明县，天宝末没于吐蕃，后复属南诏，改香城郡，元至元十年，其盐井摩沙酋罗罗将茹库内附”。按：柏兴府即今盐源、盐边之地，应在元代以前已为摩沙族与罗罗族共居，各有土长。明史建昌土司传说：“柏兴府贾哈喇境内麽些等部”，又说：“贾哈喇者，麽些洞土酋也”。按：蜀中广记卷三十四引土夷考、九种夷，有麽些族即在盐井卫。卫属土千户所，有左所千户姓剌，右所姓八，中所姓剌，前所姓阿，后所姓卜，说：“国初归附授官，贡马事例皆同”，是从元代沿袭的土职。

嘉庆四川通志卷九十七土司志盐源县、会盐营所属，有左所（喇姓）、右所（八姓）、中所（喇姓）各为千户，前所（阿姓）、后所（白姓）各为百户，康熙四十九年投诚授职，都说是“麽些夷人”，共管一千七百四十五户。此外，还有瓜别安抚司已民管一千二百五十三户，古柏树千户郎氏管五百八十六户，也说是"麽些夷人"；按：瓜别、古柏树在今盐源县西部。

自汉以来，麽些族居住在定筰县，后来繁盛，自唐以后罗罗族迁居这个地区，麽些土长已不能统治全境。明代设盐井卫，设置军屯，麽些土千户分隶军衙，社会经济文化的改变很剧烈，清时土职虽沿袭至近代，势力已衰。又由于民族融合，麽些族人口已少，据近年调查，在盐源、盐边、木里等县的麽些族共一千四百九十七户，一万零八百三十六人①。

注：①志武按：盐源地区自古以来的居民，主要是麽些族。解放初期的调查资料，也称为麽些或麽梭，不久出现了所谓"蒙族"的称谓，不认为是纳西族。一九五六年，我参加中国科学院少数民族语言调查第三工作队纳西语调查组，到四川西昌民族干部学校，

找盐源、木里、盐边等县的"蒙族"学员和干部调查语言，经过初步分析研究，证明不是"蒙语"，而是纳西语。一九五七年在昆明召开云南省少数民族语文科学讨论会时，四川省民委曾派两位代表，参加纳西族语文讨论，最后通过《纳西语调查报告》，将纳西语正式划分为东、西两个方言，上述盐源、木里、盐边的所谓"蒙语"，属于纳西语东部方言。一九六二年四川省志民族志调查组所写的《盐源木里"蒙族"识别调查小结》认为："根据我们访问一九五二年前后在左所和永宁工作过的同志所得的材料，改称"蒙族"是个别上层搞出来的。（和按：即永宁土司和左所土司）这些上层人士抱着政治野心，拟将盐源、木里和宁蒗县"摩梭"改称"蒙族"，建立至少相当于县一级的自治单位，从而利用各种合法的机会和民间传说，在人民群众中进行活动"。该识别调查小组经过对民族名称、历史、语言文字、经济生活、社会组织和风俗习惯等各方面进行调查和分析研究，认为"盐源、木里'蒙族'不是蒙古族，而是纳西族的一个支系，应改称纳西族"。我们认为这个结论是正确的。

四、 西洱河的越析诏

定柞地区的麽些族，有渡金沙江而南至洱海以东地区的部落，樊绰云南志卷三说："越析，一诏也，亦谓之麽些诏，部落在宾居，旧越析州也，去囊葱山一日程"。又卷一说："越析州，今西洱河东一日程，越析州诏长故地也"。又卷二说："囊葱山，在西洱河东隅，河流俯啮山根，土山无树、石，高不过数十丈，面对宾居、越析，山下有路，从渠敛赵出邆川"。又卷五说："渠敛赵东北至毛郎川，又东北至宾居，又北至越析州，麽些诏故地也。"按：樊志所载越析诏的地域甚为明白，渠敛赵即赵州，今之凤仪；邆川即邆赕诏，今之邓川；自渠敛赵赴邆川，沿洱海东岸行，过玉案山，当即囊葱山；距此一日之宾居，今犹用此名，宾居北即宾川县城，越析诏城应在其地，故当为洱海以东地区。惟元一统志丽江路建置沿革说：“唐为越析诏，或谓麽些诏”，元史地理志同，（字句稍异）后来编纂史事之书亦同，即以麽些族属于丽江，而作此说，并非有据。

麽些族何时迁至越析州，不得而知，惟在开元年间，势力强盛，为六诏之一。后为蒙舍诏所败，樊志越析诏说：“有豪族张寻求，白蛮也，开元中（原误作贞元）通诏主波衝之妻，遂阴害波衝，剑南节度巡边至姚州，使召寻求笞杀之，遂移其诸部落，以地并于南诏。波衝兄子于赠，提携家众走，降铎鞘，东北渡泸，邑龙佉沙，方一百二十里，周迴石岸，其地总谓之双舍。于赠部落亦名杨堕，居河之东北。后蒙归义隔泸城临逼于赠，再战皆败。长男阁罗凤自请将兵，乃击败杨堕，于赠投泸水死。数日始获其尸，并得铎鞘”。南诏击败越析诏事，亦见德化碑说：“越析诏余孽于赠，持铎鞘，窃泸江，结彼凶渠，扰我边鄙。……诏（阁罗凤）弱冠之年，已负英断，固请自征，志在扫平，枭于赠之头，倾伏藏之穴，铎鞘尽获，宝物并归，解君父之忧，静边隅之侵”。按：于赠携家众奔越析州，东北渡泸水，应在开元二十六年之前，（是年已平五诏，唐封蒙归义为云南王，见册府元龟九六四）。蒙归义乃隔泸水与于赠对峙，于赠复渡泸与南诏战，当因麽些部落不是一次全部迁走，在越析地区还有势力，企图恢复。既被阁罗凤击败后，南诏不容麽些部落，遭到扫荡，都退回泸水以北。阁罗凤出征，应在开元二十八年，盖阁罗凤生于开元九年（见白古通戏述），是年称弱冠也。

于赠渡泸而北，“邑龙佉沙”，“谓之双舍”，按：新唐书南诏传作"邑于龙佉河"，疑"沙"字为误；樊志卷七说："东蛮磨些蛮诸蕃部落，共食龙怯河，水中有盐井两所"；此龙怯河即龙佉河。又双舍即樊志卷六所谓"昆明、双舍至松外以东边近泸水"之地，为寻声之转音，（已说见上文）。通典卷一九九边防典说：贞观二十二年四月，梁建方讨松外诸蛮，"蛮酋双舍帅众拒战，建方击败之"，亦载新唐书南蛮传作"酋帅双舍"，以双舍为人名；疑"蛮酋双舍"，或即"双舍蛮酋"之误，也可能同用为地名和人名。从记载可知双舍在今盐边县境，而龙佉河即今龙罗河。向达蛮书校注说："后来越析北徙至今丽江一带"；惟非北徙至丽江，见于纪录之地名，甚为明白。盖磨些族是从双舍地区渡泸而南至越析州，聚成部落，其势渐盛，既为南诏击败，又退回双舍，此后泸水以南无磨些族居民了。

五、　昆川、西爨的麽些人

麽些族居民，曾被南诏掳掠安置在昆川地区。樊绰云南志卷四说："磨蛮，（新唐书南诏传作麽蛮些蛮）……南诏既袭破铁桥及昆池等诸城，凡虏万户，尽分隶昆川左右及西爨故地"。又卷六拓东城说："贞元十年，南诏破西戎（吐蕃），迁施、顺、磨些诸种数万户以实其地"。按：旧唐书本纪："贞元十年三月庚辰，南诏异牟寻攻破吐蕃铁桥以东城垒十六，擒其王三人，降其民众十万口"。又樊绰云南志卷七昆明城说："有大盐池，比临吐蕃，贞元十年春，南诏收昆明城，今盐池属南诏"。通鉴："贞元十一年十月（纪年月误），南诏攻吐蕃昆明城取之，又掳施、顺二蛮王"。新唐书南诏传："异牟寻攻吐蕃，复取昆明城以食盐池，因定磨些隶昆川（原误作昆山）西爨故地"。按：贞元十年正月五日，南诏异牟寻与唐使臣崔佐时盟于点苍山神祠，即出兵吐蕃，取铁桥以东城垒及昆明城；在这地区，多为麽些族所居，掳掠一万户人口安置在昆川，这是一次大量人口的迁移。昆川即昆州，在今滇池周围地区，迁到这个地区以后的事迹，不获知其详；惟南诏控制被征服的麽些族人户，想来不使他们聚居，而是分散在西爨各地；后来融合于爨族，没有单一的麽些族存在了。

元史地理志澂江路说："初，麽些蛮居之，后为爨蛮所夺，至段氏时，麽些蛮之裔后居此甸，号罗伽部"；又阳宗县说："昔麽些蛮之裔居之，号曰强宗部"；又新兴州说："段氏时，麽些蛮分居其地"。此所谓麽些蛮，是不是被南诏安置在西爨故地的麽些族后裔，而至大理段氏时期仍设为部呢？陶云逵的关于麽些之名称分布与迁徙一文，是肯定的，他画唐宋元时代麽些民族分布图，就在澂江、玉溪

（新兴）法记麽些居民的符号。但这是元史地理志的误字，并不可靠。元史地理志新兴州研和县说："麽些徒蛮步雄居之"，此称为"麽些徒"；又澂江路江川县说："至段氏，些麽徒蛮之裔居此城，更名曰步雄部"，则麽些徒为些麽徒之误。又元史地理志在建水州、宁州并说："些麽徒蛮居之"；在晋宁州归化县、呈贡县、弥勒州、威楚路定远县并说："些莫徒蛮居之"。凡元史地理志所载的些莫徒蛮、些麽徒蛮、麽些蛮，是同名异写，而麽、些二字为误倒，不能从其误而认为大理段氏至元代在澂江、新兴还有麽些族存在。

考新唐书两爨传说："爨蛮之西有徒莫祇蛮，俭望蛮，贞观二十二年内属，以其地为傍、望、览、丘、求五州，隶郎州（今曲靖）都督府"。地理志诸蛮州所载同，通鉴亦载之。此徒莫祇，即元史地理志的些莫徒，明一统志卷八十六作撒摩都，亦作些门，景泰云南志卷四楚雄府说："定远县之民，有曰撒摩都，即白罗罗之类"，明、清地方志书记载撒摩都，同音异字甚多，近代有作撒民，自称撒马都，这就是唐初记录徙莫祇相传至今的名称，不能与麽些族相混。

六、丽江、永宁地区的纳西族

麽些族自定苲再向西迁至金沙江上游地带。樊绰云南志卷四说："麽蛮，亦乌蛮种类也，铁桥上下及大婆、小婆、三探览、昆池等川，皆其所居之地也"。又卷一说："犛牛河，南流过铁桥上下麽些部落，谓之麽些江"。按：铁桥者，樊志卷六说："铁桥城，在剑川北三日程，川中平路有驿，贞元十年，南诏异牟寻用军破东西两城，斩断铁桥"。元一统志丽江路古迹说："铁桥，在巨津州之北，其处有城，亦名铁桥城，吐蕃当置铁桥节度于此。南诏异牟寻破吐蕃，断铁桥后，自此桥废，基址尚存"。正德云南志卷十一丽江府古迹说："铁桥，在巨津州北一百三十余里，跨金沙江，异牟寻归唐，与韦皋合兵破吐蕃，断铁桥，即此桥。桥跨处，穴石锢铁为之，遗址尚存，冬月水清，犹见铁环在焉"。按：铁桥遗址在今巨甸（巨津州城）北一天路程的塔城关，已不见铁环①。自唐调露二年（公元六八○年），吐蕃向南发展势力，置神川都督于此，贞元十年（公元七九四年），南诏异牟寻破吐蕃于神川，收铁桥以东十六城垒，设铁桥节度，即包有今丽江、鹤庆、宁蒗、永胜等县之地。樊志所说：铁桥上下磨些部落，并不限于铁桥城上下，而是指铁桥节度地区，且铁桥城上下，沿金沙江两岸，衆山峭壁，可居之地不多，早期居民所选择的，当在较为广阔之地。铁桥上下，乃泛指铁桥节度区域。

在铁桥节度区域之内，磨些族所居有大婆、小婆、三探览诸地，略作考说。樊志卷六说："昆明城在东泸之西，去龙口十六程。正北有讳苴川。正南至松外城，又正南至龙佉河。西南至小婆城，又西南至大婆城。西北至三探览城，又西北至铁桥城"。按：此为昆明城（今盐源县）出发向正北、正南、西南、西北诸路的地名，即小婆、大婆为向西偏南的路线，三探览、铁桥城为向西偏北的路线。樊志又说："宁北城，北地有隧川，又北有横川，又北有郎婆川，又北有桑川，即至铁桥城北九赕川"，此为自宁北城（今邓川）出发北至铁桥、九赕川（今巨甸）一路之地名。称为"川"，即平坝，据地形释之，隧川在今牛街坝，横川在今松桂坝，郎婆川在今鹤庆坝，桑川在今丽江坝，此数地间相距并约一天多的路程。郎婆应在鹤庆，今纳西语称鹤庆为le˧bv˧dy˩，意即le˧bv˧地，与郎婆川之音相近。疑郎婆即大婆，大婆城在今鹤庆坝也。元史地理志鹤庆路说："昔隶越析诏"，即因昔为麽些族所居。又元史地理志北胜府顺州载大婆小婆地名，即因古为小婆地；顺州在今永胜城西，疑小婆城在今永胜地。与樊志所载昆明城（盐源县）西南至小婆城又西南至大婆城之说相合。

又樊志之三探览，疑“三”下夺“睒”或“川”字，应作三睒、探览，为两地名。三睒者；元一统志丽江路通安州说：“州治三睒，亦曰样渠头睒”，元史地理志说：“通安州，昔名三睒”；按：样渠头，即今称 i˧ gv˧ dy˩，（古音渠头为全浊，对音适相符）为丽江城区。又三睒疑即桑川之异写，今藏语犹称丽江为 sætdo˧。又探览者，元史地理志丽江路永宁州说：“昔名楼头睒，地名答兰”，按：楼头，即今称 lv˧ dy˩，为永宁城区，地名答兰即探览之异写。此三睒、探览在昆明城西北地区，与樊志所说相合。

上述大婆、小婆、三睒、探览，并为铁

桥节度所居，当即"牙牟寻攻收吐蕃铁桥已东城垒十六"的几个重要地名，为麽些族所居。而三賧、探览的麽些部落，后来遂成强大势力。元史地理志永宁州说："按吐蕃东徼，麽些蛮祖泥月乌逐出吐蕃，遂居此賧，世属大理，宪宗三年（公元一二五三年）其三十一世孙和字内附（柯劭忞新元史地理志作三十三世，不详所据）。又通安州说："昔仆繲蛮所居，其后麽些蛮叶古乍夺而有之，世隶大理，宪宗三年，其二十三世孙麦良内附"。按：元宪宗三年，忽必烈征大理，元史世祖本纪说"至金沙江，乘革囊及木筏以渡，摩娑蛮主迎降"；即先至永宁、丽江，收服麽些族土长②。这时，在这两个地区有麽些族居民的年代不获知，其部族土长，永宁自泥月乌已传三十一世，通安州自叶古乍已传二十三世。以二十五年为一世纪计之，则泥月乌的时代在公元五世纪后期（当南朝齐、梁之际），得势于永宁，后二百年（当唐高宗時）叶古乍得势于通安（丽江坝）。在这两个地区有麽些族居民应在公元五世纪、七世纪以前，后有土长造成势力，此可得而说者。

丽江木氏宦谱说：摩娑土长在定苲世为昆明总军官，传至叶古年凡十七世，续传至秋阳，"秋阳，高宗上元（公元六七四至六七六年）中，为三甸（三赕）总管"；按：叶古年即叶古乍，疑"乍"字误。在公元七世纪，丽江之麽些族已建立政权，此说可以近信。又宦谱载秋阳子阳音都谷時，六诏併为南诏，乃服属于南诏，即为铁桥节度境内之土长。宦谱又说：传至剌土俄均時，郑买嗣篡南诏位，（在天复二年，公元九〇二年）遂不服郑氏；又载："剌土俄均生六子，各分部为诸夷之长"；盖在这時，丽江麽些族社会，发展到新的阶段，土长的统治势力也加强。自此以后，当不断发展。

丽江所属各地，在元之前，已为麽些族主要居住区域。元史地理志宝山州说："昔麽些蛮居之，其先自楼头徙居此，二十余世"；巨津州说："麽些大酋世居之"；临西县说："居民皆麽些二种蛮"；蒗渠州说："罗落、麽些三种蛮世居之"。在这几处以外，景泰云南志卷五兰州及鹤庆府并说："境内多麽些蛮"。又天启滇志卷三十说："麽些蛮，北胜、顺州亦皆有其类"；这也是在早期定居下来的。大抵，麽些族迁至金沙江上游地带，数百年间，逐渐发展，成为大片分居。以今之丽江为中心，其四境：东与西番（普米族）、北与吐蕃（藏族）、西与怒江（傈僳族）、南与大理（白族）交错，社会经济文化不断发展，也被土长木氏利用造成势力，与邻境争夺。

註：① 志武按：一九七七年五月，我同丽江县文化馆赵德祥同志一起，到丽江塔城公社的 ta˥ dʐɚ˧ 塔城村调查访问，经过同当地老人

座谈后，由公社干部梁耀恒同志亲自带路，顺江往北，实地察看，传说中的铁桥遗址，在今塔城村北四里许的金沙江边。江面不宽，江面还种有庄稼；遗址对面（江东）两个悬岩之间，有人可行走的狭长地带，直通高山。因年代久远，明显的铁桥遗迹，今已无存。

②志武按：关于忽必烈征大理"革囊渡江"的路线，读史方舆纪要说："宋宝祐初，蒙古攻大理，次忒刺（原注：在吐蕃境内），分军：一从西道入（原注：曰晏当路，在今丽江府徼外），一从东道入（原注：路由白蛮，即今姚安，或以为曲靖路，误也）。忽必烈将劲骑从中道入（原注：从越巂渡金沙江，至北胜州。此中道也）。"这是值得商榷的。按：元史地理志丽江路宝山州说："世祖征大理，自卡头济江，由罗邦至罗寺，围大匮等寨，其酋内附，名其寨曰：察罕忽鲁罕"。万历云南通志卷四永宁府说："元世祖驻日月和即此"（永宁）；又丽江府古迹大匮寨条，引元史地理志之说而加

详，都认为忽必烈是由永宁过宝山到通安州（今丽江坝），这是确定无疑的。一九七八年四月，我和丽江县文化馆李即善同志一起，经实地考察访问，进一步证实了"元跨革囊"的渡江口，就在今丽江县奉科公社的奉良渡口。该渡口纳西语称gv˧kʰu˧me˧，即"大渡口"，"卡头"当是纳西语gv˧kʰụ˧dỵ˩"渡江处"的音译；奉良渡口今天仍然是木里、永宁通往丽江的主要渡口。从渡口往上走五华里许，至今还有两个i˩pʰæ˩lo˩营盘村和ʐua˧bæ˩tɯ˧马箭道的地名，相传为元兵渡江后的驻地，今为奉科公社所在地。从奉科到宝山的必经路上，有一个大山谷，今天仍称lo˧tsʰy˥lo˩"蒙古谷"，意为蒙古人经过的山谷。从lo˧tsʰy˥lo˩往南到今奉科乡青，要爬一座高约四千公尺的雄伟山关，称为"太子关"。大匮寨在太子关西南方向的金沙江边，即今大具公社所在地，纳西语称da˧gv˧，"大匮"显然是da˧gv˧的音译。"察罕忽鲁罕"即蒙语，火源洛华夷译语：察罕为白，忽鲁罕为溪，意为白水，即今玉龙山麓著名的黑白水，是奉科、宝山、大具通往丽江的必经之地。可知，忽必烈进军路线，是经木里、永宁，从奉可渡江，过宝山（大具）、黑白水到丽江坝区，不是经盐源、永胜，在梓里渡江，这是很明确的。

七、公元十一世纪以来的历史发展

木氏宦谱说："牟西牟磋，当宋仁宗至和（公元一〇五四至五六），更立为摩娑大酋长，段氏罢威，亦莫能有"。明一统志卷八十七丽江军民府说："宋时为麽些蛮酋蒙醋所据，大理莫能有。"按：蒙醋即牟磋之异写（正德云南志卷十一及明史土司传作蒙醋醋者误）。到这时，麽些族土长称强于一隅。但蒙醋为诸部落大长，还不是有强力统治的居地区。李京云南志略诸夷风俗说："末些蛮，负陆酋寨星列，不相统摄”，惟元代以木氏大长为盟主的区域，设丽江路宣抚司，明代设丽江府。由于社会基础不断提高，木氏势力亦渐强大，自明永乐以后，木氏直接统治宝山、巨津二州。（土官底簿载此两州土官，永乐以后不袭职，可以为证）从此，扩张势力区域，在其东境，与盐井卫诸房么些土长争扰。蜀中广记卷三十四盐井卫土千户说：“诸房五千户诸，与丽江接壤，为诸蚕食，不克自振，惟日事强无害而已”。又说：“左所土千户，地与永宁、丽江二府为邻，丽江土官木氏每来侵之，土地夷民失其半”；按：丽江、永宁土官与盐井卫土千户经常争夺（明史姜昂传附姜龙传及永宁土司传略有记载），彭汝贤六招纪闻，即纂录嘉靖十四年会勘左、前二所与永宁府争地的案牍（刊入金声玉振集中）。此为么些族内部的争夺。

丽江土长木氏与吐蕃争夺，随着政治势

力的发展，麽些族居民被迁徙安置在各地。余庆远《维西见闻录》载夷人说：“麽些，即唐书所载麽些兵是也。元籍丽江，明土知府木氏，攻取吐蕃六村、康普、叶枝、其宗、喇普地，屠其民，徙麽些戍之，后渐蕃衍”。又自序说：“维西于唐为吐蕃东封。万历间，丽江土知府木氏寖强，日率麽些兵攻吐蕃地，遂取各要害地，屠其民，而徙麽些戍焉。自奔子栏以北番人惧，皆降。于是，自维西及中甸并现隶四川之巴塘、里塘，木氏皆有之，收其赋税，而以内附上闻”。按：《木氏宦谱》载自木嵚（正统七年袭职）以下泰、定、公、高、东、旺、青、增（隆武二年，即顺治四年卒）的二百年中，得胜于忠甸、你那、鼠罗、你罗等十数地的战绩记载很多。在长江第一湾立一石鼓（直径约四尺五寸，厚二尺），一面刻着嘉靖二十七年金紫主人（木公）所作《太平歌》和《破虏歌》，一面刻嘉靖四十年木高撰大功大胜克捷记，纪戊申、己酉两年在毛佉各（在阿墩子北六站，应在今梅岭山以北地区）等处的战绩。木氏不断扩张势力区域，迫使丽江居民迁往驻守，巩固统治政权，至晚明为盛。倪蜕《滇云历年传》卷十一康熙十年，云南巡抚李天裕题奏说："丽江土府，元明时俱资以藏障蒙番，后日渐强盛，于金沙江外则中甸、里塘、巴塘等处，江内则喇普、处旧、阿墩子等处，直至江卡、拉三巴、东卡，皆其自用兵力所辟"，则木氏已统治昌都、巴塘、里塘以南地区。在这地区散居的麽些村落很多。在一九五四年展开民族识别的调查，有人提到纳西族在西康地区有五千户以上的居民；但这地区的麽些族，大都与藏族融合，有称为"麽些古宗"，如在阿墩子北边盐井县境，清季还有麽些村落（见段鹏瑞《巴塘盐井乡土地理志自序》），现在已为藏族，即中甸腹地的东旺，原是麽些村落，现在已为藏族。又木里有丽江迁去的麽些居民村落，我在西昌时闻木里门功韩甲亚说，已报为藏族了。此以丽江以北在早期居住着的麽些族，多已融合于其他族，只在中甸属沿金沙江地区和维西境内，还有许多麽些族村落。

纳西族住在丽江地区的年代已久，在这地区有很大的发展，其居住区域之广，以明代晚期为盛。自清初改土设流以来，大量的民族融合，即纳西族融合于其他族，或其他族融合于纳西族，变动很大。据一九五四年调查，在丽江区纳西族居民有一十五万三百一十八人，分佈在丽江、中甸、维西、宁蒗永胜、剑川、德欽、福贡、贡山等县，又分佈在盐边、盐源、木里等地，共为十六万多人。

上述自远古至近代纳西族迁徙和居住区域的情况，瑜前写麽些民族考一文，刊于一九四四年出版的民族学研究集刊第四期，大体汇辑资料，而错误甚多。兹略说渊源迁徙和居住区域，可以了解这个民族在历史上分佈的情况。至于社会历史发展过程，已有云南民族调查组编写的纳西族简史简志合编，经过修订即将公开出版，可供参考。

贰、纳西象形文字的创始

附说标音文字的创始

纳西文字有两种字体，一种是象形文字，本语称为sar˧tɕʰə˧˩lv˧tɕʰə˧˩；此谓tɕʰə˧˩，即痕跡，亦即文字；sar˧为木，lv˧为石，意即见木画木，见石画石，是以图像的方法写成文字。余庆远维西闻见录说：“麽些，有字跡，专象形，人则图人，物则图物，以为书契”，就是指这种文字。又一种是标音文字，本语称为ga˩ba˩；

所谓ba˩即呼唤，gə˩即发作，意即看字发音；以简单的笔划写成文字，有固定音读。这两种文字都为东巴教（to˧ba˩）用以写经书，流传至现代。

纳西象形文字创始于何时，没有明白记录，也没有具体说法，只能作一些推测，难于定说。兹就所知，略作讨论。

在东巴经说：古代有圣人la˧iə˩py˩so˧sɿ˥kʏ˧，为创制汉、藏、纳西三种文字之三人，生于同时，分居三地。按：此为意构的称谓，la˧iə˩即聪明，py˩so˧即经书，sɿ˥kʏ˧即三人；聪明的三位经师创造三种文字，把他们供在（神座）上，奉为圣人。这是后人造说，并无实指，也没有提出这三位圣人的名字。但有人把这个称谓说作la˧iə˩造藏文者，py˩so˧造纳西文者，sɿ˥kʏ˧造汉文者；并且说：py˩so˧即保琮（阿琮），sɿ˥kʏ˧即仓颉；其理由是：可以“猜出”“声音相近”，以此肯定“不至于

大错”。但这样瞎猜，不惟大错，而且闹笑话了。推测传说汉、藏、纳西三种文字为同时异地创制的起因，由于纳西族的渊源与汉族、藏族有关，且在历史发展过程相互往来、相互影响，东巴经传说人类始祖tsʻo˩dze˧lɯ˥ɣɯ˧生三子，分居三地，成汉、藏、纳西三族；而这三族都有文字，就认为是同时创造的。但这三种文字创始的年代不同，传说不可信，不能强作比附来解说。

东巴经文说：古代在白地（ba˧da˧）的ɕa˧ɕy˩（鸡鸣）山下，有圣人 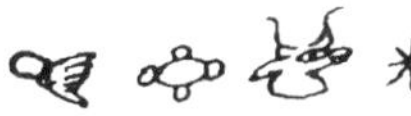 la˩dɯ˩ba˧—tv˩创始文字，这时居民知种麻，取皮结网，渔猎为生。按：此盖所谓聪明经师三人之一，亦意构人名，所谓la˩dɯ˩即大手，ba˧tv˩即正书，说是有特殊才干的手创造文字。据传说，这位创始文字者的时代，在tsʻo˩dze˧lɯ˥ɣɯ˧之后，ka˧le˩tsʻy˥之前，当洪荒之世，未必有据。

文字起源于图画记事，可能甚早，而作

为语言符号，以一事作一象、含一义、有读音，成为文字，则产生于一定社会条件。盖在形成阶级社会以后，人们关係频繁，需要文字工具。既有文字，专业者使用，亦产生于一定社会条件，盖阶级统治已较强，分别剧烈，专业者常要文字工具。其中有宗教徒写经书，传授甚久。

据一般说法，东巴教在to˧ba˩ʂɚ˥lo˧时代，始有经书。这位祖师的时代，有人以为很早，如陶云逵的麼些族之羊骨卜及贝巴卜一文里说：在白地(bər˧dər˧)请得巫师，自称东巴教主东巴萨勒(to˧ba˩ʂɚ˥lo˧)之九十五代嫡徒。（见人类学集刊第一期页八六）东巴教徒大都父子世业，历九十五代，要有二千多年，但萨勒的时代不能如此早，此说不可信。

陶云逵在公元一九三五年至白地村时，考察相传为东巴萨勒的修行处，发现丛林中有摩崖，为长江主人（即木高）题七律一章；

排除荆棘摄影，次年瑜至昆明获见影片，正书九行，行九(或)五字。其文曰：

五百年前一行僧，曾居佛地守弘能；
云波雪浪三千陇，玉壁银阶数万层；
曲曲同流尘不染，层层琼涌水常凝；
长江永作心田主，羡此高人了上乘。
嘉靖甲寅长江主人题
释理达禅定处

按：此摩岩在白地，因有白水塘而闻名，景色壮丽。诗说“五百年前一行僧，曾居佛地守弘能”，即指“释理达禅定处”，释理达即萨勤，惟用字东巴教与佛教相混耳。此说萨勤的时代在嘉靖甲寅（公元一五五四年）之前五百年，则为公元十一世纪中叶，（为宋仁宗时）是时已有纳西文字写经书之说，可以近信①。

从纳西文字分布的地带来看，东部方言区（永宁、盐源、木里等地）有东巴教而无文字写经书，西部方言区（丽江、中甸、维西藏地）则有文字写经书，可知纳西族迁居金沙江上游西岸这一支的教徒才创始用文字的经书；又西部方言区的中甸东部（白地区）、丽江东北部（宝山区），东巴教的经书只用象形文字，不用标音文字；而丽江县的坝区、南山区、鲁甸区及维西，则用象形和标音两种文字。可知创造标音字的年代，又在应用象形字之后。

丽江纳西族土长在公元十一世纪中叶牟西牟磋（即蒙醋）時期，成为联合各部落的大长，为了统治人民，重用巫师决策，这是由当時社会基础产生的。纳西族巫师称为东巴（to˧ba˧），意即"智者"，社会地位很高，在统治者左右，祈神、禳鬼，还能看星、推曆、祈年、卜课，以宗教为手段，赞助统治者筹谋划策。元李京云南志略诸夷风俗罗罗（彝）族说："男巫号曰大奚婆，以鸡骨占吉凶，酋长左右，斯须不可离，事无巨细，皆决之"。

按：觋婆与东巴的作用相同。宗教徒以虚幻说教歪曲现实，愚弄劳动人民，为统治阶级的剥削压迫政策效劳，有特殊地位，也在一定的历史条件发挥他们的职能，应用文字来写经书，把原有的说教有些发展，也对原有的文字有些发展。纳西族开始有象形文字的年代可能很早，是为社会生活需要，约定俗成的通行，不能指出何时、何人所造。到巫师用来写经书和其他记载，文字得到进一步发展，则为可能。原始巫教开始的年代也可能很早，在永宁的巫教（亦称da˧pa˧）不用文字，口说经咒，大致与丽江流行的经文相同；可知先有口诵的经咒，后才用文字来写。可以推测纳西族很早时期已有文字，也有巫教到社会政治、经济、文化发展到一定阶段，巫师应用文字为宗教服务，宗教和文字都有些发展，东巴教奉萨勤为祖师，有些萨勤作道场的经书，造许多神异传说，未必可信；

惟他虽不是宗教和文字的创造者，而对宗教和文字的发展有贡献，就奉为祖师。从社会基础来看，萨勒的时代在公元十一世纪中叶是可能的，这时已用文字写经书了。

但写成的书，是把已有口说的经典语简略纪录，以助记忆，只供他们自己看，所以文字符号写的少，不把口语逐字写下来；即一段话要读几句，只写几个字，要凭口耳传授，这是很大的缺点。且图象文字的笔划很繁，要逐字写也有困难，后来创制一种标音文字。

标音文字的创始，据木氏宦谱阿琮传说："生才七岁，不学而识文字，及长，旁通百蛮各家之书，以为神通之说，且制本方文字"。按：宦谱载阿琮为阿良之父，说"忽必烈亲征大理，阿良迎兵于剌巴江口"，此阿良即元史地理志所谓麦良，阿琮生于十三世纪初年（宋理宗时）。又"不学而识文字"之说，已见于元一统志丽江路通安州人物传说："麦宗，麽些人也，祖居神外龙山（即玉龙山）下，始生七岁，不学而识文字，及长，旁通吐蕃、白蛮诸家之书"。按：所谓"不学而识文字"，当是纳西象形文字，这种图象文字，只要精通纳西语言，了解纳西社会生活，天资聪颖的人能读音识义，并不为奇。在阿琮以前已有象形字，则谓"制本方文字"，当是标音字。木氏宦谱为正德年间木公所修，今本即沿其说；宦谱又于阿琮裔孙木泰传载阿琮故事，说：木泰"不学而识先祖所制本方文字"。按：木泰为成化、弘治间人，即木公之祖，是木公撰宦谱的纪录，但不言本方文字的具体情况。万历云南通志卷四丽江府古迹曰"麦宗墨迹，在丽江府白沙西园崖上，是番字，唯译其语"。已见于景泰、正德两本云南志。又乾隆丽江府志古迹曰"番字岩，在府城西十八里芝山麓，石上有番字数行，墨迹如新，相传异人麦宗手书”。按：麦宗即阿琮，其墨跡当是所创制之“本方文字”，不详字体，盖书写数行，当非象形字而是标音字。在白沙芝山之麓，为白沙村西解脱林（福国寺）所在的山下，瑜在白沙访问不获，盖已堙灭也②。

纳西标音文字是用简单笔划作符号，有固定音读，一字一音，凡同音(不奖声调)的语词用同一符号，与彝文（爨文）相类。彝文也是宗教徒（笔摩或希婆）用来写经书，相传为唐时（一说东汉时）马龙人阿畸所造，凡一千六百四十字有奇，谓之韪书。天启滇志卷三十爨蛮说：“有夷经，皆爨字，状类蝌蚪”，即此种文字。明代纪录多有应用彝文之说，在大定、武定有明代彝文石刻，各地巫师以彝文写经，流传至近代，大定、武定及路南、昆明、凉山诸处的彝文书，已有发展，资料较多而且复杂。彝文创始的年代尚无确说，惟䌹爨文丛刊的彝文与纳西标音字对照，有很多字的形体相同或相近，但音读不同；可知造字的方法一致，而不是因袭的。

瑜所看到早期写下的纳西标音文字，是在公元一九三四年一月，自丽江石鼓赴巨甸途中、沿金沙江而居的桥头村古吊桥北半里许路旁，危岩下有题铭浅刻，藏文横书十一行，四长行，七短行。长行之下短行之旁，直书刻纳西标音文字二行，其右直书汉文三行，曰："万历肆拾柒乙未」年肆月拾肆日吉月」吉日有各其尾修」"，又纳西标音文字两行，摹写如下：

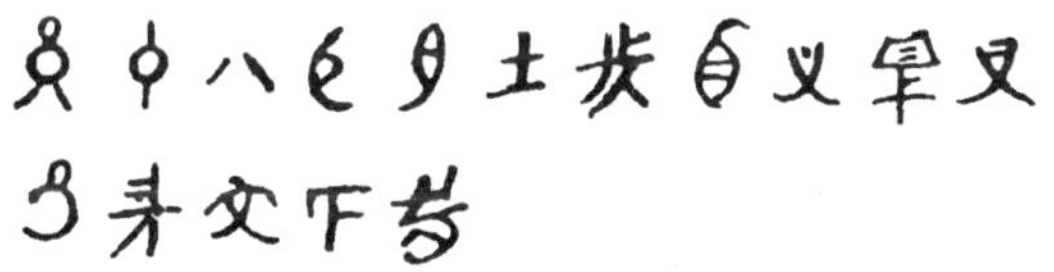

这三种文字，行数相配，且周围有框包着三种文字，当是同时所作。疑"有各其尾"为人名，又称"修"者，盖修路时刻文纪念之作。在石洞壁上，避风雨剥蚀，所以刻痕虽浅，保存至今。这十六个标音文字，曾向几位东

巴经师请教，反复推敲，不能尽详其意，可识者：

（kʻa˩）（ga˧）皇帝也，八（tʻo˧）（le˧）（ɱa˩）兔日也，（zɿ˧）（ʂər˩）长命也，（ha˥）（当即水之异文，读计）永禄也。他如土（ho）、（tsʻe）、（tsy）、义（dzy）、又（me）、文（tsæ）音读可识，而不解其意或即记地名，ho˥tsʻe˩tsy˧dzy˩，可释为"八十见山"，惟不能详。

至于"皇帝兔日"为纪"皇历"日序，"长命""永禄"为祈祷之词，是习见用语。据陈垣先生二十史朔闰表，万历四拾柒年（公元一六一九年）四月甲寅朔，十四日逢丁卯，与兔日的记载相符。所可考者如此而已。瑜不懂藏文，没有录下来，想来题铭现在还保存着，希望识藏文者来考究③。

纳西标音文字在东巴教经书里，应用不广，有参杂一二字在象形文字段落里单独使用来记借音，有附在象形文字作形声偏旁，有加在象形文字标音读；这些应用数量不多。还有专用标音文字写成的经书，在丽江和维西流行，为数不多④。　这种文字笔划简单，纯是记音，有长处，但应用效果不好，一则字体不固定，纳西语词单音约有三百个，每一个音的标音字不止一个字体，一般有几个以至十几个写法，各派、各人惯习用的不同，异派、异人不能一目了然。再则难认音调，纳西语词有四个音调，读时必要区别而后解义，标音文字不分音调，虽能读音而难辨调，就难于确解。三则同字异义过多，纳西语词同音同调有数义，而同用一标音字，更难确解其义。以此，标音文字作为代表语言的符号，要认清楚，困难较多，效用不大，一般写经书，以象形文字为主，而标音文字只作为辅助的符号。

如上所述，纳西象形文字创始的年代尚

难确定，而应用象形文字写经书，可能在公元十一世纪中叶，又到十三世纪初年创制标音文字。这两种文字，在长时期为东巴教徒用以写经书。由于宗教徒墨守成规，保持着近于原始的方法来应用，不能适应社会发展的要求，不为群众所掌握，也由于在较长时期，纳西族已接受汉文字为日常应用的工具。所以为社会生活服务的主要是汉文字，而纳西文则为宗教徒所专用，停滞在近于原始的阶段，可能有许多字后来也用图象的方法新增的。这种文字，以简单的笔划描绘物体和动作来表现，是象徵性的符号。这是人类最初创造象形文字所共同的；但有些文字，后来发展，字体不断变化，已失去原来的图像。而纳西字则保存着最初造字的形象。这种文字作为代表语言的工具，阻碍很大；但保存至今，在研究文字的创始以及与其他象形文字作比较研究，则很有价值。

注：①志武按：一九七七年四月，我同丽江县文化馆赵净修同志一起，到中甸县三坝公社白地调查访问。白地，纳西语叫bər˧dər˧，含有"冒水沉积"之意。今公社所在地的自然村，叫ʂv̩˧dʐə˧，意为古代"束"氏族的好地方。在公社驻地西北方向五里许的大山脚下，有一个远近闻名的白水台。台水系碳酸泉，冒出之后，形成由矿泉沉积物堆积而成的洁白河床梯田和瀑布，真是银田玉流，荧光闪闪。摩岩在白水台出水处往北八十公尺的小山坡上，周围均系小棵黄栗树，石刻字面朝南直行，背阴挡雨，腐蚀少，字迹可辨。摩岩共九行，长约两市尺，宽约一尺八寸；每个字迹大小约一寸五。又在同一摩岩石右方，还刻有四句诗一首，共五行，因刻字面朝东向上，腐蚀较重，字迹模糊，当是木高同时所作。现将能辨的字抄录如下：

五马巡游□坐□」玉田千□水□□」

人间此景闻□少」不是天成谁□□」

紫金尊□□甲寅

在白水塘东北（或公社驻地往北），过山谷，六里许半山处，有一岩洞，可容数人，称为ʂɿ˩lo˧ne˧k'o˧dv˩，意为"释理"修行处，各地东巴教徒认为圣地，到此朝拜。

注②：志武按，一九七七年六月，我同丽江文化馆李即善同志一起，去调查访问"麦宗墨迹"。从白沙街尾往西，过一大石桥，朝芝山西行二里许，到ʑɚ˩k'ɯ˧dʑɚ˩岩脚村，为古代木氏家院，村北有明代火葬墓群。麦宗墨迹遗址，就在岩脚村背后一个陡岩上，离地面约一丈多。墨迹是手书，年代久远，腐蚀不存；只有明代木公、木高题诗摩岩。两块摩岩各长八市寸，宽一市尺一寸。木公题诗共十行，字迹大小约一寸二；木高题诗共十一行，字迹大小约一寸。现全文抄录如下：

木公题诗："西园北畔石溪连，四顾林峦露

暮烟。千古不磨岩上」字，一时因写醉中篇。风」摇凤尾猗猗竹，水接仙源活活泉。百代」祖孙文义合，天成妙语述」其间。」大明嘉靖十五年龙集丙」申孟春十有五孝孙三」十七代木公薰沐谨述」（光绪丽江府志卷八古跡已录此诗）

木高题诗：“木氏渊源越汉来，」先王百代」祖为魁。金江不断流千古，」雪岳尊宾接上台。官拜」五朝扶」圣主，世居三甸守规恢。扫」苔梵墨分明见，七岁能文」非等才。」嘉靖十三年龙集甲午春三」月十二日三十八代仍孙应袭」木高薰沐谨述」

按：所谓“千古不磨岩上字”、“扫苔梵墨分明见”，即岩上麦宗墨跡，当时还清晰，今已磨灭无存。

註③、志武按，一九七五年三月，我同李果林同志一起，到丽江金庄公社上桥头村（又叫中兴）调查访问。据当地干部和老人反映，在上桥头村北流入金沙江的冲江河上，历史上就架有铁索桥，（即古吊桥）解放后才改为公路大桥。在桥北二里许的路旁危岩上，确有刻字的地方，九十老人王恩豪说："我们叫喇嘛藏字处，亲眼看过，有藏字、汉字、纳西字我认不来"。一九五一年修公路，加宽路面，摩岩被炸，在附近寻找有字石片未获。

注④：志武按，关于标音文字写的经书，我们前后从丽江、维西收集到的共有十多本。据了解，丽江县文化馆收藏的较多，约有二百多本。又：约在二十年代，丽江坝区长水（ʂu˦kʻo˧）中村东巴和泗泉，鉴于纳西文的结构原始、复杂和写法各异，曾邀约附近东巴们酝酿讨论，想统一和规范象形文和标音文，并曾制下一套字汇木刻。这位和泗泉先生，又名东发，东巴经懂的多，写下不少经书，还会画宗教画，多才多艺。一九七七年五月，我回到长水，和泗泉儿子和厚桂先生（七十多岁、贫农），将他珍藏下来的仅剩两块木刻，贡献出来，特此致谢。第一块字汇木刻系序言，长一市尺六寸，宽三寸，厚八分，梨木制成；序言共两版，每版五行，以象形字为主，掺用少量标音字；全序言共十六句话，用竖线隔句；版头还有东巴持经的木刻人像。　另一块编号三、四的字汇木刻，两面四版，长一市尺六寸半，宽四寸三分，厚六分，版面三行，象形文和标音文对照，每版四十八个字，每面九十六个字，全块共一百九十二个字，字汇内容系人类、人体之属。

这套纳西象形文和标音文字汇木刻原手稿，存长水下村东巴和学道家中，是由丽江本地土棉纸似写，长约七市寸，宽三寸。全书共十四页，第一页下端已有损坏；全手稿总共录有象形字四百七十个，标音字四百二十七个。

叁、纳西象形文字的构造

纳西象形文字，是代表语言的符号，表达人们在生活实践中所接触的物（实体）、事（动态）、意（概念）的感觉，用形象写成文字，可以传远、存久。有了文字工具，交流意见，积累知识，对于社会文化的丰富和发展，有着重大意义。这种文字创始以来，有其发展和演变过程，在长时期为宗教徒所应用，保持性强，墨守成规，把近于原始的文字，流传至近代，且较为完整。了解这种文字的创造和结构，要从纳西族所处的自然环境、社会生活、历史情况和语言结构及应用诸方面的特征，来深刻的科学的说明造字的意图，才可能近于准确。

纳西象形文字，是用图像的方法写成，以一字象一物或一事、或一意，但与图画之惟肖惟妙求其美感不同，而是用简单笔划粗具事、物、意的轮廓来表达；笔划既简单，则文字相似，容易相混，须有分别；既欲其简，又欲其别，造字的方法很朴质，其技巧令人深思。推度造字的用意，分为十类，举之如下：

一曰　依类象形

纳西象形文字，大都以简单笔划描绘事、物、意来表达，粗具形象。兹举天象、地理、器用的字例：

天　作、日　作、月　作、

星　作、云　作、雨　作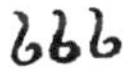、

地　作、山　作、坡　作、

水　作、石　作、火　作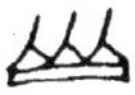、

衣　作、裤　作、帽　作、

灶　作、桶　作、碗　作、

屋 作 、门 作 、窗 作 

斧 作 、刀 作 、镰 作 、

锄 作 、犁 作 、糧架 作 、

弓 作 、矢 作 、旗 作 

书 作 、笛 作 、鼓 作 

凡此，随体诘诎，画成其物，不拘笔划之繁简与向背，视而可识，这是纳西象形文字构造的基本方法。

二曰　显著特徵

形体相似之物，各有其体，把特徵部份突出，则同类字形虽大体相似，而有着区别，不至相混。兹举鸟、兽、植物的字例：

鸡 作 （雄冠）　鸭 作 （宽咀）

鹤 作 （长颈）　乌鸦作 （身黑）

鸽 作 （贪食）　布谷作 （鸣声催耕）

猪 作 （突咀有鬃）犬 作 （两耳前倾）

马　作 （长鬃）　　虎　作 （身有斑纹）

松　作 （针叶）　　粟　作 （宽叶）

竹　作 （有节）　　稻　作 （实有芒）

麦　作 （实有缕）　　豆　作 （荚实）

凡此，描绘物体之局部，鸟兽取其头部，植物取其花叶果实，形体多相似，以显著特征来区别，这是纳西象形文字构造的一般方法。

三曰　变易本形

众字出于一文，或表其德，或表其状，不离本文而存在，要表示不同的意思，就变易本文的形状，或稍变，或扩大所要表示的部份。兹举人事的字例：

立　作 　　坐　作 

卧　作 　　伏　作 

跪　作 　　起　作 

舞　作 　　　　来　作 （摆手）

举　作 （举手）　左　作 （人伸左手）

右　作 （人伸右手）。我　作 （自指）

走　作 （顿一足）　跑　作 （顿二足）

跳　作 　　　　身　作 

饥　作 （腹空）　饱　作 （腹实）

凡此，人事字皆从人，而事不同，变易字形来表达，各有专指，察而见意。

其他字例：

北　作 （水字上截）。南　作 （水字下截）

昼　作 （从日省）　夜　作 （月倒无光）

日蚀作 （日有缺）　月蚀作 （月有缺）

盲　作 （目无睛）　闭　作 （目合缝）

缺罐作 （缺倒置）　鹿屍作 （倒置无睛）

凡此，事物各有所指，变易本形来表达，亦为一般方法。

四曰　标识事态

事属抽象而实指之，惟非具体之物，意赅众事，以为表帜，或指方位，或作数目，或表形态。举字例如下：

上作 （隆起在上）　高作 （立竿标高）

顶作 （山之顶）　底作 （足之底）

中作 （在当中）　分作 （分为二）

又如：

一作  个数，积划记数至九作 

十作  十数，积划记数至九十作 

百作  百数，积划记数至九百作 

千作  千数，积划记数至九千作 

凡此，非固定之事物，可指众事物。尚有表示形态者。如：

 示多数　 示摇动

 示连续　 示有声

凡此，加于物体，各有具体之事，以表形态。

五曰　附益他文

描绘事物形状为字，而其意不显，则附益他文以补助，或著其事，或著其体，此要表达的意思更为明显；附益者，有是字，有不是字。兹举字例：

靠作 （背后有物）	降作 （走下坡路）
登作 （向上爬）	鑽作 （鑽洞穴）
戴作 （覆物于首）	绊作 （脚触石）
刺作 （锥刺物）	切作 （刀切绳）
送作 （伸手送物）	取作 （俯身取物）
露作 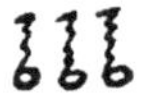（似雨摇动）	霜作 （似雪摇动）
眠作 （人卧呼声）	啼作 （鸡鸣）
牟作 （牛鸣）	看作 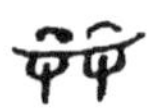（目有事）
听作 （耳有事）	唤作 （口有事）
眉作 （在目上）	舌作 （在口中）
心作 （旁有肺）	尺作 （从人）

线作 （从针）　　笔作 （从竹）

药作 （盛碗中）　　俎作 （置肉）

钱作 （仓储盈出）　　我们作 （示多数）

聚集作 （众人）　　树林作 （众树）

凡此，字已象形，附益他文来补足，但非会合二字为意，亦非有从属关系，而是显著所要表达的意思。

六曰　比类合意

数物相关之事，合数字以取意，事出于字，而非本字之义，合之以见意；亦有合数字构成一事。兹举字例：

晴作 （日丽于天）　　阴作 （浮云蔽天）

牧作 （人执仗驱牛）　　执作 （人持麦）

捕作 （鹰爪捕鸟）　　涉作 （马蹄涉水）

砍作 （斧砍树）　　获作 （镰刈麦）

磨作 （刀在石上）　　炙作 （肉在火上）

缝作 （针线缝裙）　耕作 （犁地起土）

又如：

出作 （人走出屋外）　进作 （人走进屋内）

谈作 （二人交语）　骂作 （二妇人口角）

斗作 （二人交杖）　拉作 （二人拉物）

主作 （夫妇二人在家中，读"这一家主人"）

飨作 （主客二人对坐共食）

婚作 （巫师以酥油涂于新郎新妇之额）

祐作 （巫师以谷酒赐主人）

凡此，事涉二文或数文，合以见意。数字表达一事，义意在字间的关系，如此者甚多。

七曰　一字数义

事物之字，有其本义，惟引申他义，字形相同，而音义有别，各为一字。兹举字例：

 耳环也，读heɪkv˥，其质银，用为银字，读ŋv˩。

 颈扣也，读ʐɿ˧˥，其质金，用为金字，读hæ˧˩。

 锅也，读bɤ˧˥，其质铜，用为铜字，读ər˧。

 斧也，读tse˥be˧，其质铁，用为铁字，读ʂu˧˩。

 火也，读mi˧，以其色用为红字，读hy˩。

 乳也，读no˧，以其色用为白字，读pʻar˩。

 炭也，读hɯ˥，以其色用为黑字，读na˩。

从黑之字，又如：

 暗也，读na˩fv˥，无光也。

 苦也，读kʻa˧，入口知味，吐出口外也。

 恶声也，读kʻo˧dza˧，发出恶声也。

 毒也，读dv˩，从花黑，毒草也。

 狱也，读ʈʂɿ˩dʑi˩，从房黑，收仇人和罪者。

 暴雨也，读hɯ˩na˥，从雨黑。

 大山也，读dʑy˩na˥，从山黑。

 大水也，读dʑi˩na˥，从水黑。

 陈酒也，读ʐɿ˧na˩，从酒黑。

他如：

 为太阳，读bi˧，亦用作时日之日，读ɲi˧。

 为太阴，读le˩，亦用作年月之月，读he˧。

 为鼠，读fv˥，生肖纪年，以鼠为首，故用为年，读kv˥。

 花也，读ba˩，亦用作美，读zi˧。（又读lə˩）

 麦也，读dze˧，亦用作五谷，读tɕi˩。（又读ər˧）

 獐也，读le˧，亦用作野兽，读hy˧。

 羊也，读by˧，亦用作家畜，读nɯ˩。

又如：

 为风字，读hər˧，亦用作春，读ȵi˩，春为风季也。

 为雨字，读hɯ˩，亦用作夏，读ʐɯ˩，夏为雨季也。

 为花字，读ba˩，亦用作秋，读tʂʰɿ˥，秋为花季也。

 为雪字，读be˧，亦用作冬，读tsʰɿ˧，冬为雪季也。

又有：以布谷作春字，野鸭作夏字，大雁作秋字，白鹤作冬字，因为候鸟也，以时令不同，景物亦异，借景物字引申为义，即象徵于物以生义。

八曰　一义数字

字形不同，而取意相同，虽具体之事物有别，各有专指，其音义则相同。兹举字例：

光 bu˧ 作 （星光）、（日光）、（火光）。

焚 ba˩ 作 （焚柴）、（焚屋）、（焚尸）。

压 za˩ 作 （压卵）、（压鬼）、（压枝）。（石压菌）

裂 gɯ˧ 作 （板裂）、（石裂）、（地裂）。

衔 pu˧ 作 （犬衔肉）、（鸟衔食）、（马衔草）。

凡此，有光芒者为光，一物在火上为焚，一物在上一物在下为压，一物开缝为裂，口中有物为衔。他如：

折 tʻa˧ 作 （折刀）、（折矛）、（折手杖）。

咬 tsʻa˥ 作 （咬肉）、（咬盐）、（咬蛋）。

做 be˧ 作 （锄物）、（锄土）、（挖板）。

刺 gv˩ 作 （锥刺）、（刀刺）、（矛刺）。

骑 dze˧ 作 （骑马）、（骑骡）、（骑虎）。

九曰　形声相益

事系于形而衍他义，加同音之字取其声，声之字或兼义，或仅记音；音字或全或省，同音或近音，亦用标音文字。兹举字例：

屋后 作  dʑi˩mæ˧ 从屋 （尾mæ˧）声。

水尾 作  dʑi˧mæ˧ 从水 （尾mæ˧）声。

树根 作  dzər˩kʰɯ˧ 从树 （足kʰɯ˧）声。

山麓 作  dʑy˩kʰɯ˧ 从山 （足kʰɯ˧）声。

金杖 作  hæ˧ʂɿ˩mɯ˥tʂʰɿ˧ 从杖 （金hæ˩）声。

黄蘗 作  tɕʰi˧ʂɿ˩ 从刺 （黄ʂɿ˩）声。

凡此，加同音之字，取其声，声之字兼义。又如：

岗 作  to˥ 从坡 （板to˧）声。

岩 作  æ˩ 从岩 （鸡æ˩）声。

肝 作  sər˥ 从肝 （柴sər˧）声。

雾 作  tɕʰi˥sər˧ 从云 （柴sər˧）声。

村 作  be˧ 从屋 （雪be˧）声。

楼 作  tsʰo˧ 从屋 （跳tsʰo˧）声。

亲　作  Kʻo˩　　从人 （篱 Kʻo˩）声。
舅　作  ə˩gv˧　　从人 （熊 gv˩）声。
甜　作  tɕʻi˩　　从人 （刺 tɕʻi˧）声。
病　作  gu˩　　从人 （仓 gu˩）声。
永宁作  ly˧dy˩　　从地 （矛 ly˧）声。
盐源作  ho˩dy˩　　从地 （肋 ho˩）声。

凡此，以形与声为字，声字仅记音。盖纳西象形文之形声字，多用声旁，字未固定；人名、地名及鬼神名号，多用声旁，用字复杂，只看文字，未能通读经书者，往往有之。

十曰　依声托事

事、意有难以形象表达，依同音（或近音）之字以假托，假借他字之形为此字之形，亦假借他字之音为此字之音，惟非用他字之义为此字之义。故一字众义，有为本义，余为假借义。兹举字例：

 y˩ 为猴，假借作"祖先"、"轻"、(人)"生"。

 bu˩ 为猪，假借作"姻缘"(输)"斑"、"吻"。

 tʂʰɣ˥ 为奶渣，假借作"出(钱)"、"剥"(豆)。

 tɕʰi˥ 为剪刀，假借作"小"、"怕"、"驮"。

 tʂʰɿ˧ 为吊，假借作"这"、"破"、"堆(柴)"。

 mɯ˧ 为天，假借作"方"、"疤"。

他如：

 tsʰɿ˩ 为腿骨，假借作 tsʰɿ˥ 扔。

 gɯ˧ 为嚼，假借作 gɯ˩ 真。

 kʰə˥ 为篮，假借作 kʰə˧ 破(碗)。

 dʐy˩ 为镯，假借作 dʐə˩ 有(物)。

 kʰɣ˧ 为蛋，假借作 gɣ˧ 有(三天)

 kʰu˧ 为门，假借作 ho˥ 祝。

凡形字，均可做假借字用。又形声之字，省其形旁，只写声旁，借声表意；或本意有字，而借他字，若此者亦甚多。

*　　　　*　　　　*

纳西象形文字的构造，与其他象形文字

作比较，有共同性，以汉字古文字言之，颇多相类。文字的创始，许慎说文解字说：“仰则观象于天，俯则观法于地，视鸟兽之文与地之宜，近取诸身，远取诸物”，来制作文字。其造文字的方法，则有所谓“六书”，来说明文字构造。后来研究说文解字者，多有发挥，说解篆书，自钟鼎、甲骨文字出土，为篆书以前的字体，考究者多有发明。前人研究汉文象形字体的成绩，多可参证研究纳西象形文字。盖这两种文字，异时异地所作，虽无渊源关系，而造字的方法则基本一致；许慎所说汉字的创始与结构，以及后来研究的成绩，可以参证研究纳西象形文字，而纳西象形文字也可以参证研究汉文字，推而广之，这两种文字，又可作研究所有人类原始象形文字的参考。盖人类所有象形文字，有其共同性，不受时间空间限制，然各种文字之产生与演变，又各有其具体情况。兹推度制作纳西象形文字的结构，举如上之十类；但这种文字的结构是很复杂的，此十类造字法是否切合实际，犹有待于研讨。惟以汉字的“六书”作比较研究，纳西象形文字造字结构的十类，其“依类象形”、“显著特徵”，则视而可识；“变易本形”、“标识事态”，则察而见意；“附益他文”、“比类合意”，则数字相关以见意；“一字数义”、“一义数字”，则数义相涉以生意；“形声相益”、“以声记事”，则取音读以寄意。凡此，文字之形、音、义相关涉而制作，各有字体，表达人们在生活实践中所接触的物、事、意的感受，用形象制作文字，研究这种文字，对于所有人类创造和应用文字，是有普遍意义的。

附说标音文字的构造

纳西标音文字，笔划简单，一字一音，同音（不分声调）可通用。想来造字之初，字有定形，流传日久，变易笔划，异体渐多，字形相混，以至杂乱。兹将前后所收集到的材料，略加分析整理说明之。

一

一部份标音字来源于象形字：

 pɑr˩ 解开，标音字中作"白"、"盘神"、"解开"。

 sæ˧ 血，〃〃〃〃〃"血"、"商神"。

 ka˧ 好，〃〃〃〃〃"好"、"盖"、"累"。

 Kúa˩ 坏，〃〃〃〃〃"坏"。

 na˩ 神名，〃〃〃〃〃"黑"、"但是"。

 p'ʏ˧ 雄，〃〃〃〃〃"雄"、"祖父"。

 me˧ 雌，〃〃〃〃〃"雌"、"母亲"。

 i˩ 漏，〃〃〃〃〃"漏"、"山骡"、"有"。

 tʂ'ɿ˧ 吊，〃〃〃〃〃"吊"、"这"。

 pe˧ 闩，〃〃〃〃〃"闩"、"酒渣"、"解"。

凡此，用笔划少的象形字作标音字。

 bi˧ 日作 　 æ˩ 斗作 

 lɯ˧ 来作 　 nɯ˧ 心作 

	tɯ˧	起作			lv˧	矛作	
	fv˧	毛作			dɑ˩	织作	
	sər˧	树作			ho˩	肋作	
	bɑ˩	日光作			li˧	法轮作	
	pər˩	白作			zər˩	压作	

凡此，把象形字简化作标音字。

*　　*　　*

又有一部份标音字来源于汉字。

山	山	dʑy˩	目	且	mɑ˩
火	火	mi˧	石	石	lv˧
天	兀	mɯ˧	马	乡	ʐuɑ˧
风	几	hær˧	牛	牛	ɣɯ˧
尾	尾	mæ˧	飞	九	dzi˩
犬	犬	kʰɯ˧	千	千	tv˩

凡此，取汉字同义之字，读纳西音作标音字。

保	保	po˧（宝物）	介	介	kæ˩（秋千）
丘	丘	tʂʰv˧（[illegible]）	主	主	tʂʰv˧（通接）

止	止	tʂʅ˧˩	(土)	上	上	ʂə˥	(说)
子	子	tsɿ˧˩	(拴)	加	叻	tʂua˩	(跑)
臣	臣	tsʻa˥	(咬)	各	合	ko˩	(草原)
太	太	dæ˧	(狐狸)	口	口	kʻɯ˧	(门)

凡此，取汉字读音相近之字作标音字。

*　　　　*　　　　*

还有一部份标音字是独创的：

	uæ˧	左	一	du˩	阳神
	i	右	二	se˩	阴神
	dzɿ˧	祸害		la˧	虎
	dzər˩	垂、枪		dʐɿ˧	豹
	hæ˩	金		zo˧	男
	ʂɿ˩	黄		mɿ˥	女
	dzɿ˩	犏牛	犬	kʻɯ˧	狗
	bər˩	牦牛	尖	pʻa˩	狼
	di˩	虫	品	dər˧	瘟

凡此，词意相联，字形相近，容易记忆和辨认。

二

标音字字无定形，形体复杂。有的可由一个基本字，派生出与之有关的许多字，容易相混。如：

 dʑi˩ 水　 tɕi˩ 云

 hɯ˩ 雨　 lo˩ 山谷

 k'æ˧ 沟、渠　 dar˧ 池、潭

 hɯ˥ 海、湖　 dar˩ 泡沫

再者，变更字形，最为普遍，几乎每一字都有这种情况，略举数例：

mɯ 作 

tɣ 作 

du 作 

nɯ 作 

y 作 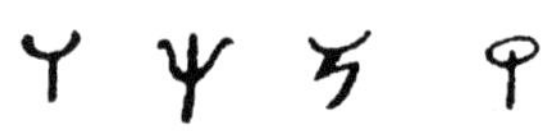

凡此，字形大体相近，容易认出为一字之变。

ba 作 

be　作 

by　作 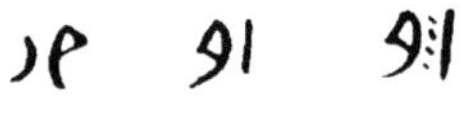

凡此，不审字的演变，作一番分析比较，能识第一字，未必能识第二第三字。

三是同一音用数字，可能是构造字时如此，或后添造。兹举数例：

py　作 

pʻy　作 

be　作 

gæ　作 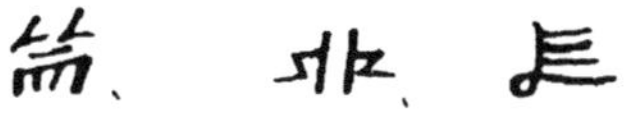

dʑu　作 

tsʻɿ　作 

o　作 

凡此，一音数字，字形虽然不同，而且每一字又有许多变体。

四是近音字可通用。字有固定的音，但音近可通。可能由于古今语音的变化，或方言土语不同，互相接受，以至一字读数音。

兹举数例：

 读 dɯ，又读 də

 读 ti，又读 ty̩

 读 mə，又读 miə

 读 fɣ，又读 fæ

 读 kɣ，又读 gɣ

三

纳西标音文字，有少部份在使用时，字加文饰，附加符号，并不取义，只作修饰之用。如：

 lə˩ 情死　　口 为文饰符号

 tsɛ˧ 盐　　十 为文饰符号

 tər˥ 结　　一 为文饰符号

凡此，从笔划简单的象形字，加文饰符号，以示标音文字。

 nɯ˧ 心　　 nɯ˩ 家畜

 ʂə˩ 沙　　 ʂə˧ 伤重

 tsɿ˩ 鬼　　 tsɿ˨˧ 吊死

凡此，用‖、一、彡等符号，区别同音不同调的字。

 me˥ 教　　 la˧ 虎

 pa˧ 蛙　　 kv˥ 分

 kv˧ 蛋　　 ma˩ 油

凡此，字头字尾加〜、✓、ɕ等文饰符号，全与音义无关，可能是受藏文字头符号的影响。

*　　*　　*

以上所说标音字，以简单笔划构成，有固定音读；但不是拼音字，只能机械的死记。而字形不固定，看字读音已感困难，同音和近音的意思多，读出音来辨别意思也不容易。还有东巴教各派传授又不一致。由于有这些缺点，用这种字作为代表语言的工具，是很难通行的。所以东巴教应用这种文字来写经书的很少，因此，作为文字的作用也很有限。

肆　纳西语的音标说明

一　纳西语概况

纳西语属于汉藏语系藏彝语族彝语支，是一种单一的民族语言。其特徵，从大者言之，词汇，以单音节为多，借词较丰富；有声调区别（四个声调）；音位，有全浊声母，无阳声韵母（鼻韵尾），元音不分松紧；语序，宾语在动词之前，形容词在名词之后，与彝语支（彝、哈尼、傈僳、拉祜语等）各族语言大体一致。

纳西语分为东、西两个方言。西部方言主要分佈在丽江、维西、中甸、永胜四县及鹤庆、剑川、兰坪、德钦、贡山等县；内部又可分为大研镇、丽江坝、宝山三个土语。东部方言主要分佈在宁蒗、盐源、木里及盐边等县；内部又可分为永宁、北渠坝、瓜别三个土语。纳西语不同方言之间，通话比较困难；而同方言的不同土语之间，通话阻碍不大。东西两个方言的语音、词汇差别较显著，语法则大体一致。又象形文字和标音文字只流行在西部方言地区，东部方言地区无文字。

纳西语以西部方言为基础方言，说这个方言的人口占纳西族绝大多数，约有二十万人。在纳西族历史发展过程的长时期中，丽江大研镇已形成政治、经济和文化的中心，西部方言操其他土语的纳西人，大都能说大研镇土语。所以，本书所用的音标，即以纳西族西部方言通用的大研镇土语为准。

二、音标符号

纳西语曾制定过拼音字母，但未推行，故本书用国际音标。兹列表如下：

发音部位 / 发音方法		名称	双唇	唇齿	齿尖	舌尖	卷舌	舌面	舌后
		上部	上唇	上齿	上下齿	齿龈	硬腭	硬腭	软腭
		下部	下唇	下唇	舌尖	舌尖	舌面前	舌面	舌根
破裂声	不带音	纯	p			t			k
		吐气	p‘			t‘			k‘
	带音		b			d			g
鼻音			m			n		ȵ	ŋ
破裂擦声	不带音	纯			ts		tʂ	tɕ	
		吐气			ts‘		tʂ‘	tɕ‘	
	带音				dz		dʐ	dʑ	
擦声	不带音			f	s		ʂ	ɕ	h
	带音			(v)	z		ʐ		ɣ
边声						l			

元音

ʮ ɿ (ʅ)

i y ɯ u

e ə

æ ər

a o

三、符号说明

(一) 声母

1. 西部方言大部份地区的浊声母分清浊和鼻浊：b mb、d nd、g ŋg、dz ndz、dʐ ndʐ、dʑ ndʑ。唯大研镇土语不分清浊和鼻浊读音时一般都带有同部位的鼻音，因不区别音位，故省鼻音符号。

2. 舌面音 tɕ、tɕʻ、dʑ、ȵ、ɕ 的发音部位，比汉语普通话的 j、q、x 稍靠后，但不到舌面中的程度。

3. 舌后清擦声 h 与舌后高元音相拼时读小舌清擦声 χ，但不区别音位，故不再分别标出。

4. 舌尖音 t tʻ d n l 与韵母 ɯ、ə、ər 相拼时，实际音值为 ʈ ʈʻ ɖ ɳ ɭ，但不区别音位。

5. 唇齿擦声 v 和半元音 v̩ 不区别音位，故只用韵母 v̩。

纳西语声母与汉语声读相当者，略作比较：

纳西语　音标	p	p'	b	m	f	t	t'	d	n	l
汉语注音符号	ㄅ	ㄆ		ㄇ	ㄈ	ㄉ	ㄊ		ㄋ	ㄌ
汉语拼音字母	b	p		m	f	d	t		n	l
纳西语　音标	k	k'	g	ŋ	h	ts	ts'	dz	s	z
汉语注音符号	ㄍ	ㄎ		ㄫ	ㄏ	ㄗ	ㄘ		ㄙ	
汉语拼音字母	g	k			h	z	c		s	
纳西语　音标	tʂ	tʂ'	dʐ	ʂ	ʐ	tɕ	tɕ'	dʑ	ȵ	ɕ
汉语注音符号	ㄓ	ㄔ		ㄕ	ㄖ	ㄐ	ㄑ			ㄒ
汉语拼音字母	zh	ch		sh	r	j	q			x

汉语和纳西语比较，其大不同者，纳西语有全浊声母，而汉语没有；惟古汉语有全浊声母，守温字母之"並"b、"定"d、"群"g、"床"dʐ、"从"dz读全浊，元、明以后转化为清音。

（二）　韵母

单韵母十二个：

ɿ i y e æ a o u v̩ ɯ ə ər

复韵母九个：

iæ、ia、iə、uæ、ua、ue、uə、ye、yæ、

1、齿尖韵母ɿ和卷舌韵母ʅ不区别音位，故用作ɿ。

2、e的读音稍开，但未至ɛ的程度；y的音读亦稍开，但未至Y的程度。

3、ə是央元音，ər是卷舌元音，不同音位。

4、半元音y与u区别音位，不能相混。

5、现代纳西语复韵母多作汉语借词之用。

现将纳西语韵母和汉语普通话韵母相当者，略作比较，以供参考：

纳西语　音标	i u y e a o ə ua ia
汉语注音符号	ㄧ ㄨ ㄩ ㄝ ㄚ ㄛ ㄜ ㄨㄚ ㄧㄚ
汉语拼音字母	i u ü e a o e ua ia

纳西语韵母没有汉语复韵母ai ㄞ、ei ㄟ、ao ㄠ、ou ㄡ、uo ㄨㄛ的韵读，故以纳西人读汉

字，ai"哀"与æ相混，ei"欸"与e相混，ao"熬"与a相混，ou"欧"与ə相混，uo"窝"与o相混。

又，纳西语韵母没有汉语阳声韵an马"安"、en与"恩"、ang尢"昂"、eng∠的鼻韵尾，所以，纳西人读汉字，an、ang与æ混，而且与ai不分；en、eng与e混，而且与ei不分。

（三）　声调

纳西语有四个声调，以五度标调法记之，符号和调值如下：

低调	˩	21
中调	˧	33
高调	˥	55
低升调	˩˦	24

低升调主要出现在汉语借词里。纳西语调值与汉语不一样，故纳西人读汉字，声调亦往往读不准。如北京之阳平读为低降调˩，（如：移吾鱼）阴平读为中平调˧（如：衣乌迂）；去声读为高平调˥（如：易误遇）；旧入声则读

依升调 ɿ，（如：邑屋欲）；又上声读为中平调 ˧，（如：以、午、羽）。两种语言调值不同，不能比较，但从纳西人读汉字中，可寻出大体对应规律来。

（四）　拼音

纳西语常用音读，约有三百一十三个音。（声调不计在内）现根据一九五六年纳西语普查材料，将大研镇土语的音节结构表列于后，以供参考。

丽江大研镇纳西语音节结构表：

声＼韵	ɿ	ʅ	y	e	æ	a	o	u	v̩	ɯ	ə	əɹ	iæ	iə	ia	uæ	ue	ua	uə	ye	yæ
p		○	○	○	○	○	○	○	○	○	○	○	○	○	○						
p'		○	○	○	○	○	○	○	○	○	○	○	○	○	○						
b		○	○	○	○	○		○	○	○	○	○		○							
m		○	○	○	○	○	○	○	○	○	○	○	○	○	○						
f				○	○	○			○												
t		○	○	○	○	○	○		○	○	○	○	○	○	○	○	○				
t'		○	○	○	○	○	○		○	○	○	○	○	○	○	○	○				
d		○	○	○	○	○	○	○	○	○	○	○									
n		○		○	○	○	○		○	○	○	○				○	○				
l		○	○	○	○	○	○	○	○	○	○	○	○	○	○	○	○				
ts	○	○	○	○	○	○	○					○	○	○	○		○				
ts'	○	○	○	○	○	○	○					○	○	○	○		○				
dz	○	○	○	○	○	○	○					○									
s	○	○	○	○	○	○	○					○	○	○	○		○				
z	○	○	○	○	○	○	○					○					○				
tʂ	○							○			○	○				○		○			
tʂ'	○							○			○	○				○		○			
dʐ	○							○			○	○						○			
ʂ	○							○			○	○				○		○			
ʐ	○							○			○	○				○		○			
tɕ		○	○		○	○	○				○	○								○	○
tɕ'		○	○		○	○	○				○	○								○	○
dʑ		○	○		○						○	○									
ȵ		○	○		○	○	○				○	○									
ɕ		○	○		○	○	○				○	○								○	○
k					○	○	○	○	○	○	○	○				○	○	○	○		
k'					○	○	○	○	○	○	○	○				○	○	○	○		
g					○	○	○	○	○	○	○	○							○		
ŋ					○	○			○	○	○										
h				○	○	○	○	○		○	○	○				○	○	○	○		
ɣ										○	○										
O		○	○	○	○	○	○	○	○		○	○	○	○	○	○	○	○	○	○	○

云南文库·大家文丛

纳西象形文字简谱

丽江　方国瑜　编撰
和志武　参订

一 天象之属

1.  mɯ˧。天也，圆而覆也。亦作 、；又作 ，天空有云。

2.  bi˧，又读 ȵi˧me˧ 或 ȵi˧˧。日也，日体实有光也；時日之日同。亦作 。

3.  le˩，又读 he˧me˧ 或 he˧、或 he˧me˧tsɿ˩。月也，月体有缺也；年月之月同。又作 。

4.  kɯ˩。星也，散佈于天。又作 。按：三为多数，凡物名众数作三体。

5.  za˩。星名也；或曰凶星、彗星。按：  二字往往连用，与汉文之"星辰"二字连用相同。

按：择辰谓之 kɯ˩ ly˩，意即看星，用二十八座星名推之，兹录其名如次：

 tɕʰua˥ tsɿ˨ kʰo˧。

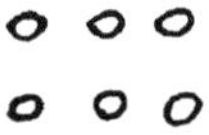 tɕʰua˥ dʑy˩ kʰv˧。

 py˧ by˩ kʰv˧。

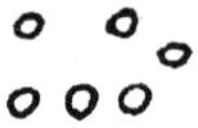 py˧ by˩ mæ˧。

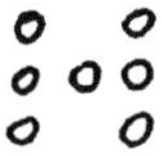 ʐua˩ tse˥。

 na˩ gv˧。直译墨池，字从笔在墨池。

 tʰa˧ kʰə˩。

以上东方七座。

 fɣ˧ɬɯ˥kɑ˩。又作  。

 miə˨hy˩。直译红眼，字从 （眼）从 （红）省。

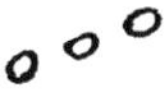 sɿ˩tʻo˩ga˧。

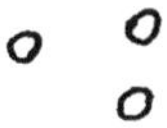 sɿ˩tʻo˩kʻɣ˧。

 tsʻɿ˩kʻu˧。

 bu˩kʻu˧。

 bu˩to˥。

以上南方七座。

 bu˩mæ˧。

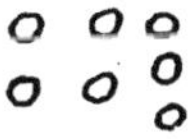 dʑi˩kʻɣ˧。

 dʑi˩mæ˧。

 pa˧by˩。

 pa˧kʻu˧。又作 。

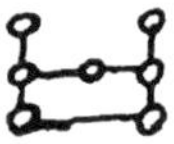 dʑy˩kʻo˧。

 dʑy˩hu˥。

以上西方七座。

 zy˩miə˩。

 zy˩kʻu˧。

 zy˩dv̩˩。

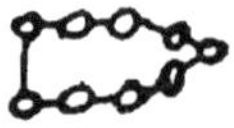 zy˩he˧。

 zy˩ba˩。

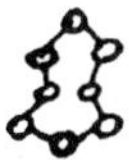 zy˩tsʻi˩。

 zy˩ba˧。

以上北方七座。

按：此二十八星名，据东巴和士贵说，画星座之形状，在择辰书中记载如此，但他不能分辨在天空之星座。

6.  zy˩。星名。

 ho˩。亦星名。此二字往々通用，为不同星座，惟不能实指。

按：亦通称众星，在二十八星座，从作形声字，兹录北方七座如下：

 zy˩ miə˩。从 （miə˩、眼）声。

 zy˩ kʻɯ˧。从 （kʻɯ˧、门）声。

 zy˩ hu˥。从 （hu˥、胃）声。

 zy˩ he˧。从 （he˧、耳）声。

 zy˩ ba˩。从 （ba˩、花）声。

 zy˩ tsʻi˩。从 （tsʻi˩、臂骨）声。

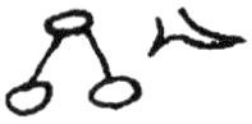 zy˩ bə˧。从 （bə˧、脚板）声。

7.  sɿ˧ tʻo˩。三星座也。

8.  ʂər˧ ho˥。北斗也，俗称七姐妹星。

9.  Kɣ˥ ɣɯ˧。参星也，从省，（Kɣ˧割）（哥巴字）声。此星傍晚见之。亦作。

10. 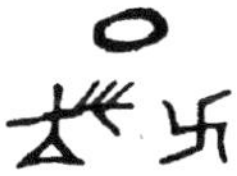 So˧ ɣɯ˧。商星也。从省。（So˧山巅）（哥巴字）声。此星黎明见之。亦作

*　　*　　*

11.  tɕi˩。云也，象浮云。又作、、、、、。

12.  tɕi˥ sər˧。雾也，从云（sər˧木）声。

13.  mɯ˧ hɯ˥ dʑi˧ tɕi˩，又 mɯ˧ lɯ˥ hɯ˥ dʑi˩。虹也，象虹光彩状。又作、、。

14. 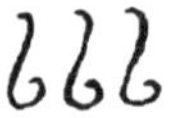 huɯ˩。雨也，象雨点坠。

 huɯ˩na˥。暴雨也，从雨●（na˩，大）声。

 huɯ˩gɯ˧。落雨也，从天落雨。

15.  dʑər˧。露也，从雨从|||；|||，摇动貌。露珠如雨，着草木摇々欲坠。又作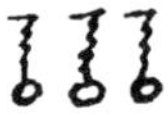。

16.  dzo˧。雹也，雹弹实体，字作，旁从= =，落地有声也。亦作、、。

17.  be˧。雪也，象雪花飞。亦作。

18.  ɲi˧，又读ɲi˧pər˩。霜也，从雪从|||（摇动貌），着草木摇动。

19.  tsʏ˥，又读gæ˧mia˩。电也，象电光闪灼。又作 、，从电θ（mia˩、眼）声。

20.  gæ˧mia˩tsi˩do˥。电光也，从天电光四射。

21.  mɯ˧gv˧。雷也，从天从 （矢）。雷劈如矢射。又作 ，从天有电光雷声。又作 。

22.  gv˧。劈也，从雷劈地。又作 ，劈人也。，劈树也。

23.  hər˧。风也，气之动也。又作 。

24.  hər˧to˧lo˩。旋风也。又作 ，hər˧na˩，大旋风也，从风从●（na˩大）。

25.  sa˥。气也，从风从川，川即口（口）省，口中出气也。又作、、。

26.  sa˥。汽也，象汽腾。又作： 天汽也。 地汽也  水汽也。

27. 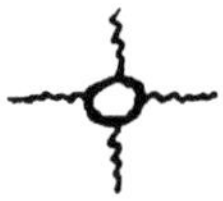 bu˧。光也，象光芒四射。又，mi˧bu˧，火光也，从火发光。

28.  na˩fv˥。暗也，无光也，从光黑。

* * *

29.  kɯ˩dzɿ˩mɯ˧ʂər˥。繁星也，星佈满天。从天从星，点示众多。凡物众多者以点示之。

30.  kɯ˩ tʂʰər˧。陨星也，从天从星，表示下坠。又作。

31.  mɯ˧ tɕʰu˥，又 mɯ˧ ly˥ ly˧。天摇也，从天，曲线表示摇晃。

32.  mɯ˧ tɕʰy˧。晴也，从日散于天，光芒下射。又作，从天（tɕʰy˩，桶）声。又读 tsʰər˧，热也。

33.  mɯ˧ dza˧。阴也，从云蔽天。又读 mɯ˧ lu˧ lu˧。

34.  ȵi˧ me˧ tɕʰi˩ nɯ˧ ka˥。晕也，从云遮日。

35.  bu˧。明也，从日月发光照散。又作，从日发光。又作，从月发光。

36.  ba˩。光线也，从日光射。又 ，向阳之处也，从日照岩。

37.  ba˩ kʻɯ˧。日光诚至也，从日光从 （kʻɯ˧，脚），意即阳光有脚。

38. 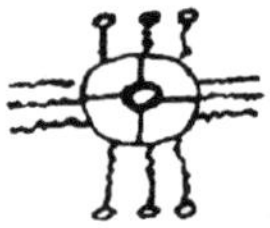 ɲi˧me˧da˨ua˧tʂʻə́r˧。晚霞也，从日，霞光四射。

39.  bi˧pʻə́r˩kʻɯ˧gv˩。夕阳也，意为日光弯脚无力，夕阳光弱也。

40.  ba˩dʐər˥。晒也，从人坐向日光。

41.  PY˩。晒乾也，从日光照地，点象水汽蒸发。

42.  da˩。月色也，从月有光下射。又 ，da˩pʻu˥，背阴之处也，从月照岩，月光阴暗也。

43.  da˩kʻɯ˧，又he˧me˧kʻɯ˧。月光照至也，从月光从脚，意即月光有脚。

44.  so˩。曙光也，朝也，从日光 （so˩，山岭）声。

45.  mɯ˧lɯ˥tʂu˥kv˧na˩，天地之际昏黑也，从天黑。又作 ，读tse˥kv˧na˩lv˧la˧。

46.  mɯ˧lɯ˥tʂu˥kv˧pʻər˩，天地之际发白也，从天白有光。又作 ，读tse˥kv˧pʻər˩lv˧la˧，从 （pʻər˩，解开）声。

47.  bi˧tʻv˧，又ȵi˧me˧gə˩tʻv˧。日出也，从日出于山。

48.  bi˧gv˩ 又 ɲi˧me˧mɯ˩gv˩，日没也，从日没于山。按：在山区，日出没于山，故字从山。

49.  he˧me˧tv˧。月出也，从月出于山。

50.  he˧me˧gv˩。月落也，从月落于山。

51.  ɲi˧me˧da˩tsé˩kó˧。日晕也，气围绕日，周匝有光。

52.  he˧me˧da˩tsé˩kó˧。月晕也，气围绕月，周匝有光。

53.  ɲi˧me˧kú˥。日蚀也，从日有亏。

54.  he˧me˧kʰɯ˥。月蚀也，从月有亏。

55.  ɲi˧me˧he˧me˧za˩nɯ˧dzɿ˧。凶星犯日月，日月以由蚀也。此字亦可分写：、。

56.  mə˧。暮也，不也，象日没将尽。又作

時令附

57.  kv˥。年也。即鼠字，鼠为十二生肖之首，故用为年字。又作，从鼠（kv˧，菽）声。

58.  tɕy˥tɕʰu˩。最初也，鸡鸣破晓，日之始也。字从鸡鸣（tɕʰu˩，串珠）声。

59.  mæ˥tar˥。结尾也。（mæ˧）为尾，（tar˥）为结。

60.  ʂʏ˩又mɯ˧ʂʏ˩。春也，从天从风，春为风季。又作，从风从布谷，布谷为春鸟也。

 ʂʏ˩sɿ˥he˧。春季也。字从春三月合文。

61.  ʐu˩又mɯ˧ʐu˩。夏也，从天从雨，夏为雨季。又作，从雨从野鸭，野鸭为夏鸟也。

 ʐu˩sɿ˥he˧。夏季也，字从夏三月合文。

62.  tʂʰɿ˥又mɯ˧tʂʰɿ˥。秋也，从天从地上有花，秋为花季。又，从花从雁，雁为秋鸟也。

 tsʻɿ˥sɿ˥he˧。秋季也。字从秋三月合文。

63.  tsʻɿ˧又mɯ˧tsʻɿ˧。冬也，从天从雪，冬为雪季。又作，从雪从鹤，鹤为冬鸟也。

 tsʻɿ˧sɿ˥he˧。冬季也，字从冬三月合文。

64.  dʑɿ˩。時也，日光照临，从日光移动定時也。又作。

65.  mɯ˧sɿ˥。清晨也，从天（sɿ˥，家神）声。

 ȵi˧ȵi˧la˧mɯ˧sɿ˥。明晨也，从天从日（sɿ˥，家神）声。

66.  ȵi˧ le˥ gv˧。昼也，从日省。又读 ȵi˧ me˧ ȵi˧ le˥ gv˧。

67.  ȵi˧ ly˥ gv˧ 又 tɕʰu˧ dzɿ˧ dʑɿ˨。午也，日当中，光直射也。

68.  ȵi˧ me˧ kʰa˧ la˧ lɯ˨。下午也，从日光下降。

69.  hu˨、ha˥ 又 mɯ˧ kʰv˥。夜也，从月侧形无光。又作 。

70.  hu˨ kʰo˧。夜半也，月当中，暗光微弱。又作 ，从月暗 （kʰo˧ 角）声。

71.  tsʰe˧ do˨。初也，初一至十计日词头，十一以下用数名。字从 （tsʰe˧ 盐）、（do˨ 见）二音。

按：记月份，从月作形声字，列举如下：

iə˩pe˩。正月也，从月（iə˧.烟）（pe˧.门）声。或作，读iə˩pe˩la˧he˧，生肖属虎（la˧），正月建寅也。

he˧dʐə˧。二月也，从月（he˩.神）（dʐə˩秤砣）声。或作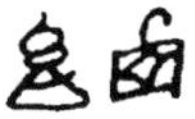，读he˧dʐə˧tʻo˧le˧he˧，生肖属兔（tʻo˧le˧），二月建卯也。

sa˥ua˧。三月也，从月（sa˥.气）（ua˧.五）声。或作，读sa˥ua˧lv˩he˧，生肖属龙（lv˩），三月建辰也。

lua˥me˧。四月也，从月从四（lua˥）、叉（me˧.雌阴）声。或作叉，读lua˥me˧ʂɿ˩he˧，生肖属蛇（ʂɿ˩），四月建巳也。

ua˥me˧。五月也。或作  ，读ua˥me˧ʐua˧he˧，生肖属马（ʐua˧），五月建午也。

tʂʰua˥me˧。六月也。或作  ，读tʂʰua˥me˧y˩he˧，生肖属羊（y˩），六月建未也。

sæ˧me˧。七月也。或作  ，读sæ˧me˧ə˥y˩he˧，生肖属猴（ə˥y˩），七月建申也。

hua˥me˧。八月也。或作  ，读hua˥me˧æ˩he˧，生肖属鸡（æ˩），八月建酉也。

guə˧me˧。九月也。或作 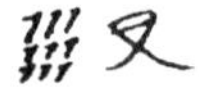 ，读guə˧me˧kʰɯ˧he˧，生肖属狗（kʰɯ˧），九月建戌也。

tsʰe˩me˧。十月也。或作  ，读tsʰe˩me˧bu˩he˧，生肖属猪（bu˩），十月建亥也。

tse˨da˧。十一月也。或作乂˥ ，读tse˨da˧fv˥he˧，生肖属鼠（fv˥），十一月建子也。

da˧ua˧。腊月也。从月（da˥、砍）⁝⁝⁝（ua˧、五）声；或作⁝⁝⁝ ，读da˧ua˧ɣɯ˧he˧，生肖属牛（ɣɯ˧），腊月建丑也。

以上为十二个月月名。

* * *

二、地理之属

72 

mɯ˧tʂʰʅ˧dy˩kʰɯ˧。天地初开也，从天、地（tʂʰʅ˩、楠）、（kʰɯ˧、门）声，意即开天辟地也。

73 

mɯ˧ne˨dy˩pa˥pa˧或mɯ˧lɯ˧tʂu˥。天地相交也，从天地联系。

74.  mɯ˧ne˨dy˨pɯ˧pa˧be˧。天地变化也，从天地联系(pa˧，蛙)声。

75.  mɯ˧lɯ˧tʂʅ˧ka˥bv̩˨。普天之下也，从天地、爪(ka˧，哥巴字)(bv̩˧，锅)声。

76.  mɯ˧ne˨dy˨ly˥gv̩˧。天地之中也，从天地、从四方⁘，聿(ly˧，矛)声。

* * *

77.  dy˨又lɯ˧。地也，地方载物也。又读dy˨lo˨，平原也。又作：、。

78.  dzi˧dzə˨la˧la˥r˧dy˨。世界也，从地(dzi˧)声；动物名，借音为人，意即人类生存之大地也。

79.  dər˩ 又 lɯ˧。田也，地上生长植物。又作 ，读 dər˧lɯ˧kʻɯ˩lɯ˧，犹歇地也（荒地）。

80.  dər˩lɯ˧ 又 lɯ˧ka˧。良田也，从田中长稻（）、麦（）丰盛。

81.  lɯ˥dʑə˩。秋田也，象播种在田。

82.  lɯ˧kʻo˥。田间也，从田（kʻo˧角）声。

83.  lɯ˧kʻo˧。地洞也，地有穴、声。又读 lɯ˧py˥kʻo˧，自然陷落之痕迹。

84.  ho˥ 或 kʻo˧ho˥。深也，从地穴（ho˥、八）声。

85.  lɯ˧bu˧。田埂也，从田（bu˩坡）声。

86.  lɯ˧by˩。地裂也，从地裂缝，又从雷，地裂如雷劈。

87.  tʂʅ˧lɯ˧ʐy˥ʐy˧ 又 lɯ˧ly˥ly˧。地震也，从地动摇之貌。又作、。

88.  kʻɯ˩pʻe˥ 或 kʻɯ˩le˥。带草之土块也。亦作，省地。

89.  ʑə˧y˩dy˩ʂər˥。草满大地也，从地从草，点示繁多。

90.  pʻər˩na˥dɯ˧kʻæ˧tʂʻu˥。两地交界也。从地（pʻər˩、白）、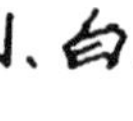（na˩黑）分之，以示敌我，（tʂʻu˥雕）声指相接处。

按：凡地名，从地作形声字，见于书者甚多，略举如下：

ho˩dy˩。ho˩人之地也，在今四川盐源县。古为定笮县，纳西古民族部落之一。字从地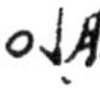（ho˩肋）声。

me˩dy˩。me˩人之地也，在今永宁金棉村一带。古纳西民族部落之一。字从地（me˩植物名）声。

i˧gv˧dy˩。在丽江坝区，古为通安州。字从地（i˧山骡）○（kv˧蛋）声。为古纳西sɿ˥、iə˩二氏族、部落所居之地。

la˧t'a˥dy˩。在盐原左所，纳西族聚居地。字从地（la˧虎）奆（t'a˥塔）声。

ly˧dy˩。在宁浪永宁，纳西聚居地。古为永宁州。字从地串（ly˧矛）声。

sɿ˧˥lo˩。在木里县无量河边村落，有纳西人居住。字从地、(sɿ˧、羊毛)、(lo˩、山谷)声。

o˩iə˥。在木里县俄文乡，有纳西人聚居。字从地、(o˩、玉)、(iə˧、烟)声。

lo˥dʑi˩。在中甸洛吉乡，有自称ʐua˧kʻo˧"阮可"之纳西人居住。字从地、(lo˩、黑魔)、(dʑi˩、水)声。

kɯ˧dy˩。在中甸东坝乡，纳西族聚居地。字从地、(kɯ˩、星)声。

bər˧dər˧。在中甸白地乡，纳西族聚居地，相传为东巴教发源地。字从地、(bər˩、绳)、(dər˩、骡)声。

bər˧dər˧ʂɿ˧lo˧ne˧kʻo˧dy˩。白地东巴教祖师什罗修行处。字从岩从什罗、(kʻo˧、角)声。

la˧pə˩lv˧pə́r˩uə˧。在丽江宝山乡，古为宝山州，石城尚存。字从地从庄从石，（la˧虎）下（pə́r˩）声。

la˧pə˩la˥zɿ˧。在丽江宝山果洛乡。字从地（la˧）丰（zɿ˧.草）声。

da˧gv˧又pər˩ia˥da˧gv˧dy˩。在丽江大巨。从地（da˥.砍）○（kv˧.蛋）声。

ba˧ʂɿ˩又ba˧kv˧ba˧ʂɿ˧lɯ˧。在丽江白沙。字从地（ba˧.脚板）（ʂɿ˧.肉）声。意为巴人死亡之地。

ba˧ʂɿ˩dæ˩me˧lo˩。白沙木土司驻地，有"大定阁"等建筑。字从地从庙冃（dæ˩旗手）又（me˧雌阴）声。

ba˧ʂɿ˩sæ˧do˧ko˩。白沙北岳庙，在玉龙山下。字从地从庙兀（sæ˧）甲（to˧）声；兀甲係哥巴字。

ʂua˥ua˧ 又 mu˩tɕi˧ʂua˩ua˧lɯ˧。在丽江東河，意為屍首堆成高地。字从地从坐 F（ʂua˩ 高）声。

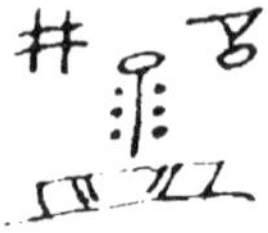

gu˩be˧ 又 gu˩be˧i˧gv˩dʑɿ˧。在丽江大研鎮。字从地从 井（gu˩ 仓）弓（be˧ 做）、（dʑɿ˩ 时）声。

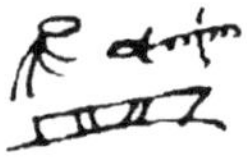

bv˩kv˩。在丽江七河。字从地（bv˩ 驼背）（kv˧ 获）声。

le˧bv˧dy˩。在鹤庆，从地从[…] le˧bv˩ 白族，意为白族地方也。

la˧tsʻa˩ɣɯ˧。在永胜，即澜沧卫。字从地（la˧ 虎）（tsʻe˧ 盐）尼（ɣɯ˧ 哥巴字）声。

la˧ʂɿ˥ 或 la˧ʂɿ˥lɯ˧。丽江剌是公社。字从地（la˧）（ʂɿ˧ 肉）声。

tɕʰi˧ua˧˩。在丽江九河。字从地（tɕʰi˧˩.云）（ua˧˦.庄）声。

la˧ba˩。在丽江石鼓。字从地（la˧.虎）（ba˩.花）声。

ku˥dy˧。在丽江巨甸，古为巨津州。字从地（ku˩.薑）声。

lv˧dy˧。在丽江鲁甸。字从地（lv˧.石）声。

ɲi˧na˩。在维西县。字从地（ɲi˧.鱼）（na˩.哥巴字）声。

tʰa˥dzɚ˩。在丽江塔城，古为铁桥城，铁桥早废。字从地，从（tʰa˥.塔）、从（dzɚ˩.城）。

dzɿ˧dy˩。在中甸县，从地 （dzɿ˧˩统治者）声。

gv˧˥dzɿ˧dy˩。藏族地区也，从地从 （gv˧˥dzɿ˧˩藏族）。又作 。

o˧tso˧。在西藏拉萨。字从地 （o˩神名）（tso˩三脚蛇）声。

dʑy˧tv˥。在剑川县，古为义督赕。字从地 （dʑy˧蔓菁）（tv˩千）声。

tɕər˥lo˩。在大理，从地 （tɕər˧胯）（lo˩山谷）声。

tɕər˥i˧ta˥pər˩kɯ˧。大理三塔寺也，从地从塔，、（i˩哥巴字）（pər˩解）声。

i˧tʂʻɿ˩。在昆明，即押赤城。字从地（i˧、山骡）太（tʂʻɿ˩、吊）声。

ha˧pa˩dy˩。汉族地区也，从地从汉族（ha˧pa˩）。

Ká˧dy˩。京城也，从地从（Ká˩、皇帝）。

ʑər˧dy˩。江边也，从地（ʑər˧、刀）声。

Ko˧dy˩。高原也，山区也，从地从高原（Ko˩）。

*　　*　　*

91.  dʑy˩。山也，象山峰。又作 、、、。

92.  bu˩。坡也，象山坡。又作 、。

93.  to˥。岗也，从坡 （to˧.板）声。

94.  uə˧。坡陀也，山寨也，截山之半取义。

95.  ko˩。深山也，草原也，从山有草 （ko˩.斛）声。

 ko˧ʂua˩ko˩gv˧pər˩。茫茫草原也，从草原 （pər˩.鲜）声。

96.  dzy˧。嶺也，从山（dzy˩、花椒）声。

97.  so˧。巅也，从山顶折树，山最高处暴风折木也。

98.  dzy˩ky˧。山顶也，从山○（ky˧、蛋）声。

99.  dzy˩khɯ˧。山麓也，从山（khɯ˧、脚）声。

100.  dzy˩ʂua˩。高山也，从山从F（ʂua˩、高）。又作。

101.  dzy˩bar˩。烧山也，从坡起烟火。又作、，火烟漫山也。

按：凡山形，从山加字为意，略举数例：

ɣɯ˧dʑy˩。灰土山也，从山从ɣɯ˧（灰）。

ly˧dʑy˩。石山也，从山从ly˧（石）。

be˧dʑy˩。雪山也，从山从be˧（雪）。

102. 
sər˧dzɿ˩dʑy˩ʂər˧。树木满山也，从山从树，点示繁多。又作。

103. 
lo˩。谷也，山谷有水。又作、。

104. 
dʑy˩na˩lo˩na˩。深山老箐也，从山从谷●（na˩，大）声。

105.  æ˩。岩也，从岩、（æ˩鸡）声。又作、。

按：凡岩形，从岩加字为意，兹举数例：

 æ˧pʻər˩。白石岩也，从岩帀（pʻər˩，解）声。

 æ˧na˩。黑石岩也，从岩从●（na˩，黑）。

 æ˧hy˩。红石岩也，从岩从（hy˩，红）。

 æ˧dzæ˩。花石岩也，从岩从花色dæ˩。

 æ˧hər˩。青石岩也，从岩从青hər˩。

106.  æ˩kʻo˧。岩穴也，从岩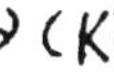（kʻo˧，角）声。又作，从岩有洞。

107、  æ˩ua˧p'v̩˩又æ˩ua˧tsʻe˥。攻劫山寨也，从岩从山寨从斧，劫寨用斧也。

108.  æ˩bia˩。岩崩也，从岩顶倾裂。又作 。

109.  ŋv̩˧lv̩˧。雪山也，从山从 （ŋv̩˩银）者，山白如银，故名ŋv̩˧lv̩˧，意为银石：

按：凡不同雪山，从雪山加字为意，并举数例：

 ŋv̩˧lv̩˧pʻər˩。从雪山白，常年积雪不化者。

 ŋv̩˧lv̩˧na˩。从雪山黑，冬积雪而夏融者。

 tʻər˩ŋv̩˧lv̩˧。从雪山笑，山美如笑颜开。

110.  ə˥bɯ˩又æ˩˥lo˩ə˥bɯ˩。岩间回声也，从岩传回声。

111.  dʐy˧˩na˥ʂɛ˨˩lo˧。"居那什罗"山也，传说之大神山。字从山巾、从神座 。

按：凡山名，从山作形声字，见于书者甚多，略举数例：

 ba˧ʂɪ˩tɕi˩gv˧˩lv˧。丽江玉龙山也，从雪山从云，常为白云缭绕，山高五千八百多公尺，常年积雪不化。

 se˧pi˩tʂər˩gv˧˩lv˧。丽江文笔山也，从雪山笑、了（se˧ 哥巴字）声。

 ɣɯ˧k'o˩ə˧na˥dʐy˩。丽江马鞍山也，从山 （ə˧ 呵）、（na˩ 黑）声。

ly˧dy˩kə˥mu˥dʑy˩。永宁干母山也，亦称狮子山。字从山（kə˥mu˥.老鹰）声。

ho˧dy˩bər˩ly˥˩dʑy˩。鲁原牦牛山也，从山（bər˩.牦牛）、（ly˧.石）声。

ma˥mi˧pa˧lo˧dʑy˩。"玛米巴老"山也，在木里县境。字从岩◎（ma˩.油）、（mi˧.火）声。

ʑi˧na˩ə˥sa˩to˥。维西挚地坪山也，从山（ə˥.呵）（sa˥.气）口（to˧.板）声。

da˧le˩kʰɯ˧tʂʰɿ˧æ˩。"达楞"神女岩也，在丽江石鼓镇北金沙江东岸。字从岩（kʰɯ˧tʂʰɿ˧.吊狗）声。

ㄨ宗ㄨB

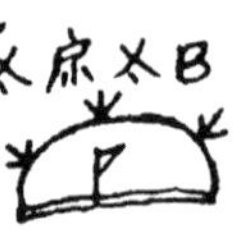

la˧ba˩la˧pa˥ko˩。石鼓老巴山也，从高原ㄨla˧宗ba˩ㄨla˧B pa˥（哥巴字）声。

bər˧dər˧kɯ˩ŋv˧˩lv˧。中甸白地雪山也，从雪山（kɯ˩星）声。为省。

tsʼe˩pi˧dʑə˧kʼúə˩bu˩。玉龙山别名，意即十二欢乐坡。从坡从十二、（kʼó˧角）声，kʼó˧、kʼúə˧音近。此山自北而南，诸峰相连似龙舞，故名玉龙山。

*　　*　　*

112.  dʑi˩。水也，象泉源出水。又作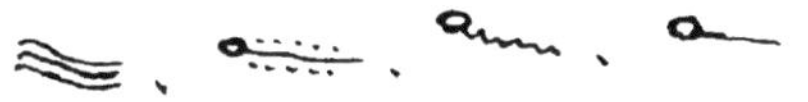。

113.  dʑi˩kʼó˧又dze˧kʼó˧。泉也，井也。从水（kʼó˧角）声。

114.  dʑi˩by˩。涌泉也，象水冒出之状。（从水涌泉）。

115.  tsʻɿ˧ 又 lər˩ko˩dʑi˩。温泉也，从水有泡，温泉常冒小水泡也。又作 、。

116.  dʑi˩mæ˧。水尾也，从水从尾（mæ˧，尾）。

117.  tsər˧。阻水也，从水有物阻。

118.  æ˩dʑi˩dʑɯ˩。瀑布也，从水自岩倾留。又作 ，从高厂、倾水巛。

119.  dʑi˩bər˩、dʑi˩i˩ 又 dʑi˧go˩za˩。洪水也，从水漫地面。又作 ，山洪也。

120.  dər˩ 又 dʑi˧dər˩。泡沫也，从水起泡沫。

121.  dʑi˧zɿ˩ 又 dʑi˧da˩。浪也，从水起波。

122.  dzɿ˩。冰也，凌水而结冰。又作 、，读 dzɿ˩ kʻo˩ y˩，结冰柱也。

123.  i˧bi˩。江也，从水长流 （i˩ 蛋出水）声。又作 ，江上起浪也。按：大水作 ，小水作 。

124.  kʻæ˧ 又 kʻə˧。渠也，沟也，字象河流。

125.  hɯ˥。海也，蓄水。纳西语谓湖泽为海。

126.  dər˧。池也潭也，象水积。又作 。

按：凡水名，从水作形声字，书中记录甚多，择其著者，举例如下：

ʂɿ˩ i˧ bi˩ 又 la˧ la˩ ər˧ hæ˧ i˧ bi˩。金沙江也，从江从（hæ˩ 金）。

na˧ dʑi˩。纳西江也，古称麼些江。字从江 ●（na˩ 大）声。

gu˧ dʑi˩。雅砻江也，从江井（gu˩ 仓）声。

mɯ˧ lɯ˥ ʂɿ˧ dʑi˩。无量河也，在四川木里县境。字从水（mɯ˧ 天）声。又作：

ʂɿ˧ dʑi˩，从水（ʂɿ˥ 茅草）声。

ʂu˧ dʑi˩，从水（ʂu˩ 铁）声。

lo˩tsʻo˩kv˥i˧bi˩。澜沧江也，从江（lo˩.谷）、（tsʻo˩.象）声。

dʑi˧pár˩dʑi˧na˥。黑白水也，在玉龙山东麓。字从水下（pár˩.鲜）●（na˩.黑）声。

gu˩be˧gu˧lu˩dʑi˩。丽江玉河水也，即黑龙潭之水。从水（gu˧lu˩.跑马）声。

bər˧dər˧bər˧pár˩dʑi˩。白地白水河也，系碳酸泉，有矿泉沉积物而凝成洁白河床梯田和瀑布。字从水（bər˩.绳）、（dər˩.骡）、下（pár˩.鲜）声。

mɯ˧lɯ˥da˧dʑi˩hɯ˥。传说之大海也，水天相接之大海也。字从海（mɯ˧.天）声。又，（da˥.砍）（dʑi˩.水）声。

la˧tʻa˥hɯ˥。泸沽湖也，在宁浪永宁和盐源左所交界处，亦称左所海。字从海(la˧虎)夯(tʻa˥塔)声。

ly˥hɯ˥。中海，今丽江中海水库也。字从海丰(ly˩矛)声。

la˧ʂɿ˥hɯ˥。拉市海也，在丽江。字从海(la˩手)、(ʂɿ˧肉)声。

gv˧lv˧ly˥hu˩hɯ˥。雪山玉湖也，在玉龙山麓。字从雪山从海。

se˧pi˩tʂə˥tʂər˧dər˧。丽江文笔海也，今文笔水库。字从池(tʂə˥秽)、(tʂər˥代)声。

ba˧ʂɿ˩sa˧sɿ˩kʻæ˧。丽江白沙"三思河"也，从渠(sa˥气)(sɿ˧羊毛)声。

 dʑi˧dɯ˩bu˩。丽江青龙河也，从水从坡（堤）、（dɯ˩.大）声。

 la˧ba˩pa˥tsɿ˧dʑi˩。石鼓狼淹河（冲江河）也，从水（pa˧.蛙）、（tsɿ˧.拴）声。

*　　*　　*

127.  tʂɿ˧。土也，从地有土块。又作。又：

 tʂɿ˩pʌr˩，白土也，从土（白）声。

 tʂɿ˩na˩，黑土也，从土（黑）声。

 tʂɿ˩hy˩，红土也，从土（红）声。

128.  ɣɯ˥。灰也，象灰堆。又作，从灰（ɣɯ˧.哥巴字）声。

129.  ɣɯ˥ by˧ hər˧ nɯ˧ kʻæ˥，扬灰也，从旋风从灰，灰堆被风吹散也。

130.  dzæ˩。泥也，从土从泥水。

 dzæ˩ tsʻa˩，踩泥也，从人踏泥。

 dzæ˩ tsʻa˩，和泥也，从脚和泥。

131.  ʂə˩。沙也，象沙砾堆积。又作 ，ʂə˩ ma˥，河沙也。

132.  lv˧。石也，象叠石。又作 、。

 tse˥ tse˧ hæ˩ lv˧ me˧，传说之巨石也，从石从金（hæ˩，黄）。

 lv˧ na˩，黑石也，大石也，从石黑。

 lv˧ dzæ˩，花石也，从石花，有斑点。

 lv˧ gɯ˧，石裂也。又作 。

133.  tsʻe˧。盐也，象盐块，又（tsʻe˩˧）声。

* * *

134.  ŋv̩˩。银也，象耳环，其质银，故为银字。又作、。

 ŋv̩˧pʻər˩kʻo˧dzɿ˩。银锭也，意为白银有角。

135.  hæ˩。金也，象领扣，其质金，故为金字。又作、。

 hæ˧ʂɿ˩miə˧dzɿ˩。金锭也，发光闪灼，意为黄金有眼。

136.  o˩又o˩hər˩。绿松石也，象冠饰嵌绿松石花。又作、。

137.  tɕʻu˩。珠也，象珠成串。又作。

 tɕʻu˩na˥。黑珠也，从珠从黑。

云南文库·大家文丛

138.  ər˧。铜也，象锅，铜制也，从(hy˩，红)，铜色红也。又作。

139.  ʂu˩。铁也，象斧，其质铁，故为铁字。又作。

140.  sy˥。锡也，又铝也，象锡块。又作、。

141.  lo˩by˧tʂɿ˩。冠珠也，从珠镶边。又作。又，象冠珠如火闪光。

142.  ɕo˧la˩。珊瑚也，象其形。又作。

* * *

143.  mi˧。火也，象火焰。又作、、。

144.  mi˧ba˩。火花也，象火花飞溅。

145.  mi˧lu˩。火坑也，火盛貌。

146.  mɯ˥k'ɯ˩。烟也，从火出烟。

147.  fɤ˥dʑi˧ 又 hɯ˥。炭也，火烬成块。又作 。

148.  dʑi˥。烧也，从火烧物。又作 ，从火 （dʑi˧ 酒药）声。

149.  bɤ˧。炙也，从火烤肉。

150.  bər˩。烧也，从火烧树。

151.  mi˧tʂɤ˩。火炬也。又作 。

152.  mi˧k'ɯ˥。举火也，从火烧柴。

153.  mɯ˥bɤ˩。爆竹也，火烧竹，爆发有声，以驱兽。又作：。

154.  mi˧bɤ˩。火炮也，象引火爆发。

155.  dʐɿ˧。燃也。又作 。

156.  gə˩。熄也，从火倒熄。又作 、。

157.  mi˧kʻə˩。责任也，从火 （kʻə˥，篮）声。

* * *

方向附

158.  ɲi˧me˧tʻv˧。东方也，日出于东方，从日 （tʻv˩，桶）声。

159.  ɲi˧me˧gv˩。西方也，日没于西方，从日省 （kv˧，蛋）声。

160.  ho˧gv˧lo˩。又 gə˧ly˩。北方也，从水省。滇康高原江河自北而南，上游为北，下游为南，

故析水字上半为北字，下半为南字。又作。

161.  i˧tʂʰɿ˧mɯ˩，又mɯ˧ly˩。南方也，从水省。又作。

162.  ly˥。中也，与矛字同，或曰借矛字。

163.  ly˥gv˧。中间也，从中○（kv˧，蛋）声。

164.  ga˩。上也，隆起在上。又高处也，读ga˩to˥。

165.  mɯ˩又mi˩。下也，从地（mi˧，火）声。又低处也，读mɯ˩tɕi˩。又作。

166.  uæ˧。左也，从人伸左手。

167.  i˩。右也，从人伸右手。

168.  k'v˩。内也，从人（k'v˩，口弦）声。又作，从屋（k'v˩，蒜）声。又读k'v˩ty˩，里面也。

169.  by˩。外也，从人（by˩，面粉）声。又作，从屋从门声。又读by˩ty˥，mu˩ty˥，外面也。

三、植物之属

170.  dzər˩。树也。又作。

171.  ɕi˩又bi˧。林也，从三树，以示其多。又作 。

172.  sər˧。木也，柴也，树倒成木柴。又作 ，从木块。又作 。

173.  mu˥tsÿ˧ma˩。松明也，木含松脂。字从木从⊙（ma˩ 油），如着油之易燃物也。

174.  dzər˩o˧。树干也，从树 o—o （o˧ 骨）声。

175.  dzər˩kə˥dər˧la˩。树枝也，从树有枝。又作 。

176.  dzər˩kɯ˧。树根也，从树从足 （kɯ˧）。又 ，读mɯ˥kɯ˧，竹根也。

177.  tsʰe˥、又 pʰiə˥。叶也。又作 。

178.  ba˨。花也，象花冠。又作 、、。

179.  ba˨ly˧ 又 ba˨tʰi˥li˧。蕾也，从花串（ly˧，矛）声。又作 。

180.  dzər˩ly˧。果也，从树有果实。

181.  tɕʰi˧。刺也。又作 ，从竹有刺。

182.  tɕʰi˧tɕə˩。刺枝也，象枝有刺。

183.  kv˧dar˧。芽也，从树发芽。又作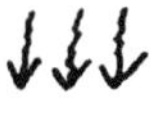，从草发芽。

184.  tɕʻar˧。折也，从树折。

185.  dʑar˧。弯也，从树下弯。

186.  lɯ˩。倒也，从树倒。又作。

187.  gɯ˩。落也，从树果实落地。又作。

188.  har˧tʻv˧tsʻe˥pʻv˥。风吹叶落也，从风从叶，点示其多。或读pʻia˥gɯ˩，落叶也。

189.  by˧。粗也，从树（by˩.粉）声。

190.  tsʻɿ˩。细也，从树人（tsʻɿ˨˩.髀）声。

* * *

191.  tʻo˧。松也，象其枝叶。按：、 二字常通用，但松作，不作。又松毛读tʻo˧sɿ˩或tʻo˧pʻia˥。

192.  se˩tʻo˩。松子也，象松树有实。

193.  tʻo˧dʑər˩。松脂也，从松流汁。

194.  ɕy˥。柏也，象其叶。又作 。

195.  i˧kə˥。细叶香木也，象其枝叶。

196.  tɕʰu˩na˥i˧sar˧。珍叶香木也，从树 （tɕʰu˩，珍珠）声。

197.  lɯ˧。杉也，叶长向下。又作 ，读lɯ˧na˩bi˧，大杉林也，从杉从大，点示其多。

198.  ʂə˥。桧也，从杉 （ʂə˥，说）声。又作 。

199.  se˧pi˩。香樟也，其叶香甜可做药，其木散香味，可防虫蚀。

200.  no˧lo˩。构也，树皮可造纸。

201.  tʂʅ˩ɣɯ˩。板栗也，实有刺。

202.  bɯ˩ 又 bɯ˧tʂʅ˩。黄栗也，象其叶。

203.  tʂər˧ 又 tʂər˧pa˧。栗菓树也，叶下有实。

204.  gv˧dv˩。核桃也，实坚如石，故果从石。

205.  sɿ˥dzɿ˩ɬa˧kʰa˧。野荔枝也，象其实。

云南文库·大家文丛

206.  mi˩ty˧˦。橘也，象果实累累。实色鲜，以点示之。

207.  tʻa˥dʐɿ˩。柿也，从树生石旁，柿黄叶落也。

208.  si˩kʻa˧。梅也，从树有花无叶。又作 。

209.  bu˧pʻar˩。东瓜木也，象其枝叶。

210.  dzy˩。椒树也，上象其实，枝有刺。

211.  me˩。树名，东巴道场刻此木为神牌。又作 。

212.  Ka˥mi˧。藤也，象藤缠树。

213.  zɿ˧。山柳也，象其叶。

214.  Kə˧ni˩。香椿树也，从树(Kə˥，哥巴字)声。

215.  tɕʰi˩sər˧。桑树也，象其叶。

216.  hua˧sər˧。白桦树也，从树(hua˧，白鹇)声。

217.  sɿ˥da˩。棕油树也，又名青刺尖，结子满核。

218.  tɕʰi˧ʂʅ˩。小蘗树也，多刺，木质黄色，可取黄连素。字从刺从黄。又作。

219.  kə˧tʏ˩。刺桐也，干有刺，叶宽大。

220.  dʑi˧tsʰe˩。棕也，象其干、叶。又作、。

221.  tsʅ˧。漆树也，树干有汁。

222.  ʐər˧ 又 mɯ˩lɯ˧。杨柳也，象垂柳。

223.  la˧dzar˩。槲栎也，生山中，叶大且坚，可以裹物。

224.  muɯ˩。又muɯ˩kə˥。野杜鹃也，叶大花白。
又一种称muɯ˧ky˧muɯ˧hy˩ba˩，即映山红；
又一种曰ʂua˧ba˩，即碧缨花。

225.  la˧kʼa˧。白杨也，叶搭楷枝。（kʼa˧.苦）声。又作。又作，象其叶。

226.  muɯ˥。竹也，有节。又作。

227.  æ˩kʼɯ˧sɿ˩。岩坚木也，其质坚固。字从岩从树。

* * *

228.  ʐə˩。草也，蔓草。又作↓。

 zɿ˧。草也，象束草。

229. 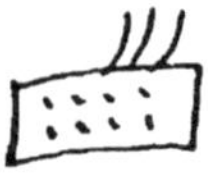 sɿ˥。茅草也，从草(sɿ˩.般)声。又作。

230.  tɕʰi˧pə˩。圆茎草也，叶细长，沟边丛生。

231.  tɕʰɯ˧bɯ˩。菖蒲也，象其中丛生。

232.  pɯ˧。艾也，蒿也，象其枝。

 pɯ˧bɯ˩ʐə˩pɯ˧bɯ˩, na˧pɯ˩kæ˧nɯ˧dʑə˩。成语，意为：艾蒿长做先于草，纳西历史也很早。字从艾从做(na˩.大)声。

233.  iə˩。草名，又烟草也，象其叶。

234.  tɕʰər˧又tɕʰər˧ɣɯ˧。药草也，从花水省，花入水以为药也。又作，从碗盛药。

235.  dv˩。毒草也，毒也，从花黑，以示其毒。

236.  di˩。蕨也，象嫩蕨。又作、、。

237.  kʰɯ˧dv˩。紫苏也，其籽榨油可食，籽小而黑。

238.  tsʰo˩he˧。仙人掌也，叶宽有刺。

239.  be˧pʏ˩。葫芦也。又作 。

240.  ma˧dʑi˧。芭蕉也，象其宽叶。

241.  sa˧。麻也，象其干。又作 。

242.  ɲə˥tɕə˧。油缨草也，干、叶有油质。

243.  kʰo˧zɿ˩。节节草也，分节相连。

244.  fv˧tsɿ˩。芦苇也，丛生。

* * *

245.  ər˧ 又 tʂʅ˩。五谷也，从稻麦，点示其多。又省作 。

246.  dze˧。小麦也，其实有芒。

247.  mɯ˧dze˧。大麦也，从麦 （mɯ˧ 天）声。

248.  zɿ˧。青稞也，长芒向下。

249.  mɯ˩zɿ˧。燕麦也，从青稞 （mɯ˧ 天）声。

250.  ɕi˩。稻也，象其实。又 ，读 ɕi˩pa˩，谷穗也。

251.  bər˩。稗子也，象其穗。

252.  ne˧。苋米也，象其穗繁。

253.  tsý˥。黍也，小米也。又作 、、。

254.  la˧na˩。高粱也，象其株。

255.  ə˥kʻa˧。苦荞也，从荞树花满枝、（kʻa˧ 苦）声。

256.  ə˥gɯ˩。甜荞也，从荞树 （gɯ˧ 飽）声。

257.  nv˩。黄豆也，象其荚。

258.  da˧dy˧。蚕豆也，垂荚有花，花未尽而荚实也。又作，从豆（ta˧·匣）声。

259.  ȵi˧me˧da˩pa˩。向日葵也，象其树。

260.  tɕʰi˧kua˩。南瓜也，象其实。

261.  dʐy˧pər˩。白菜也，象其叶。又作。

262.  dʐy˧又ə˧kʰɯ˩。蔓菁也，圆根有叶。又作、。

263.  ku˩。薑也。又作、。

264.  kv˧。蒜也。

 kv˧dər˧。蒜苗也，象蒜出芽。

265.  o˧lo˧k'o˧。百合也。

266.  dʑi˧kv˧。石花菜也，长于水边石上。又作，从水。

267.  mu˥。菌也，有柄有盖。又作、、。

268.  se˥mi˩。野甜菜也，从树从刺有菓。又作。

269.  ʐɑ˩ly˧tɕi˩。草甜菓也，从地从草有菓。

按：草木名，因字形多相似，故有记音以识别，兹举数例：

 稻也，从十（ɕi˩.百）声。

 林也，从（bi˩.搓）声。

 树也，从（dzɑ˧.唱）声。

 苏也，从（sa˧.气）声。

 野杜鹃也，从（mu˩.簸箕）声。

神树附

hæ˩i˧ba˧da˩dzər˩。神树也，相传为众树之母。字从树从神座，叶子十二片，象征一年十二月，十二生肖也。

si˩ká˧lo˧mu˩ba˩。黑白交界处之梅花也，阳界开白花，阴界开黑花。

dzər˩na˩。黑树也，谓此鬼界之树。

ɣɯ˧do˧dzər˩。龙王家之树也。

la˧mu˧ba˥ba˧。女神之花也。

四. 飞禽之属

270.  ɣɯ˧又v̩˥zi˧。鸟总名也，象鸟飞。又作，从鸟（zi˧，美）声。又作，从鸟省。

271.  dzi˩又bi˩。飞也，从鸟展翅而飞。又读da˩，翔也。又作。

272.  ha˥。棲也，从鸟棲于树。又作。

273.  tɕy˩。啼也，鸣也，从鸡出声。

274.  kv̩˥。啄也，从鸟啄食。

275.  dv˦。翅也。又作、。

276.  no˩。绒也，从羽毛有绒。又作。

277.  tʂə˧˩。爪也，又作、。

278.  dʐə˧˩。捕也，抓也，从爪捕鸟。

279.  kv˦。蛋也。

280.  kv˦dzɿ˩。将孵之蛋也，从蛋有胚。

281.  i˩。漏也，从蛋破流液。又作。

282.  kv˧dʑi˩。蛋水也，从蛋流涎。

283.  tɕʰy˧。同胞也，胞族也，从蛋繁衍，同出一源也。又作Q。

284.  tɕʰy˧tʂʅ˩kv˧mæ˥。后裔也，从蛋破从尾，胞族后裔也。

285.  bv˩。抱蛋也，从物护蛋。又作，从母鸡抱蛋。又作。

286.  kv˩kɑ˥。巢也，从篮从蛋。又作，蛋在草窝中。又作、。

287.  ʂu˥。鸡冠也。又作 。又读 æ˩be˥be˧。

288.  pv̩˥pv̩˧。鸡胃也。又 。

289.  æ˩po˥lo˧。鸡膆也，从鸡膆囊。

290.  mæ˧。尾也，象鸟尾。

291.  ma˥ia˧mæ˧。孔雀尾也，尾长有斑眼。

* * *

292.  æ˩ 又 æ˩pár˩。鸡也，公鸡也，雄冠。

 ɕə˧˩。鸡也，从鸡下（ɕə˩哥巴）声；ɕə˧˩ 用藏语。

293.  æ˨˩me˧。母鸡也，萎其冠。又作 ，从鸡又（me˧雌阴）声。

294.  fv˥˧。雉也，野鸡也，羽冠。

295.  hɯ˩。锦鸡也，箐鸡也，彩色羽冠。

296.  ɣɯ˧hɯ˩。鸡也，胸花斑。

297.  to˧˥lɯ˩。鸽也，贪食，从鸟膝囊充食。又家鸽曰 ɕi˩to˧˥lɯ˩；野鸽曰 tsɿ˥to˧˥lɯ˩。

298.  hua˧。白鹇也，黑头羽冠。又作 。

299.  ma˥ iə˧ 又 kɯ˧ tsʏ˩。孔雀也，美冠。又作 ，从其尾，色鲜有眼斑。

300.  la˧ iə˩ 又 le˧ kæ˩。乌鸦也，从鸟黑。又作 。

301.  tɕi˥ ʂə˧。鹤也，从鸟 （tɕi˥，剪）、上（ʂə˩ 哥巴字）声。

302.  gʏ˧ hɯ˩ 又 kə˥ pu˧。布谷鸟也，鸣声催耕。

303.  ə˧ uə˩。好恶鸟也，从鸟 （ə˩ 呵）声。

304.  kə˥mu˩kv˧pər˩。白头翁也，身黑头白，从干(pər˩解)声。

305.  ʐua˧tʰar˥pu˧。太平鸟也，有羽冠，色灰褐。

306.  tɕi˧pər˩lər˩。此鸟以声名，即金八哥。字从鸟(tɕi˥.剪)、(pər˥.写)声。

307.  lɯ˥tsʰe˧。绶带鸟也，尾羽长，栖山林。

308.  tsi˥li˧又dʑi˧mæ˧mɯ˧tsɿ˩.ty˧。鹡鸰也，栖水旁，身白，尾上下动。字从鸟从尾干(pər˩.白)声。

309.  ɲi˧ze˥kv˧dzæ˩。吸风鹰也，头有斑点。凡鹰皆钩咀。

310.  da˧le˥le˩。鸬鹚也，又名鱼鹰，长咀。

311.  hua˩ze˧。燕也，歧尾。

312.  dzæ˧me˧lo˧na˩又dzæ˧zo˧。雀也，从鸟，颔下黑，(dzæ˩、斑点)声。

313.  lo˧mæ˩。百灵鸟也，从鸟(lo˩、桡)、(mæ˧、尾)声。

314.  tɕi˧do˩。鹛也，又称画眉，山鸟。字从鸟(tɕi˥、剪)、(do˩、傻)声。

315.  tɕi˥ko˧lo˩。琉璃鸟也，从鸟(ko˩、哥巴字)声。

316.  a˥。鸭也，宽咀。

317.  o˩。鹅也，似鸭突额。

318.  bæ˧。又 bæ˧a˥。凫也，野鸭也，似鸭能飞。

319.  bæ˧ʂɿ˩bæ˧lv̩˩me˧。鸳鸯也，从鸭从黄，毛羽呈金色也。

320.  dʑi˧tʻo˧li˩ 又 i˧bi˩tʻo˧li˩。鸥也，直译为水鸽或江鸽。字从鸽从水。

321.  dʑi˧kv̩˧na˩le˥kæ˩。水鸦也，从乌鸦从水。

322.  ko˧pʻər˩。白鹤也，长颈修咀，卞(pʻər˩.解)声。

323.  bu˩dʐa˧lo˧kə˥。鹳也，长颈长咀头黑。

324.  tsɿ˥。水葫芦也，从鸟≀(tsɿ˧系)声。

325.  tɕʻə˩。秧鸡也，从鸟吕(tɕʻə˩.哥巴字)声。

326.  uə˩。鹰也，钩咀。

327.  uə˩ʂɿ˩。黄鹰也，从鹰从黄。

328.  kə˥na˩。恶老鹰也，从鹰从黑。

329.  ɕə˩gu˥。鹏也，长冠利爪。

330.  bu˩fv˧。枭也，猫头鹰也，角羽似耳。

331.  i˧kər˧。鹦鹉也，钩嘴，羽冠。

332.  dʑi˧lɯ˥tse˧。绿翠鸟也，身绿，常在水边。字从鸟从水。又读dʑi˧la˧hər˩。

333.  lv˧kv˧lv˧kə˥ʂɿ˩。岩雀也，从鸟从石（ʂɿ˩.黄）声。又读æ˩dzæ˧zo˧。

334.  Kə˧pu˧pu˧。报春鸟也，长冠。

335.  dzi˧bə˩ 又 hæ˩i˧dzi˧bə˩pə́r˩。蝙蝠也，象形。

按：凡鸟名，一般画其头部，亦有画全身，兹举数例如下：

ko˧pə́r˩。白鹤也。

ma˥iə˧。孔雀也。

uə˩ʥɪ˩。黄鹰也。

fv̩˧pə́r˩。公雉也。

æ˩pə́r˩。公鸡也。

神鸟附

dv̩˧pə́r˩ɕə˧tɕy˩。相传能制服洪水、龙王之神鸟也。字从鸟、头有宝石、生角。

ɣɯ˧y˩ɣɯ˧ma˥。神鸡也，从鸡卐（ɣɯ˧ 哥巴字）、◎（ma˨ 油）声。

fv̩˥dʑi˧æ˧na˩。鬼鸡也，从鸡黑。

kʻæ˧kɯ˩。神胆药也，虫体生角，从（kɯ˩.胆）。

五、走兽之属

336.  nɯ˩又tsʻɿ˨˩sæ˩。家畜也，柔角示驯。

337.  hy˧。野兽也，从足，示善走。又读dʑɿ˧la˧ba˧tʂə˥。

338.  ɣɯ˧。皮也，象兽皮。又作。

按：各种兽皮，画其特徵，略举数例：

 tsʻɿ˥ɣɯ˧。山羊皮也。

 le˧ɣɯ˧。獐皮也。

 la˧ɣɯ˧。虎皮也。

 ɣɯ˧hy˩。红皮也，即湿皮，从皮红（.hy˩）。

339.  pər˥ 又 la˧pər˥。虎纹也，象虎斑纹。又作 。

340.  fv˧。毛也。又作 、。

341.  sɿ˧ 又 y˩sɿ˧。羊毛也，象羊毛成团。又作 。

342.  he˧。耳也，象兽耳两垂。又作 、。

343.  Kó˧。角也。象兽角在头顶。又作 、。

344.  tɕʰua˥Kó˧。鹿茸也。又作 。

345.  dzæ˩。獠牙也。

346.  mæ˧。尾也。又作 。

347.  tɕʰɿ˩又 la˧tɕʰɿ˩。爪也，虎爪也。又作 。

348.  kúa˧ 又 kúa˧be˩。蹄也，象兽蹄。又作 、。

349.  pv̩˧。雄也，公也，象雄阴。又 、。

350.  me˧。雌也，母也，象雌阴。

351.  bæ˩、lu˩ 又 dʐa˩。跑也，象马跑。

352.  gv̩˧ 又 tsá˩。涉也，从蹄涉水。

353.  tsʻo˧。又 tɕʻi˩tsʻo˧。跳跃也，魔跳也，象魔跳。

354.  ba˩。吼也，象牛吼。

355.  tʻæ˥。撞也．从牛撞人。

356.  tɕi˥．驮也，从马负鞍。

357.  pu˧。啣（衔）也。从犬啣肉。又作 ，鸡啣食。

按：兽类分名，按其特徵，作形声字：

 kʻo˧dzɿ˨。有角之兽也，从角 （dzɿ˧．缁）声。

tʂʅ˨˩dzɿ˨˩。有爪之兽也，从爪  声。

kúa˧dzɿ˨˩。有蹄之兽也，从蹄  声。

pər˥dzɿ˨˩。有纹之兽也，从纹  声。

*　　*　　*

358. 

mɯ˨˩、又 le˥、ɣɯ˧。牛也，象角。黄牛读 na˨˩ɣɯ˧。

mɯ˧。牲也，象牛祭祀之牲。祭牲读 mɯ˧dzi˧。

o˧。财产也，牛为私有财产。又作 ，从牛从麦。

359.  tɕi˥。又 dʑi˩ɣɯ˧。水牛也，扁角横纹。

360.  bər˩。牦牛也，角尖向外。

361.  dzɿ˩。犏牛也，角尖向后。

362.  bv˧ 又 y˩。羊也，绵羊也，歧角。

 nɯ˩。福也，羊多为福。又作 ，从羊从绿松石。

 ʂər˥。满也，增也，从羊繁殖。点甚其多，羊多为满也。

363.  ts'ɿ˥。山羊也，颔下垂毛。

364.  nɯ˩ 又 ɣo˩lo˧。捲角羊也。

365.  k'ɯ˧ 又 k'ɯ˧mi˧。犬也，两耳前倾。

366.  k'ɯ˧mɯ˧ 又 dy˥k'ɯ˧。猎犬也，从犬吠、（mɯ˩，簸）声。

 lɣ˥k'ɯ˧。牧犬也，从犬从牧人（lɣ˧，石）声。

367.  ʐua˧ 又 gu˩、tɕ'ɣ˧。马也，长鬃。又 ta˧，藏音。

368.  gu˧tɕʰu˩。骏马也，从马 （tɕʰu˩，珠）声。

369、  gu˧tɕʰu˩pʰi˧tɕʰy˧。骏马生疮也，从马生疮。

370.  bi˩kʰv˥ʐua˧na˩。骥也，字从大马，生蹄生翅，奔腾如飞也。

371.  tɕʰy˩。野马也，从马 （tɕʰy˩，叫）声。

372.  dər˩。骡也，长耳。

373.  tɕʰe˩ʐua˧。驴也，从驴 （tɕʰe˩，旗）声。

374.  bu˩. 猪也，翘咀长鬃。又读 pʻa˥，藏音也。

375.  ə˥ni˩ 又 hua˥˥le˩。猫也，口边雁毛。

376.  fv˥。鼠也，尖咀有毛，尖耳。

按：饲养家畜之幼小者，虽无专字，惟各於其名之后有专称，不能相混。兹举六畜之名：

ʐua˧，幼马谓 ʐua˧kʻɯ˧（驹）

ɣɯ˧，幼牛谓 ɣɯ˧dy˧（犊）

y˩．幼绵羊谓 y˧le˩（羔）

tsʻɿ˥，幼山羊谓 tsʻɿ˥tʻo˧（　）

æ˩，幼鸡谓 æ˧tsʻar˩（雏）

kʻɯ˧，幼狗谓 kʻɯ˧ɲi˥（狳）

bu˩，幼猪谓 bər˧bər˩（豚）

*　*　*

377.  la˧。虎也，身有斑纹。又作 。

378.  do˥ 又 tsʻa˥。咬也，从虎咬牛。

379.  ʐər˩。猛兽也，似虎，身有圆斑纹。

380.  dʑi˨˩。豹也，身有迴纹。

381.  ʂɿ˩。狮也，头颈长毛。又读 si˧gu˧，藏音。又作 。

382.  tso˩。象也，长鼻出牙。又作 。

383.  sɿ˩。犀也，独角。

384.  gv˩。熊也，双耳黑。

385.  i˧。山骡也，长角有鬃。

386.  ŋə˧mɯ˧。骆驼也，肉鞍。

387.  dæ˧。狐也，尾斑有节。又作 。

388.  ɣɯ˧tʻɯ˩。火狐也，尾长有色。又作。

389.  pʻa˩。豺也，咀耳皆黑。

390.  ɕy˥kʻɯ˧ 又 pʻa˩kʻɯ˧。狼也，似犬黑咀。

391.  kʻɯ˧pʻy˥。狗獾也，从狗（pʻy˥吐）声。

392.  bu˩pʻy˥。猪獾也，从猪（pʻy˥吐）声。

393.  bu˧ʂʅ˩ 又 bu˩tɕʻi˧。野猪也，从猪（ʂʅ˩黄）声。

394.  dv̩˩ 又 hua˥le˩dv̩˩。野猫也，从猫长鬚。又作 。

395.  tʂʰúa˥。鹿也，枝角。

 tʂʰúa˥me˧he˧pa˩。母鹿也，宽耳。

 tʂʰúa˥na˩kʰó˧dv̩˧。断角黑鹿也，从鹿秃角 ●（na˩、黑）声。

396.  tɕʰí˩。麂也，双角⿰?

397.  lo˩。黑麂也，宽耳。

398.  se˩。岩羊也，角曲长。

399.  le˧。獐也，咀紫牙。

400.  le˥ky˧。麝香也，从獐从○（ky˧.蛋）有香气。

401.  tʻo˧le˧。兔也，从兽大耳从丰（tʻo˧.松）声。

402.  ʂu˩。獭也，似鼠，灰色。

403.  py˩。豪也，身有箭刺。

404.  py˩ly˧。豪箭也。

405.  kɯ˥。穿山甲也，负甲。又作 。

406.  hua˥ʑua˧。松鼠也，長尾腹红。

407  ə˥y˩。猴也，象人耳。

408.  fɤ˥˥la˧。黄鼠狼也，从鼠突足。

409.  tso˩。壁虎也，三支足。又作 。

按：凡兽名，一般画其头部，亦有画全身。兹举数例如下：

la˧。虎也。

le˧。獐也。

bʏ˧又y˩。羊也。

ʐua˧又gu˩。马也。

tsʻo˩。象也。

ɣɯ˧、mu˩又le˥。牛也。

fɣ˥。鼠也。

ʂɯ˧˩。麂也。

按：兽名，省其身而画头部，亦突其脚：

pər˥dzɿ˨˩。有斑纹之兽。

kʻo˧dzɿ˨˩。有角之兽。

kʻua˧dzɿ˨˩。有蹄之兽。

tʂʻɿ˨˩dzɿ˨˩。有爪之兽。

六、虫魚之屬

410.  di˩又bi˧di˩。虫也。又作 。

411.  dʐər˩。惊也，从虫颤动。凡动物表惊加 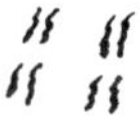。

412.  ɕi˧sɿ˧bi˧di˩。毛虫也，身有毛。

413.  bu˧tse˧ 又 ko˧lo˩。蚕也，身分节有点。又作 、，蚕蛹也。

414.  ty˧ɕi˩。蜈蚣也，全身细毛。

415.  a˧la˧ 又 tʂʻua˥ba˧la˧ba˧。蜘蛛也，尾丝缘。又作 。

416.  bæ˧ 又 bæ˧zi˧。蜜蜂也，尾有刺。

417.  æ˩bæ˧。岩蜂也，从蜂结巢于岩。又可读 bæ˧kʻɯ˩，蜂巢也。

418.  ə˧gv˩。螯也，咀长黑，有毒液。又作 。

419.  pʻe˧le˩。蝶也。又作 。

420.  mi˧ma˥pʻe˧le˩。蛾也。

421.  ə˩dæ˧。蝗也，又蚱蜢也。又作 。

422.  ʑi˥bər˩。蜻蜓也。又作 。

423.  tsər˧lo˩tsər˥by˧dzy˧。蝉也。示鸣声。

424.  bər˧lər˥。蝇也，利咀。

425.  mu˥。牛蝇也，尖尺。

426.  bər˧tsɿ˩。蚊也，吮人血。又作 。

427.  tʂʻua˥ ua˧。又 tɕʻo˥ lo˥ tʂʅ˩。蚁也，身有节。又作 。

428.  kʻɯ˥ tʂu˧。蚤也，善跳。

429.  lɯ˥。牛虱也。

430.  sər˧ tɕʻy˧ bi˧ di˩。蚀木虫也。又作 ，读 sər˧ tɕʻy˧ bi˧ di˩ hy˩，纵蛀虫也。

431.  dər˧。粪虫也。又作 。

* * *

432.  ɲi˧。鱼也。又作 。

433.  by˧tɕy˧。蛾也，从虫(tɕy˩小.桶)声。

434.  py˥。蚂蟥也，体黑。又作。

435.  ə˧bu˩ko˩to˧lo˩ 又 pa˩kɯ˧tɕi˧li˩。蝌蚪也。又作、，蛙头有尾。

436.  dy˧又fy˥ze˧。白海螺也，作号角。又作、、。又读 by˧ka˧，螺蛳也。

437.  tɕi˥kæ˧be˩。蚌也。

438.  pia˥又bæ˩mæ˧。贝也。又作、、、。

439.  pa˧ɣ pa˧tɕə˧。蛙也，象其头。又作 、、。

440.  ʐʅ˨˩。蛇也，象其头。又作 。

441.  dv̩˨˩ʐʅ˨˩na˨˩。大毒蛇也，从蛇从毒 。

442.  ʐʅ˧thaɚ˨˩ kó˧dzʅ˨˩。有角之青蛇也，从蛇有角。

443.  lv̩˨˩dʑə˧。飞蛇也，从蛇有翅。

444.  kv̩́˥。蜇也，从蛇蜇人。

445.  lv˩ 又 mɯ˧dʐər˧。龙也。又作 、。

神虫附

 bɯ˩na˥gv˥gu˧。九头蛇。

 hæ˧ʂʅ˩pa˥me˧。金黄大蛙。字从蛙从金又(me˧雌阴)声。

 tʂv˥si˧na˧pv˩。狮头龙身之神虫。

七、人称之属

446.  ɕi˧。人也，或作 ，正视之形。又作 、，侧视之形。

447.  ɕi˧。人也，从人 （ɕi˩稻）声。又省作 。

448.  tsʻo˩。人也，从人 （tsʻo˩象）声。古音读dzi˧。又读be˧tsʻɿ˩zɿ˧，人类也。

449.  sər˧ɕi˧。木人，字象木偶，经书用之。

450.  zo˧、tɕua˩又ə˧kæ˩zɿ˧。子也，男也，丈夫也，从人男冠。又省作 。

451.  mi˧、bɯ˧又ɲi˧nv˩。女也，妇也，妻也，从人女冠（辫髮缠夹）。

452.  pv˧˥、ə˧pv˧˥又ə˧lo˧mu˥。叟也，祖父也。字从男，披发显着其老。

 sɿ˧bv˧ə˧pv˧。祖父也，从祖父(sɿ˧.羊毛)、(bv˧.锅)声。

453.  dzɿ˧、ə˧dzɿ˧又ə˧næ˧mu˥。妣也，祖母也，字从女，披发显着其老。

 pe˩be˧ə˧dzɿ˧。祖母也，从祖母(pe˩.麻布)、(be˧.雪)声。

454.  ŋv˧。祖先也，象神主，供松枝(. tɕʻo˧)以象徵。

455.  y˩又sɿ˧bv˧y˩。祖先也，从神主(y˩.猴)声。又读ə˩pv˧dzɿ˩。

456.  tsʰɿ˧˩。死者也，从神主 （tsʰɿ˧˩ 蛇）声。

457.  sɿ˧bv˧ə˧˩pʰv˧˩tɕʰər˥。先辈也，字从神主省，上下相接，（pʰv˧˩ 雄阴）声。

458.  tɕʰər˥。代也，辈也，字从  省。

按：旧俗长辈死后三年，举行追悼pʰv˥礼，之前，死者称tsʰɿ˧˩，后才称yɿ˩。

459  sɿ˩. ə˧sɿ˩ 又 a˩ba˧ 又 ə˥di˧。父也，从人丰（sər˧ 木）声。

 le˥dzæ˩ə˧sɿ˩。父也，从父 （le˧ 獐）声。

460.  me˧、ə˩me˧ 又 ə˩mo˧。母也，从女 又（me˧ 雌阴）声。

 bv˧le˩ə˩me˧。母也，从母 （bv˧ 羊）声。

461.  ə˩ba˧zo˧，父子也，从父子合文。

462.  ə˩me˧mi˥，母女也，从母女合文。

463.  lv˧bv˧。孙男也，从子 （lv˧ 石）声。又作 。

464.  lv˧me˧。孙女也，从女 （lv˧ 石）声。又作 。

465.  lv˥bv˧。曾孙男也，从子（lv˥、覆）声。

466.  lv˥me˧。曾孙女也，从女声。

467.  ə˧bv˩。兄也，从子（ə˧、呵）（bv˧、锅）声。又读be˧gu˧、bv˩zɿ˩。

468.  gɯ˧zɿ˧。弟也，从子（gɯ˧、嚼）、（zɿ˧、草）声。

469.  ə˧bv˩gɯ˧zɿ˧。兄弟也，从兄弟合文。

470.  me˧he˩或me˥me˩。姐也，从女又（me˧、雌阴）、（he˧、月）声。

471.  gu˧me˧。妹也，从女 ［图］（gʋ˩ 熊）又（me˧ 雌阴）声。

472.  me˧he˩gu˧me˧ 又 ne˩gu˧me˧。姐妹也，从二女合文。

按：兄弟姐妹称 be˧gu˧me˧he˩ 或 bʋ˩zɿ˩ne˩gu˧me˧。

473.  ə˩gʋ˧。舅父也，从吴省、［图］（gʋ˩ 熊）声。伯父、叔父、姑父、姨父亦称 ə˩gʋ˧。

474.  ə˩ɲi˧。姑母也，从女 ［图］（ə˧ 呵）、〃（ɲi˩ 二）声。伯母、舅母、叔母、姨母，亦称 ə˩ɲi˧。

475.  dze˧ʐɯ˧。侄（姪）男也，又甥也，从子 ［图］（dze˧ 麦）声。

476.  dze˧me˧。侄女也，又甥女也，从女声。

477.  y˩pé˧又sɚ˧ʂɿ˩y˩pé˧。岳父也，从吴省，(y˩.猴)、(pé˩.麻布)声。

478.  y˩me˧又tɕʰɯ˩na˥y˩me˧。岳母也，从吴省，(y˩)、又(me˧)声。

479.  mu˥ɣɯ˧。婿也，从子(mu˥.牛蝇)声。

480.  tɕʰɚ˧me˧。媳也，从女(tɕʰɚ˧药)声。又作、。

481.  dzɿ˩ne˩bu˩。姻缘也，配偶也，从男女对坐，(dzɿ˩.犏牛)、(bu˩.猪)声。结姻缘称dzɿ˩tɚ˥˧

bɯ˩tər˥。

482.  la˧iə˩dzɿ˧hɯ˩，配偶也，伴侣也，从人（la˩，手）、（iə˧，烟）、（hɯ˧，牙）声。俊恋称 mi˥zo˧ho˥ 直译为女男混合。

483.  mi˧lɤ˩ 又 bɯ˧tʂua˩。夫妻也，从男女对坐（mi˧，火）（lɤ˧，石）声。又称 mi˧nɤ˩ ə˧kæ˩zɿ˧，直译为妻夫也。

484.  mi˧lɤ˩dzɿ˩。夫妻也。（夫妻同年亡，追悼时之二木偶同穿一件亡衣）。

485.  ko˩。母族也，从人（ko˩，栅）声。

486.  dɯ˧。父族也，从人（di˩，蕨）声。

487.  tɕʻy˧˥。宗族也，从人 （tɕʻy˧、钺）声。

488.  tsʻa˧˩。亲戚也，从母族 （tsʻa˥、咬）声。

489.  o˧kʻo˩。父戚也，从母族从 （o˧、骨）。

490.  na˥kʻo˩。母戚也，从母族从 （na˥、肉）。

491.  kʻo˩du˧ 又 tɕʻy˧tsʻa˩kʻo˩du˧。亲戚之总称也，从母族 （di˩、藤）声。

492.  ə˩gv˧zo˧。表兄弟也，（舅父之子，爱称）从舅父 （ə˧、呵）（zo˩、罐）声。又称 ko˧pʻər˩ ə˩gv˩zo˧。

493.  ə˩ ȵi˧ mi˥。表姐妹也(姑母之女敬称)从姑母 (mi˥.火)声。又称 bæ˧na˩ ə˩ ȵi˧ mi˥。

494.  bər˧。客也，宾也，从人戴冠。

495.  py˥。主人也，从人端饭请客为主。

 da˧ha˧。主人也，从饭(ha˧)、(nda˥.砍)声。

496  i˧da˩ 又 i˧da˩ tɕi˧dɯ˧dʑi˧。主人这一家也，从男女二人居室。

497.  ia˧ko˩。家庭也，从屋 (ia˧.烟)(ko˩.肝)声。又作 。

* * *

498.  ɯ˩。男奴也，奴隶也，从男黑头，手足劳动，硕其手足。又作 ，读 kɯ˧la˩dʐy˧ɯ˩，奴隶也。

499.  dʐy˩。女奴也，从女黑头 （dʐy˩、镯）声。

500.  dʐi˧ɯ˩ho˥lo˧me˧。背水之女家奴也，字从女奴负水。

501.  ze˥tʂʰi˧bə˧y˩。童奴也，从奴奔走 （tʂʰi˥、跑）声。直译为轻脚之童奴。

502.  sy˥mi˧kɯ˧tɕʰɯ˩。童奴也，从奴 （sy˥、锡）、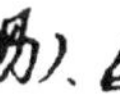（mi˧、火）声。直译为快脚之童奴。

503.  lɣ˧ɣɯ˧ lɣ˥zo˧lɣ˥me˧。牧奴也，从奴牧羊 （lɣ˧、石）声。

按：传说故事，有奴隶反抗反奴隶作偿物者，成为专名，举例如下：

504.  lv˧pu˩。牧奴逃跑也，从牧奴逃走。

 lv˧bər˧lv˧za˩。牧奴集体逃跑也，从男女奴逃走。直译为牧奴迁徙下来。

505.  u˩na˩nɯ˧dɯ˩。敢于反抗之奴也，从奴从心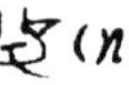(nɯ˧)，直译为心大之黑奴。又作。

506.  u˩zo˧k'ɯ˧hy˩。敢于争论之奴也，从奴红咀，直译为红咀之男奴。

507.  u˩tsɿ˥ʐua˩。奴隶作偿物也，从奴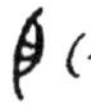(tsɿ˥，黍)(ʐua˩，量表)声。偿物亦用牲畜和五谷也。

508.  tsý˥ʐua˩。作牲品也，从供物省。

509.  pɯ˥dʐʅ˩。工匠也，从人坐执斧。又作。

510.  gə˧luə˩。铁匠也，从人打铁。又读ʂu˩ty˧pɯ˥dʐʅ˩。

*　　*　　*

511.  Ká˩。王也，最大统治者。戴冠而坐，插雉尾为饰。

按：凡统治者及神之坐作，披毡而坐。一般人之坐作，盘足而坐。

512.  dzʅ˧。官也，统治者也。从官坐撒傲，其貌可畏。亦称大人、寨主。

513.  dɯ˩。吏也，从官(di˩.葳)声。

514.  mu˥。长老也，从官(mu˥.牛蝇)声。常以dzɿ˧.mu˥并称。

515.  sɿ˧pé˧。奴隶主也，封建主也，从官(sar˧.木)、(pé˩.藤布)声。又作。

516.  ga˧。帅也，常胜也，从官插方旗。读ga˧，胜也。又作。

517.  u˩。臣也，军师也，从官(u˩.献饮)声。又作。

518.  kv˥。能者也，从官(kv˧.蒜)声。又作。

519.  sɿ˧. 智者也，从官(sər˧.木)声。又作。

520.  lər˥. 丈量师也，从官握量具。又作。

521.  tʂʰə˥. 营造师也，从官(tʂʰə˥.秽)声。

522.  dæ˩. 将也，能干也，从人服胄执旗。又，读dæ˩，意为能干。

523.  be˩dæ˧又be˩zo˧. 勇士也，从人执矛插铁冠。又，读be˩，铁冠也。

524.  mu˩. 又mu˩kʰa˧. 兵也，从人执矛戴尖帽。又作，呼号而前。

525.  pɣ˩。巫师也，又称to˧ba˩，"东巴"。头饰神冠，口出气诵经也。用经书者为pɣ˩。

526.  pá˩。卜师也，女巫也，又称sæ˧ȵi˩。字从女人坐(pər˩.解)声。不用经书者为sæ˧ȵi˩。

* * *

527.  hɯ˩又ɕi˧hɯ˩。富也，富户也，从人坐(hɯ˧.牙)声。

528.  si˧。又ɕi˧si˧。贫也，贫户也，从人散髮以示穷。

529.  dzər˩。匪也，从人散髮执矛。按：常以dzər˩、mu˩並用，如dzər˩ tɯ˧mu˩tɯ˧，起兵匪之祸也。

530.  zɿ˩。仇敌也，从人执矛 （zɿ˧.山柳）声。又作 。

531.  k'ɣ˧ 又 ɕi˧k'ɣ˧。盗也，从人 （ɕi˧.稻）、（k'ɣ˧.荻）声。

532.  ha˧me˥。乞丐也，从贫人执棍行乞。

533.  dzɿ˧ 又 dzɿ˧hɯ˩。伴也，伴侣也，从男女二人携手相随。

534.  sɿ˧ 又 sɿ˧sɿ˧ɕi˧。相识也，熟人也，从二人 （sɿ˩.骰）声。

* * *

535. 

na˩ɕi˧。纳西族也，从人●(na˩黑)、半(ɕi˧稻)声。ɕi˧人也；na˩专名，意为大。常语na˩取义为"大"，如：ndʐy˩na˩大山；bi˧na˩大森林；hɯ˥na˩大海；lv˧na˩大石。又作、。

按：纳西自称各地不一：

na˩ɕi˧"纳西"，丽江、中甸、维西、永胜等地称之。

na˩"纳"，宁蒗永宁、盐源左所等地称之。

na˧hĩ˧"纳恒"，宁蒗拉伯(旧浪渠土司地)等地称之。

na˧zɿ˧"纳汝"，盐源瓜别、木里传凹列凹等地称之。

以上不同民族自称，与纳西语不同的方言、土语划分相一致。

536.  me˩。纳西古民族名，汉文献作"买"。字从人(me˩.树名)声。亦作。

537.  ho˩。纳西古民族名，汉文献作"何"。字从人(ho˩.肋)声。亦作。

538.  sɿ˥。纳西古民族名，汉文献作"束"。字从人(sɿ˥.茅)声。亦作。

539.  ia˩。纳西古民族名，汉文献作"叶"。字从人(ia˩.烟)声。亦作。

按：传说me˩.ho˩.sɿ˥.ia˩为古纳西四个民族；me˩.ho˩二民族居住在金沙江以东，sɿ˥.ia˩二民族迁徙到丽江一带。又：纳西族自称古名为na˩"纳"，尚有因地区分别之他称，举例如下：

540.  ly˧ɕi˧。"吕西"人，永宁地称ly˧dy˩得名。字从人（ly˩矛）声。"吕西"人有巫师（达巴）口诵经，无文字。

541.  ʂu˩ɕi˧或sɿ˩ɕi˧。"速西"人，木里无量河称ʂu˧dʑi˩或sɿ˧dʑi˩而得名。字从人（ʂu˩、铁）声。

542.  ma˧li˩ma˧sa˧。"玛丽玛萨"人，在维西老普，据传说从ma˧li˩"木里"迁徙之ma˧sa˧"麽些"。字从人（ma˩油）、（sa˥气）声。玛丽玛萨人使用象形东巴文，操纳西东部方言。

543.  ʐa˧ɕi˧，自称ʐa˧kʻo˧。"阮可"人，在中甸三坝洛金河边，江边称ʐa˧dy˩得名。丽江六区亦有阮可人散居。操纳西东部方言，亦用象形东巴文。字从人（ʐa˧、刀）声。

544.  bæ˧ɕi˧。"邦西"人，在丽江六区操纳西东部方言。字从人（bæ˧蜂）声。

545  ho˩ 又 sər˧ho˩he˧。汉族也，东方汉族也。字从人辫发卷曲、（ho˩肋）声。

546.  he˧ 又 ha˧pa˩。汉族也，从人头戴礼毡帽。又 he˧me˧，汉族妇女也。

547.  gɤ˧dzɿ˩。藏族也，从人戴帽垂发。又作、。

548.  bə˧。普米族也，从人冠饰垂发。又作。又作，从人（bə˧脚底）声。

549.  le˧bɤ˧。白族也，从人服冠（套头）。

云南文库·大家文丛

 la˧ma˧。勒墨人也，白族支系。字从人(la˩、手)、(ma˩、油)声。

550.  lo˧lo˧. 彝族也，从人(lo˩、铙)声。

551.  lɯ˧sɿ˥。傈僳族也，从人缠头(sɿ˥、茅)声。

552、 gə˧lo˥又gə˧lo˥tsy˥. 蒙古族也，从人突其冠饰。又作。

按：民族名称，据纳西族所住地区的四个方位，有不同之称谓：

 sər˧a˧pa˩。东方汉族也，从汉族从丰(sər˧、木)，东方属木也。

 mi˧le˧bv˧。南方白族也，从白族从(mi˧火)，南方属火也。

 ʂu˩gv˧dzɯ˩。西方藏族也，从藏族从(ʂu˩铁)，西方属金也。

 dʑi˩ga˧lo˧。北方蒙古族也，从蒙古族从(dʑi˩水)，北方属水也。

* * *

553.  ŋə˩。我也，从人手自指。又作，从人(ŋə˩)声，係藏音。

554.  ŋə˧gɯ˩。我们也，从我，点示多数。又作，从我(gɯ˩裂)声。

555.  ny˩又nɯ˩。你也，从人（ny˩，黄豆）声。

556.  nɯ˧gɯ˩。你们也，从你，点示多数。

557.  ɑ˧˥dzɿ˩˨或ɑ˧˥dzɿ˩˨˩a˧ȵi˧kv˥。咱俩个或咱们两个，从二人相向手自指。又作。

558.  thɯ˧。他也，从人手指（thɯ˩，喝）声。又，他们读thɯ˧gɯ˩。

八、人事之属

559.  hy˥。立也，象人用足而立。

560.  dzɿ˩。坐也，象人坐。又作，侧视也。又作，披毡而坐。

561.  dzɿ˩。住也，从人居室。

562.  tɕʰo˩。靠也，从人坐，背有依靠。又作，读tɕʰo˩me˧lv˧，靠山（石）也。

563.  tsɿ˥tsɿ˧。蹲也，象人蹲。

564.  tɯ˧又gə˩tɯ˧。起也，象人起。

565.  tsʰɿ˥又ma˩kʰv˧tsʰɿ˥。跪也，象人跪。

566.  Kɯ˧ 又 gɯ˩ i˧。懇求也，从人跪、伸拇指以示懇求。又作 、。

567.  tsʰi˧ gɯ˧。祈祷也，从人跪，手执点燃之香炷。

568.  i˥ 又 i˥ ŋv˩。卧也，眠也，从人卧于床，有呼吸之声。又作 。

569.  i˥ mɯ˧。梦也，从卧从夜。

570.  zɿ˧ ʂər˩ ha˥ i˧。长寿也，从人从ξ，ξ示延年。又作 ，从人丰（zɿ˧ 草）声。

571.  Kó˧ y˩ he˧ hɯ˩。健康也，从人长寿，两耳有声（ꙩ Kó˧ 一假借消息），意为耳聪目明，诸事如意。

572.  gu˩。病也，痛也，从人卧井(gu˩，仓)声。又作，从人井(tsé˧，盐)声。

573.  ʂʅ˧。死也，从人卧散发。又作，读ʂʅ˧mu˩，尸体也，从死(mu˩，簸箕)声。

574.  tsʅ˩。鬼也，从死人立。迷信以为人死后变鬼。

575.  tsʅ˧。缢也，从人伏、系绳于颈。又读tɕʰər˧tsʅ˧ʂʅ˧，吊死也。

576.  Kuə˧又hæ˩ta˥。棺也，从人置棺中。

577.  ŋv˧。埋也，从人埋入土中。

578.  mɯ˧ tsɿ˩ kua˩ 又 ʈɿ˩ ɣɯ˧ mɯ˧ tsɿ˩ tɯ˧。火化场也，从地从石起烟。

579.  zɿ˧ 又 ɕi˧ mu˩ bər˩。焚尸也，从火化场焚尸。

580.  pi˧。漂也，冲也，从人浮水上，水能漂泊也。

581.  do˥。跌也，象人跌。又作 ，头坠触地也。

582.  ʂy˥。抖也，装模作样也，象人颤动。又作 。

583.  dʑər˩。怕也，惊也，象人惊惶战慄之状。字从抖加⺀，⺀示惊也。

584.  lu˧ 又 la˩，象人摇手而来。又读 ly˩，作拃解，两手伸开为 dɯ˧ ly˩，一拃相当于五市尺。

585.  lu˩。遊也，从人 （ly˧˩ 覆）省声。

586.  by˩。匍匐也，驼背也，象人伏地行。

587.  nɑ˧。躲也，从人躲藏于山穴。又作 ，躲于篓下。又作 ，躲于树下。

588.  by˩。钻也，从人钻洞。

589.  sɿ˩ 又 dʑi˧ tsɛ˥ tæ˩。拖也，拉车也，从人引车。

590、  kɯ˥ 又 pʰi˥。棄也，从人 （kɯ˩ 蒜）声。

591.  tʂʰə˧ʂu˥。除秽也，从人焚蒿。又作 ，从 （tʂʰə˧ 秽）、（ʂu˩ 铁）声。

592.  hæ˧ 又 gæ˩hæ˧。佩也，佩剑也，从人腰间佩刀。

593.  gu˩。负也，从人背负而前。

594.  bu˩。担也，从人挑担于肩。又作 ，从人担石。

595.  tʰæ˧。戴也，从人头上有所戴。又作 。

596.  mu˩。穿也，从人穿衣。又作 。

597.  la˩py˧。手铐也，从人双手套铐。

598.  kʰɯ˧py˧。脚镣也，从人坐，双脚套镣。又作 ，从人立，套镣。

599.  tsʰɿ˥。冷也，从人拌 （tsʰɿ˧ 刺）声。

600.  ga˧ 又 la˩ga˧。懒也，从人曲手足而卧。

601.  do˩ 又 ɕi˧do˩。傻也，笨人也，从人 （do˩ 傻）声。

* * *

602.  ɣ˧。舞也，象人手舞足蹈。又作 。

603.  lv˩。举也，从人举双手。又作 ，从人 (lv˩石)声。

604.  pu˧。带也，送也，从人手持物。

605.  kʰɯ˩。接也，象人伸手而受。又读 ʂɯ˧，索取也。又读 tʂʰɯ˧ 伸也。又作 。

606.  y˩ 又 sɿ˧。取也，捡也，从人俯身取物。

607.  zɿ˧。执也，从人执（zɿ˧.青稞）。

608.  dɯ˧。得也，从人（dɯ˩.大）声。

609.  hæ˩。买也，从人（hæ˩.金）声。

610.  tɕʰi˧。卖也，从人（tɕʰi˧.刺）声。

611.  bi˩。纺也，搓也，从人搓绳。

612.  ko˧lo˩dv˩。纺线也，象坐妇纺轮引线。又读kɯ˩kɯ˥。

613.  da˩又ɣɯ˧da˩。织也，从坐妇织布。又省作、。

614.  be˧。做也，从人锄地。又作、、，省人。

615.  ty˧。打也，象人打铁。

616.  ɣa˩又tɕʰar˩。捞也，从人执钩捞物。

617.  ko˧。盛也，从人盛水。又作。

618.  ʂʅ˩。导也，从人执锄导河水。又读dʑi˩ʂu˥kʰæ˧bæ˧，修沟引水也。

619.  tse˥。砌也，从人垒石于地。

620.  ɕi˩tsʻar˥。砍林也，从人握斧砍树，点示甚多。又作。

621、 ɕi˩bar˩。烧林也，从人举火烧林。又作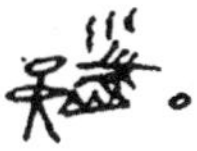。

622.  dʐua˧。点种也，从人执棒点种。

623.  lɯ˩。耕也，从人执犁。又作，从牛。又作，从地。

624.  lar˥pʻɤ˥。撒种也，从人播种。又，从人撒种于地。

625.  ly˧dzər˥ly˧tʂər˩。晒粮也，从人坐守粮。

626.  ly˥。牧也，从人执杖牧牛。又作 ，从人牧羊。

627.  kʰɯ˧tʂər˩。打猎也，从手牵狗。

628.  pa˥dzɿ˩。狩猎瞭望也，从人坐于坡，(pa˧蛙)声。

629.  tæ˩。拉也，从人拉绳。又作 ，从人拉石。

630.  pər˩。拔也，从人拔草。

云南文库·大家文丛

631.  pʻe˧。簸也，从人簸谷。又作 。

* * *

632.  dʐi˧。行也，从人行路。

633.  dʐɑ˩。跑也，从人双足行。惟行须一足，跑须二足，用足力过于行也。又作 。

634.  do˧。登也，从人登高。又作 ，从脚从所梯。又读 gɑ˩do˧。

635.  lo˧。越也，跨也，从人越坡。

636.  zɑ˩。下也，降也，从人自上而下行。又读 mɯ˩zɑ˩。

按：形相似而义有别者，作形声字。如：

 dʑi˧。行也，从 (dʑi˧洒药)声。

 za˩。降也，从 (za˩星名)声。

 dʑə˩。跑也，从 (dʑə˩称垂)声。

637.  tsʻo˧。跳也，象人跳。又作 。

638.  pe˧。绊也，从人走、石绊脚。又 。

639.  tsʻa˩。踏也，拌也，从人踏泥。

640.  so˥。搓也，从人足搓毡簾。

* * *

641.  tsɿ˩。塞也，从人张口 （tsɿ˧ 拴）声。又作 ，省人。

642.  tʂʻər˧。洗也，从人取水 （tʂʻər˥ 代）声。

643.  kʏ˧tʂʻər˧。洗头也，从女人扶桶洗发，妇女完婚举行之一种礼节。

644.  ma˧。涂也，从人以油搽面。

645.  ʂə˥又kɯ˧tʂʻɿ˩。言也，从人出言。又作 ，从人言，上（ʂə˥，哥巴字）声。

646.  lər˩。喊也，从人出喊声。又作 ，从人省，口出喊声。又作 。

647.  dzər˧。唱也，从人口出颤动之音，示有节奏。又作 ，从 （dzər˩ 树）声。

648.  zæ˩。笑也，从妇女露牙而笑有声。又作 。

649.  kúa˥dzər˧ 又 kúa˥ʂə˥。歌咏也，从人唱、（kúa˥ 碗）声。

650.  gu˩tɕi˥ 又 gu˩dzər˧。唱山歌也，从人唱、（tɕi˧ 刺）声。

651.  ho˩dzər˧。踏歌也，从人唱、（ho˩ 肋）声。

 dzər˧dzo˧。歌舞也，从人边跳边唱。

652.  pi˧li˧mu˩。吹笛也，从人持笛有声。又 。

653.  kua˧kua˩kʻæ˥。弹口弦也，弦有线弹动。

654.  dzɿ˧。吃也，从人张口从饭。又作 ，从人张口食物。又作 ，省人。

655.  gɯ˧。饱也，从人腹中有食。又作 。

656.  ʑɯ˩。饿也，从人张口腹空。

657.  tʻɯ˩。又 ʐɯ˧tʻɯ˩。饮也，饮酒也，从人饮酒于碗。又作 ，省人。

658.  le˥tʻɯ˩。饮茶也，从人饮茶。

659.  iə˧tʻɯ˩。吸烟也，从人吸烟。

660.  tɕi˥pi˥。唾也，从人口唾有沫。

661.  tɕi˥kʻa˧pʻi˥。吐苦痰也，从人向后吐苦痰（），意为无可奈何也。

662.  pʻy˥。呕吐也，从人呕吐。

663.  tsá˥。咬也，从人咬肉。又作 ，从口咬盐（）， tse˧，亦声。

664.  lv˥。罩也，盖也，从人坐、从物盖之。又作 。

665.  kv˧tʂʅ˩tʂʅ˧。头摇晃也，头颤动。

666.  bu˧tsá˧ 又 kv˧tɕy˩pa˥。妇女长辫也，从妇人垂长辫。

667.  ká˧ká˧。骂也，怒言也，从人 （ká˧，苦）声。

668.  ba˧。大脖子也，从人肿颈。又读 ba˧li˧。

669.  tɕə˧。麻风也，从人身有烂疮。

670.  mia˩go˧。盲也，从人眼盲扶杖。

671.  kʰɯ˧dzər˧。跛脚也，从人跛脚扶杖。

* * *

672.  pɯ˧pa˧be˧。变化发展也，从 （pɯ˧.蒿）、（pa˧.蛙）、（be˧.做）作声。亦作性交解。又 。

673.  ə˧bu˩zo˧。胎儿也，婴孩也，从人 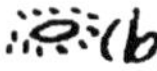（by˩.粉）声。

674.  tɕə˥zo˧。私生子也，从人 （tɕə˥.秽）声。

675.  bu˩tɕə́r˧zo˧。遗腹子也，从人(bu˩猪)、(tɕə́r˥代)声。

676.  pu˥又zy˥pu˥。孕也，从妇人怀子。又作。

677.  tɕʰi˧hə˩。育也，从妇人产子。又作。

678.  bi˧。溺也，从人立而溺。又作。

679.  tɕʰər˧。屎也，从人拉屎。又读sæ˥，泻也。

680.  tɕua˩ɣɯ˧nɯ˩za˩tʂʅ˧。男生殖器也。直译为好男下福路。

681.  bɯ˩。绝也，绝育也，从女流血不绝育。

682.  tʂʰɯ˩。针（灸）也，从人扎针。又作，省人。又作，从针刺肝。

683.  kɯ˧。灸也，从人灸头有烟。又作，省身。

684.  o˧。火罐取血医病。从人握罐倒血。又作、。

685.  tʂʰy˧。祛也，迷信之说。字从人从（gu˧lu˩ka˧le˩福气）省。

* * *

云南文库·大家文丛

686.  a˩。聚也，从二人相遇，点示众多。又作 。

687.  dʐua˩。争执也，从二人动手脚以相争，△示有界。

688.  æ˩。斗也，从二人交杖相斗。又作 ，从二人执矛交仗。又作 ，从二人执矛相斗。

689.  tæ˩。拉也，从二人拉物。又作 、。

690.  ʂar˩。携手也，从二人相牵。又作 ，牵盲者。

691.  bu˩又lv˩。扛也，抬也，从二人肩一物。又作 ，从二人杠木。

692.  my˥。推也，从一人推背负之人。又作，从一人推老人而前。

693.  to˩to˧。抱也，从母抱子。又作。

694.  tsɿ˧。踢也，从二人相向而踢。又作。

695.  ká˧ká˧ʂə˥ʂə˧。争吵也，从二妇人口角。又作。

696.  sy˥又kó˥。杀也，从一人持刀杀人。又作。又作。

697.  ko˩。爱也，从男女二人对坐，卩（ko˩、针）声。又作。

698.  dʑi˧˦。恋也，随也。从男女二人相随。

699.  dʑər˧ tsʻo˧。伴歌也，从男女二人携手跳舞。

700.  sæ˧do˨又dʑɿ˨˩guə˧。交谈也，商量也，从老翁老妪坐而商谈。

701.  dʑe˧dʑe˨。享也（饗），从二人共食。又作，从二老人共饮。

702.  bər˧。迁徙也，从男女二人相随而下。

703.  no˧o˨iə˥。受祐也，从东巴巫师以谷酒赐主祭者。

704.  pa˥ma˩pa˥。完婚也，东巴巫师以酥油塗于新郎新妇之额。

九、形体之属

705.  gɤ˧ 又 gu˧mu˧。身体也，从人扩大身部。

706.  bɤ˧i˧ 又 ka˧du˩。肥也，胖也，象人身肥。

707.  tɯ˥。腰也，从人弯腰。又作 。又读 tɯ˥gɤ˩，弯腰也。

708. kɤ˧ly˧ 又 kɤ˧。头也，象人头。

709.  pá˧又pá˧me˧。面也，从头省。又作。按：、二字常通用。

710.  he˧又he˧tsɿ˩。耳也，从头省，硕耳在两旁。

711.  ɲə˩、miə˩又miə˩ly˧。目也，象张目。又作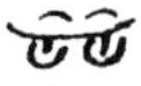、。

712.  miə˧tsɿ˩fy˧。眉毛也，在目上。

713.  nʏ˥、nʏ˥ta˧又kú˧。口也。又作，正视之形。又作，侧视之形。

714.  ɲi˥又ɲi˥mar˩。鼻也，正视之形。又作，ɲi˥mar˩kó˧，鼻孔也。又作，ɲi˥，鼻涕也。

715.  hɯ˧。齿也。又作、、。

716.  go˩。臼齿也，侧视之形。

717.  dzæ˩。獠牙也。又作。

718.  ɕi˥。舌也，从口。又作，从人张口伸舌。又作。

719.  mɯ˧tsɿ˥。鬍也。

720.  fv˧又kv˧fv˧。鬓也，毛也。又作。

721.  tɕər˧ 又 tɕər˧pər˩。颈也，象颈有项圈。

722.  la˩。手也。又作 、、：

723.  la˧dzɿ˩kv˥。手指甲也，从手、λ示指甲。

724.  la˩pər˥。手纹也，从手、示有纹。又作 。

725.  la˩pi˩。膀也，从手、实其膀。又作 。

726. tsi˩。肩骨也。又作 、、。

727.  pi˩。腿也，象腿肉。又作 、。

728.  kʻɯ˧。足也，突脚指。又作 。

729.  ba˧。足底也。又作 ，象脚底有物。按：、二字常通用。

730.  gv˩。戳也，从脚从刺，刺戳足底也。

731.  nɯ˧ 又 nv˥me˧。心也，象心旁有肺。又作 。

732.  tʂər˥。肺也，象肺叶。又作 。

733.  sar˥。肝也，从肝半(sar˧肝)声。又作。

734.  kɯ˩。胆也，一示味苦。又作。

735.  bv˧tɕə˥。脐也，腹部脐穴。

736.  hɯ˥又dv˩。胃也，象胃连肠。又作、。

737.  tsi˥。脾也。又作，在胃旁。

738.  bv˧。肠也。又作、。又：大肠谓bv˧bv˧；小肠谓bv˧tsi˩。

739.  by˧gu˩。肠炎也，象肠起浮泡。又作 。

740.  by˧ly˧。肾也，有系带。又作 。

741.  ka˩。胸骨也，象胸骨下横膈膜。又作 、。

742.  o˧又so˧lo˧。骨也，象骨头。

743.  o˧tɕʻər˧。骨折也，无力也，象骨折。

744.  tɕər˥，o˧tɕər˥。节也，骨节也。又作 。

745.  o˧kə˥。骨架也，关节也。

746.  ho˩。肋也，象肋骨。又作、。

747.  na˥又ʂɚ˧。肉也，象肉块。又作。

748.  na˥又ʂɚ˧na˥。瘦肉也，从肉●（na˩，黑）声。

749.  sæ˧。血也，象血点。又作、。

750.  ə˥po˩又ɲi˥ɲi˧。乳也，象乳滴。又作，从妇人有乳。

按：凡耳、目、口、手、

足之事，字从形体之外，又可从人，从下诸字同。

751.  mi˧又k'o˧mi˧。闻也，听也，从耳有所闻。又作，从人。

752.  pú˥。隻也，一只眼也。

753.  ly˩。看也，从目有所事。又作，从人。

754.  do˩。见也，从目有所见。又作，从人。按：、二字常通用。

755.  so˩。读也，从目看书。又作，从人看书。

756.  go˧。盲也，从目无睛。又作 ，从盲人扶杖。

757.  mar˥。闭也，从目合缝。

758.  ŋɯ˩又mia˩bar˧。哭也，泪也，从目流泪。又作 。又作 ，从人。

759.  a˧又ə˧。呵也，从口出声。又作 ，从人。

760.  lar˩。唤也，张口出声。又作 ，从头。又作 ，从人。

761.  Kó˧dza˧。恶语也，从口出黑声，示恶。

762.  zæ˩。笑也，张口而笑。又作，笑而露齿也。又作，从人。

763.  dzər˧。唱也，从口出声，（dzər˩、树）声。

764.  dzɿ˧。吃也，口中有物。又作，从人。

765.  kʻæ˧。咬也，从齿咬肉。又作，咬骨头。又作，从人。

766.  tsá˥。咬也，从咀（tsé˩、盐）声。又作，从人。

767.  gɯ˧。嚼也，从口上下动。

768.  tʻɯ˩。饮也，从水入口。又作 ，从人。

769  pʻy˥。吐也，从口吐物，反胃而吐。又作 ，从人。

770.  pe˩。吐也，从口 （pe˧˩肉）声，不嗜而吐。又作 ，从人。

771.  tʂʻi˩。甜也，有物含口中，（tʂʻi˧˩刺）亦声。

772.  kʻa˧。苦也，有物出口外，● 亦示味苦。

773.  hy˩。红也，口红也，从口 （hy˧˩红）声。又叫 n̩˥hy˩，多话，顶嘴。

774.  par˩。拔也，从手拔草。又作 ，从人。

775.  sɿ˥。拾也，从手拾物。又作 ，从人。

776.  zɿ˧。握也，从手执 （zɿ˧ 青稞）亦声。又作 ，从人。

777.  tɕər˥。拽也，从手 （tɕər˥ 代）声。又作 ，从人。

778.  tʂʰɿ˥。踏也，从脚 （tʂʰɿ˥ 奶渣）声。又作 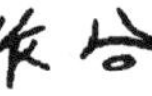，从足踏物。又作 ，从人。

779.  zar˩ 又 ɳar˥。压也，从足踏物。又作 ，从靴压鬼。又作 ，从石压蒿。又作 。

780.  hɯ˧。去也，从足从路。又作 ，从 (hɯ˧、牙)声，亦去也。

781.  tʂʰə˥。稀气也，象游丝线。又作 、、、、。

782.  no˧。觉也，从心 (no˩、乳)声。

按：凡意识之字，一般从心，加声符字，举例如下：

 sɿ˧dy˧。想也，从心 (sɿ˩、骰)声。

 nɯ˧hɯ˩。放心也，从心 (hɯ˧、牙)声。

 nɯ˧gu˩。痛心也，从心井(gu˩、仓)声。

nɯ˧ɲi˥。伤心也，从心 11 (ɲi˩ 二) 声。

nɯ˧tɕi˥。悲哀也，从心 △(tɕi˧ 刺)声。

nɯ˧dʑər˧。心烦也，从心多想。

nv˥me˧kʰua˩。恶意也，从心从恶↘。

tɕi˥ 又 ʐər˧。惊也，怕也，从心乂(tɕi˩ 剪)声。

o˩he˧。魂魄也，(o˩ 玉)、(he˩ 月)作声。又作。

o˩ʂər˥。招魂也，旧时迷信之说。字从声，示招回也。

十、　服饰之属

783.  tɕi˥。羊毛剪也。又作 。

784.  dar˧。毯篾也，制毯用之。

785.  ta˥me˧。织篦也，织布用之。

786.  ko˧lo˨。梭也，又作 、、。

787.  te˨又 ts'ɿ˧te˨。剪刀也。又作 、。

788  gæ˩。夹也，钳也，从钳夹物。又作 。

789  gæ˧te˩ 又 mi˧gæ˩。钳也，火钳也。又作 。

790  ko˩。针也，象针有孔。又作 。

791  kɯ˩ko˩。针线也，从针穿线。又作 。

792  kɯ˩。线也，长也。

793  du˩。团也，线成团。

794.  dv˩ 又 bi˩。纺也，线团旋转动摇之形。

795.  pa˧˩li˥ 又 ko˧˩lo˩。纺坠也，从线团垂坠旋转。又作 。

796.  tśu˥。插也，从针刺物。

797.  sɿ˧˩kʰɯ˩。毛线也，从毛团出线。

798.  ʐɿ˧˩ 又 fv˥。缝也，补也，从针线缝裙。

799.  tsʰe˥ʂɿ˩kʰo˧。织布梭也，系纬线。

800.  zɿ˧lv̩˥。席也，草织，字从草。

801.  pé˩。蔴布也，经纬交织。又 、。

802. 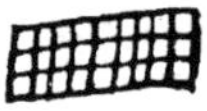 tó˧pv̩˥。布也，棉布也。

803.  pv̩́˥。氆氇也，毛织品，有绒毛。

804.  pv̩́˧si˧又i˩pu˧。绸缎也，丝织品，有细丝。

*　　*　　*

805.  dʑi˧ 又 ba˧la˩。衣也。又作 、。

806.  bər˧bi˩。又 bər˩ʐɯ˧ba˧la˩。牦牛皮衣也，从皮衣 （la˩ 手）声。

807.  ʂɿ˧。披毡也。又作 、。

808.  y˩ʂɿ˧ba˧la˩。羊毛衣也，从衣有毛。

809.  kʻua˥ 又 gæ˩。甲也。又作 、、、。

810.  le˧。裤也。又作 。

811.  pý˧sɿ˦le˧pár˩。白绸裤也。

812.  le˧gæ˩。勇士裤也。

813.  tár˩。裙也，百褶。

814.  ku˧mu˩，又 tó˧lo˧。帽也，斗笠也。

815.  pý˧ly˧na˩。黑毡帽也，从帽黑。

816.  sɿ˧pár˩ku˧mu˩。白毡丸帽也。

817.  k'a˨ku˧mu˨。玉帽也，尖顶、插羽。

818.  da˧hu˨ku˧mu˨。法帽也，铁冠，插猬刺及雉尾，东巴开丧超荐时戴之。

819.  ts'ɿ˩pa˧ku˧mu˨。山羊皮礼帽也，唱挽歌時戴之。

820.  la˧sa˨p'y˧ly˧。超荐父母时嗣子所戴之帽也。

821.  mu˧kuə˨。胄也，盔也。又作 、、。

822.  ta˧so˧。流苏也。又作 。

823.  ky˧dzi˩。又dzi˩py˩。妇女之头帕也。又作、、。

824.  ky˧ɣə˩。包头布也。

825.  bɯ˧kɯ˥ 又 bɯ˧。腰带也。又作、。

826.  la˩pa˥。手套也，引强弓之用。

827.  za˧。鞋也。又作。

828.  ho˩za˧na˩。靴也，从靴黑。又作。

829.  tɕʰi˩ʀv˧。鞍褥也，鞍下有虎皮斑纹之褥。又作。

* * *

830.  po˧。宝物也，首飾品嵌宝石。又作。又作，宝石盛于碗。

831.  o˩zɿ˧。玉冠飾也，镶玉花。或曰绿松石花首飾。

832.  ŋv˩zɿ˧。银耳環也。又作、。

833.  hæ˩zɿ˧。金领扣也。又作。

834.  he˧kv˥。耳环也，从耳垂环。

835.  dʑy˩ 又 la˩dʑy˩。镯也。又作 ，从手戴镯。

836.  la˩py˥。戒指也。又作 、。又作 ，戒指套于指。

837.  kə˧ 又 mi˩ly˧。镜也，人影在镜中，镜面发光也。又作 。

838.  pər˥ 又 pər˥me˧。梳子也。又作 、、。

839.  pər˥tsər˧。篦子也。

十一、 饮食之属

840.  tsa˥。锄也。同姓共同祭天祀祖集团称tsa˧，即民族共同劳动。又作、。又读ts'o˧kv˥。

841.  be˧。做也，工作也，从锄挖地。又作、。

842.  dv˧。挖也，凿也，从锄穿穴。

843.  tɕ'ər˥又tɕ'ər˩。锄取也，从锄锄物。

844.  ʂu˧mu˩。范也，即铸犁铧之模也。又作。

译语：ə˧pər˩ ʂu˧la˥ mu˩，ʂu˧

mɯ˩ kæ˧ nɯ˧ dʑə˩，意为白铜做铁模，铜模早就有，先于铁器也。

845.  pɯ˧ lɯ˧ ʂu˧ mɯ˩。来历也，从模范 （pɯ˧ 蒿）声。铜范为金属工具之始。

846.  tʂʅ˧。犁铧也。又作 、。

847.  dv˧。犁具也，象手扶木犁。又作 、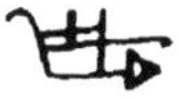。

848.  lɯ˩。耕也，犁地也，从犁起土。

849.  lo˩。犁轭也，象二牛拉扛之木轭。

850.  dʑi˧ tʂʅ˩˥。穿贝连钱之绳也。

851.  ka˩。耙也。又作 。牛拉，耙土之用。

852.  la˧dʑə˩。齿锄也，有铁制和木制两种。

853.  da˩ 又 sʅ˩˥ky˧˦。镰刀也，细齿。又作 、。

854.  ky˧˦。获也，从镰割麦。又作 。

855.  tsʰər˥。切也，从镰切绳。又作 ，从绳 （tsʰe˧.盐）声。又作 ，从刀切绳。

856.  dʐua˧kʻo˩。点种之木棒也。

857.  ko˥。粮架也，立于场地。又作、。

858.  kɯ˥lɯ˧。粮枷也，打场脱粒用之。又作、。

859.  kɯ˥tʂæ˧。杈子也。又作、、。

860.  bæ˩又bæ˩kʻv˩。扫谷板也，刮盘也，省把。又作、、。

861.  mɯ˥pʻi˧ ər˩。竹绳也，从竹从绳。

862.  mu˩sa˧dʑə˧pa˩。挖泥木锹也，用野杜鹃木做成。

863.  ku˥dy˩。风箱也。

864.  le˧he˩。皮袋也，从獐皮。又作 。

865.  o˩ 又 o˩me˧。谷堆也。又作 。

866.  gu˩。仓也，架木仓房。

按：纳西语称丽江坝区农村曰o˩dy˩，意即谷堆之乡；称丽江大研镇曰gu˩be˧，意即谷仓做成。

867.  dzɚ˧。富也，丰也，仓满出气也。

868.  tsɿ˩又mɯ˧tsɿ˩。碓也。又作  。

869.  ty˧。舂也，从碓舂谷。

870.  tɕy˩kʻɯ˩。捕猎之活扣。又作  。

871.  tsʻo˥。捕猎之套网也。

872.  ta˩ɕi˧又pʻe˧dʑi˧。捕猎之網具也。又作  。

873.  pe˥。钓也，鱼杆入水垂钓。又作。

874.  ha˧dʐua˧gɤ˧lo˩。九层围栏也，（牦牛圈）。字从栏从九。

875.  bər˧lər˧ʂər˧tʂər˥。七层栏槛也，（猪圈）。字从槛从七。

876.  tsʻe˥kʻo˧tɤ˧mia˩。千眼篱笆槛也，（羊圈）。字从篱笆从千。又，ɣɯ˧by˩，牛圈也。

877.  kua˩。灶也，垒石为灶。又作、。

878.  ʂu˧kʻɯ˧。铁架也，三足，置火塘，炊事用之。

879.  mi˧tʂʅ˩。炬也，从束柴有火。又作 。

880.  tse˧ma˩。火镰也，打火器。又作 、、。

881.  be˩pʏ˩。葫芦也，装酒用。

882.  bv˧。锅也。又作 。

883.  ku˥pu˧。锅盖也，草编。又作 ，木制。

884.  tɕʰu˧bv˧na˩。炒锅也。

云南文库·大家文丛

885.  pɣ˥。甑也，制如锅，底有孔。又作 。

886.  ɣɯ˥zʅ˧。罐也，陶器。

887.  lo˧ 又 lo˧pe˩。盆也，木制。

888.  lo˩ 又 bar˧lo˩。待客也，从盆 （lo˩，黑魔）声。

889.  tɕʰi˩。桶也，附耳。又作 ，有提梁。

890.  dʑi˩gɣ˧。水缸也，从缸有水。

891.  zo˩。甕也。又：罐曰ko˩，瓶曰ta˩，字形相似。

892.  lv˥。绕也，缠也，竹、藤绕甕。

893.  i˩。漏也，从甕漏水。又作 。

894.  pia˩、dʑi˩ko˧pa˥。瓢也，剖葫芦为之。又作 ，木瓢也

895.  bv˧dze˩。勺也。又作 。

896.  ko˧。勺取也，从勺取物。又作 。

897.  ɣɯ˧sɿ˧。滤子也，编竹为之。又作。

898.  tər˩。俎，切菜墩也，从肉在俎上。

899.  tər˩。砧也，从砧（tər˥结）声。

900.  pʏ˥tʏ˧lʏ˩。筷篮也，从筷盛篮。

901.  kúa˥。碗也。又作。按：小碗曰kúa˥，大碗曰pa˥，，从碗▲（kúa˩坏）、（pa˧蛙）声。

902.  kúə˥。徵兆也，运气也，从碗（kú˧门）声。又作。

903.  ʂar˥。满也，碗盛物满。又作 ，从碗 （ʂar˧七）声。

904.  sa˥。溢也，从碗溢水。

905.  o˥。倒也，从碗倒水。又作 。

906.  lv˥ 又 kv˥。覆也，从碗覆置。

907.  gæ˩be˧。盘也。又作 。

908.  tɕʰar˧。杯也。又作 。

909.  a˧tʂər˩。筷也。

910.  dzy˩。打酥油茶之罐也。又作 。

911.  ma˩le˥la˥tɕy˩。打酥油茶之桶也。

* * *

912.  tɯ˩又go˩。煨也，从锅在灶上。

913.  tɕʰə˧。煮也，从锅中煮米。又作 ，煮肉也。又作 。

914.  dʑər˧。煎也，从锅煎油。

915.  tʂʰɯ˧。炒也，从锅 （tʂʰɯ˩ 珠）声。

916.  mɯ˥ 又 kʰɯ˧。蒸也，焖也，从锅覆盖。

917.  by˧ 又 dʑi˥。炙也，从火烧肉。又作 。

918  ba˩。沸也，从锅水沸腾。

919.  pʰy˥kʰɯ˧。酸酵也，瓮中有物，蒿枝覆其上。又作 ，箩中有物，松枝盖其上。

920.  dʑi˧。酒药也，用发酵。又作 、。

921  pe˦。酒糟也。又作、。

* * *

922.  ha˦。饭也，从碗盛饭。又tɕʰi˨˩，或ha˦tɕʰi˨˩，干粮也。

923.  tɕʰi˨˩bu˨˩。炒粮也，饭碗倒置。

924.  ha˧i˦。足食也，祝愿之辞，从饭从丨，丨示长远也。

925.  iə˥。给也，从碗(ia˦烟)声。

926.  dʑə˨˩。苦也，从筷从饭，意为盘中之餐乃辛苦得来也。

927、  ho˧. 汤也，从碗有气(ho˧、肋)声。又作。

928、  tɕʰua˧. 米也，从米在碗中、(tɕʰua˥ kʰo˧ 鹿角)声。又作。

929、  by˩. 麺也，象面粉。又作，盛于器也。

930.  no˧. 乳也。又作，象乳滴。又作，从牛。又作，从乳币(pʰər˩、解)声。

931.  tɕʰa˩. 挤乳也，从乳从桶。又作，从牛，挤牛乳于桶。

932.  ma˩ 又 ma˧pʰər˩. 油也，酥油也，象油饼。

933.  tɤ˥。奶渣也，象其团。

934.  ma˩le˥。酥油茶也，油、茶盛于碗。

935.  bu˩tʂʻər˩。琵琶肉也。全猪去五脏，剔骨，腌盐熏干制成。

936.  tʂʻər˩。干肉块也，从肉块彡（tʂʻər˥代）声。又作 。

937.  ʐɯ˧。酒也，从酒盛碗。

938.  tʻɯ˩。饮酒也，吸虹管入酒器。又作 ，从人。

雲南文庫·大家文丛

939.  le˥。茶也，从茶盛碗。

940.  ko˩le˥。雪茶也，从高原长茶。

941.  tʂʰər˧ 又 tʂʰər˧ɣɯ˧。药也，从药草盛碗。

942.  dv˩lv˥。饵块也。dzæ˧dv˩ 麦饵块；ɕi˥mɯ˧dv˩，米饵块；mɯ˩zɿ˧dv˩，燕麦饵块。

943.  by˩dv˩。炒面团也，面团盛于碗。

944.  bæ˧pʰər˩。麦芽糖也（白色），从糖帀（pʰər˩ 解）声。

945.  bæ˧na˩。麦芽糖也（纵色），从糖●（na˩、黑）声。

946.  ka˧le˩。乾粉皮也。又作 S。

* * *

十二、居住之属

947.  tse˥be˧又la˩be˧。斧也。又作。

948.  dzɿ˥又da˥。砍也，从斧砍树。

949.  kə˧。破也，从斧劈板。

950.  ty˧dʐu˧。锤也。又作 。

951.  ty˧。去也，从锤去物。又作 。又作 ，从人。

952.  ʂu˧。铸也，从火烧犁铧。又作 。

953.  ʂu˥。锻也，焠也，从火烧斧。

954.  da˧pia˩。砍刀也，砍柴用之。又作 。

955.  fy˧。锯也。又作 。

956.  dzɿ˧˦。鏨子也。又作。

957.  pɯ˥又ʂu˩pɯ˥。钉也。又作。

958.  tʻi˩。推刨也。又作、。

959.  tʂʻu˥。锥也。又作。

960.  tsʻo˥。锉子也，似锥有列齿。

961.  gʏ˩。刺也，从锥刺物。

962.  tɕʻy˧。刺穿也，从锥穿物。又作 ，从刺穿物。

963.  tɕʻy˧。钻也，从锥钻木。

964.  tsʻæ˥。钻子也，穿孔器。

965. 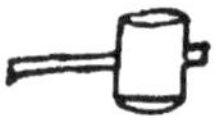 da˧tv˧。木锤也。又作 。

966.  gv˧ 又 mɯ˥na˩gv˧。墨斗也。又作 、。

967.  la˥。打也，从锤打桩。

雲南文庫·大家文丛

968.  k'o˧tsɿ˩。椿也。

969.  t'o˥。塞也，从塞へ木。

970.  kuə˥。剉刀也。

971.  pi˩。膠也，象膠块。又作 。

* * *

972.  dʑi˩。屋也。又作 、、。又作 ，有门，外有围墙。

973.  gɯ˩dʑi˩。板房也，以板覆屋。

974.  zɿ˧dʑi˩。草房也，以草覆屋。

975.  tsʻo˧。楼也，屋有层板。

976.  tsʻo˧。楼也，从屋（tsʻo˧ 跳）声。

977.  zɿ˩dʑi˩na˩。狱也，关仇人之黑房也，从屋从黑。

978.  sɿ˥dʑi˩又ba˧mu˧sɿ˥ia˧ko˩。祖房也，即供家神之房。字从房从家神（ sɿ˥）。

979.  ho˥lo˩ko˥。厨房也，从屋中有灶。

980.  mɯ˥ har˩ dʑi˩。竹墙房也，从屋有篱墙。

981.  dʑə˧ dv˩。墙也，从屋厚墙。

982.  dʑi˧ t'o˩。房后也，从屋丰（t'o˧、松）声。又作，从屋（t'o˩、拓模）声

983.  dʑi˧ kæ˧。天井也，从屋前有地。

984.  dʑi˩ dɯ˩ 又 dʑi˧ dɯ˩ gv˧ tʂua˥。甲第也，九间大房也。从屋从九，巨柱有门，即九间百椽也。

985.  dʑi˩ bar˩。烧屋也，从屋从火，烧房冒焰也。

986.  la˧kʰa˩。窗也，从屋有窗。又作 ，省屋。

987.  py˥。隣居也，从屋 （py˥.鞄）声。又读 dze˧me˧ty˩。

988.  be˧。村落也，从屋 （be˧.雪）声。又作 。

989.  na˩mo˧be˧。大村落也，从屋从大（.na˩）、（mu˩.簸）、（be˧.雪）声。

990.  ɕi˧hɯ˩ɕi˧dzæ˧。富豪之家也，从屋多人。

991.  ɕi˧si˧。贫穷户也，从屋从穷人。

992.  ua˧。村寨也，莊落也，截山（）之半取义。亦作部落解。

 lʏ˧ ua˧。石莊也，从莊从石，即围石墙之古城也。（如今丽江宝山小石城。）

993.  dzɿ˧。围墙也，象围墙高矮连接築之。

994.  ua˧pa˥。寨旗也，部落之标志，从寨从旗。

995.  zɿ˩ua˧pʻi˩。劫寨复仇也，从斧砍寨（zɿ˧山柳）声。

996.  bia˩。倾倒也，从寨倒貌。

997.  Kó˩。栅也。氏族设栅共居，又称氏族。

998.  Ku˥dʑi˩。帐棚也，毡棚也，放牧及露宿用之，从棚 （Ky˧˦ 蒜）声。又作 。

999.  sı˧pʼər˩ku˥dʑi˩。白毡棚也，从毡棚 下（pʼər˩ 解）声。

1000.  hua˥dv˩。简易宿棚也，从树枝 （hua˧ 鹇）声。又作 ，从板屋  声。

1001.  dzo˧。挂架也。又作 。

1002.  lo˥。挂也，象挂物于架。又读 hæ˥。

1003、  dzo˧tsʻɿ˥。搭架也。

1004.  dzo˩。槽也，槽中有物，牛马就食。

1005.  kʻu˧。门也，象独扇之门。

1006、  pʻu˧。开也，从门推之。又作。又作，从人开门。

1007、  tar˥。关也，从门（tar˩．鬼）声。

1008.  kʻu˧bu˩。门限也，从门从坡。

1009、  pe˧。闩也。又作 。

1010、  le˧dʑi˩。梯也。又作 ，ɕy˥ le˧dʑi˩。柏梯也，从梯从柏，旧俗祭家神用之。

1011、  tʂʅ˩又to˧tʂər˩。柱也，从柱 （tʂər˧四，藏音）声。

1012、  dʑɯ˩tʂər˩。飞石柱也，从柱从飞石省。

1013、  mɯ˧tɕy˧。天柱也，从天从柱✳（tɕy˩千）声，祖房之腋柱也。

1014.  to˧。板也。又作 。

1015.  gɯ˧。裂也，从板裂开。又作 ，板有裂缝。又读 pæ˩gɯ˧。

1016.  tʂ'u˥。接也，从二板接合。

1017.  t'o˧p'ər˩ta˥tɕə˧ts'ɿ˥。露宿置记号也，古风，垒石标松于宿处。

1018.  dzæ˩。城也，象方城有四门。

1019.  t'a˥。塔也。又作 。又作 ，柏塔也，从塔从柏。

1020.  kæ˩，tɕər˧lər˩。秋千也。又作 。

1021.  dʑu˩ly˥˧。飞石也，从飞石放於架。又省作  。

1022.  he˧dʑi˩。庙也，从庙中有神。

1023.  na˩ká˧ʂu˩uə˧。王者之坚固庄房山寨也，从铁椿围绕。

1024.  na˩ká˧ʂu˩dzæ˩ 王者之金殿城堡也。

*　　*　　*

十三、器用之属

1025.  tʂua˧。床也。又作 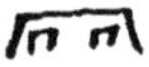 。

1026.  sæ˧læ˩。桌也，从桌(sər˧木)声。

1027.  mɯ˧mæ˧又dzɿ˩kʏ˧。凳也。又作。

1028.  bæ˧mi˧。灯也，从碗从火。

1029.  gə˩。熄也，从灯熄。

1030.  ta˥。匣也。又读gʏ˧，柜也。

1031.  gu˧mi˩ta˥zo˧。竹匣也，有盖。又作、。

1032.  tʂʰə˧dv˩ 又 tʂʰər˧by˧。皮囊也，有毛。

1033.  nər˧hər˩。蒜袋也，拴口。

1034.  iə˧da˧。皮揹袋也，有绳。

1035.  pʰe˧dʑi˧。網斗也，猎人用之。

1036.  kʰɯ˧tsʰɿ˧。小布袋也。

1037.  kʰə˥。篮也。又作 、。

1038.  tɣ˩。箩也。

1039.  mu˩。簸箕也。按：大簸（晒簸）曰tɣ˩lɣ˩；小簸（扬簸）曰mu˩me˧。

1040.  dze˧kɑ˩。粗筛也，筛麦用，从簸从麦。按：粗筛曰dze˧kɑ˩；中筛曰tɕʰua˧kɣ˩（筛米）；细筛曰sa˧la˩（筛面粉）。

1041.  la˩iə˧。撮箕也。

1042.  bæ˧kɣ˩。扫帚也。

1043.  bər˩mæ˧ta˧dʑu˧。牦尾单帚也。

1044.  lo˩pa˥。牦牛毛圈也。

1045.  kua˩。猎狗项圈也，防兽咬颈。又作  。

* * *

1046.  dər˧。纸也，象纸捆。厚棉纸，写经书。

1047.  se˧sɿ˥。纸也，象纸平铺。

1048.  mɯ˥py˧ 又 py˩ly˧。笔也，从竹省、尖黑。又作 。

1049.  mɯ˥na˩。墨也，象墨块。又黑也。

1050、 mɯ˥ na˩ gv̩˧。墨池也。

1051、 bv̩˩ dɯ˧ 又 tʻe˧ ɣɯ˧。经书也，书也，横写三行。又作、。按：书曰 tʻe˧ ɣɯ˧，字曰 tʻe˧ ɣɯ˧ dzɿ˩。

1052、 kv̩˧ tʂʻu˥。上册也，从书（kv̩˧、蒜）声。

1053、 ly˥ tʂʻu˥。中册也，从书（ly˧、矛）声。

1054、 mæ˥ tʂʻu˥。下册也，从书（mæ˧、尾）声。

1055、 par˥。写也，从书从筆。又作，从手操筆写书。

1056.  dʑɯ˧。帐也，帐目也，从书 （dʑɯ˨，飞石）声。

1057.  pa˨tso˧。卜书也，从书 （pa˨，巫）声。

1058.  tsæ˧又he˨dɯ˧。轴也，画卷也。又作 、。

* * *

1059.  lɯ˧me˧又lɯ˧。弓也。又作 。

1060.  lɯ˧dʑi˧。弓衣（套）也，从弓盛虎皮袋。

1061.  kv˥。弯弓也。又读lɯ˧me˧kv˥。又作 。

1062.  ta˩da˧。弩也。地弩曰 kæ˥tʂʅ˩。

1063.  lɯ˧sɿ˧。矢也，箭也。又作 

1064.  sæ˧bæ˩。镞也，箭头也。又作 。

1065.  lɯ˧py˧。箙也，箭囊也，箭藏于囊。

1066.  hæ˩lɯ˧sɿ˧。利箭也，从箭从金，以金为贵。

1067.  sɿ˥lɯ˧sɿ˧。神箭也，从箭从家神。

1068.  lɯ˧uə˦tʻv̩˩。搭箭架也。

1069  dʑua˩。争执也，动武相争。又作 。

1070. 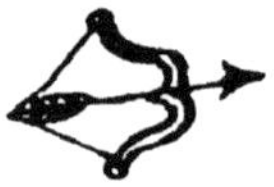 kʻæ˥。射也，张弓射箭。又作 。

1071.  ly˧。矛也。又作 、、。

1072.  gv̩˩。戳也，从矛戳物。又作 。

1073.  ly˧uə˦tʻv̩˩。搭矛架也。

1074.  bə˧pɤ́˧。盾牌也。

1075.  tsæ˥tɕi˧。戟也，兵器。又作半。

1076.  kə˥tʂɿ˩bə˧pɤ́˩。大刀也，钩兵鹰爪。

1077.  ʐər˧又ʐər˧tɛ́˧。刀也。又作。

1078.  gæ˩又gæ˩tá˥。剑也。

1079.  gæ˩dʑi˧。鞘也，从刀入鞘。

1080.  ʑər˧tɕʻər˧ly˧tɕʻər˧。战败也，意为断刀折矛。

1081.  sɿ˧。磨也，从刀在石上。

1082.  sɿ˧ly˧。磨石也，从石套格。

1083.  da˥。砍也，从刀砍物。又作。

1084.  tsʻər˥。切也，从刀切断绳也。

1085.  tsʻər˥。切也，从绳断（tsʻe˧盐）声。

1086.  gy˩。刺也，从刀刺心。

1087.  Kó˥。宰也，从刀殺牛。又作  。

1088.  hər˥。割也，从刀割肉。又作 。

1089.  be˩Kó˧。缺冠也，武士戴之。字从缺冠 （Kó˧，角）声。又作 、。

1090.  bər˩Kó˧。号角也。又作 。

1091.  té˧。旗也。又作 、。又作 ，读 dæ˩，緻干也。军将亦称 dæ˩，用旗指挥战争者为緻干也。

1092.  ər˧tʂʰi˧ʂu˩tʂʰi˧。铜刺铁刺也，从坡上有刺，战争中使用之。

1093.  ər˧tso˧ʂu˩tso˧。铜架铁架也，战争中安置于险要关口。

* * *

1094.  dy˩。棍也。

1095.  lər˥dy˩。尺也。又作，曲尺也。

1096.  lər˥。量长度也，从人持尺。

1097.  py˧。升也。又作，读bi˩。

1098.  ʑua˩。量粟也，从升量粟。

1099.  tɕi˩。秤也。又：戥曰 dʑə˧ ma˩。

1100.  dʑə˩。秤锤也。

1101.  kɯ˩。称也，从秤称肉。

1102.  tʻo˩。拓模也。又作 、、。

* * *

1103.  tsæ˩。筝也。

1104.  kʏ˩ 又 kuɑ˧kuɑ˩。口弦也。又作。按：口弦分为 tɕʏ˩kuɑ˧kuɑ˩ 拔之口弦（单片）与 kɚ˥kuɑ˧kuɑ˩ 弹之口弦（三片）两种。

1105.  ŋɚ˥mo˧。葫芦笙也。

1106.  pi˧li˩。笛也。又作、。

1107.  da˧kə˩ 又 da˧kʏ˧。鼓也。

1108.  da˧kə˩la˥。击鼓也，从示槌。

1109.  ɚ˧lo˧。锣也，从锣有提绳，击之。

1110.  tsɿ˩˧。鐘也。又作 。

1111.  tɕʻy˧˩ zo˧˦。鈴也，象小搖鈴。又作 、。

1112.  ər˧˦ kʻua˥ ʂu˩ kʻua˥。鈸也。直譯為銅碗鐵碗。

* * *

1113.  bər˩ χ ər˩。繩也。又作 。

1114.  pʻɯ˥。斷也，从繩斷。又作 。

1115.  lʏ˥。繞也，从線繞捲。

1116.  lv˥ 又 ka˥ ɲi˧ dzər˩ to˧ lv˥。缠也，藤缠树。

1117.  k'æ˥。散也，解开也，从绳散开。

1118.  p'ər˩。解(结)也，从线解开。

1119.  tər˥。结也，从线结日(tər˩ 础)声。

1120.  k'ɯ˩ tər˥ p'ər˩。解结也，从牦牛角解结绳。

1121.  p'ia˩。编也，从手编绳。

1122、  tsɿ˧. 束也，从绳束物。又作 。

1123.  pʻæ˧. 拴也，牛拴于樁。又省作 。

1124、  tɕy˩. 活扣也，捕猎鸟兽之工具。又作 ，套野猪也。

1125、  ɕi˧. 網也。

1126.  ʂu˧ər˩. 铁链也，连环扣。

1127.  dʑɯ˧kʻv˩. 钥匙也。又作 。

1128.  kɯ˧sa˧。锁也，从门 （sa˥、气）声。又作 。

1129.  sɿ˩。骰也。

1130.  iə˧kuə˥。烟锅也（烟斗）。又作 。

* * *

十四、行止之属

1131.  ʐɿ˧又zɿ˧gv˧。路也。又作 。

1132. ʐɿ˧go˩kuɑ˩。又路口也。又作 。

1133.  zɿ˧˩tʂʻər˥。路途也，从路（tʂʻər˥、骨节）声。

1134.  zɿ˧˩pʻər˩。大路也，从路（pʻər˩、解开）声。

1135.  tɕʻy˥zɿ˧˩。直路也，近路也，从路米（tɕʻy˩、千）声。

1136.  hɯ˥zɿ˧˩。远路也，从路（hɯ˥、海）声。

1137.  dʐy˩zɿ˧˩。山路也，从坡从路。

1138.  tɕʻy˧tɕʻy˩gv˥zɿ˧˩dʐɿ˩。交道口也，即九达通衢也，从多条叉路、米（tɕʻy˩、千）声。又作。

1139.  dzo˩。桥也，从水上有桥。又作 、。

1140.  lv˧dzo˩。石桥也，从桥从石。

1141.  la˧pa˩kə˥o˧dzo˩。宝山大石桥也，从桥 (kə˥，鹰)、(o˧，骨)声。

1142.  ʂu˧ər˩dzo˩。铁索桥也，从水从铁链。

1143.  lɯ˩。船也，猪槽船。又读 bu˩gv˧lɯ˩。又作 、。

1144.  tsa˥pia˩。禁也。又作 。

1145.  tsa˧又lɯ˩kʻɯ˥。划也，划船也，从人渡船。

1146.  gv˧kʻɯ˧dv˩。过江口也（不用船），从水○（kv˧，蛋）（kʻɯ˧，门）声。

1147.  lɯ˩kʻɯ˧dv˩。渡口也（用船），从水从船（kʻɯ˧，门）声。

1148.  tsʻɿ˩gv˧kʻɯ˧。冬过江口也，从水从冬声。

1149.  ʐɯ˩gv˧kʻɯ˧。夏过江口也，从水从夏声。

1150.  tsʻɿ˩dv˩。革囊也，从山羊从囊。又作。

按：革囊，剥退山羊皮如

囊，塞其破肚，吹气鼓之，挂在身上泅渡；或多个排列，置筏于上，以渡江。

1151.  tsa˥pá˩。筏也，筏上有桨。

1152.  lo˥又lo˥kʰɯ˥。悬空索道也，谓之溜索。字从人过溜索。

按：在江河急流之处，系竹绳于两岸，渡时用木槽（溜板）套于绳，人拴其下，以过渡。

1153.  lo˥py˧。索道木槽也，谓之溜板。

1154. dʑi˧tse˥。木轮车也。又作，读dʑi˧tse˥tʂə˩，拉木轮车也。

1155.  tʂʰə˧ iə˩。车也。又作 ，读 tʂʰə˧ iə˩ dzæ˧，骑车也，从妇人骑车。

1156.  tʂʰi˥。鞍也。又作 、。

1157.  dzæ˧。骑也，从人在马上。

1158.  mɯ˥ tɤ˧。扶杖也。

* * *

十五、形状之属

1159.  ʂua˩。高也，从丨为标，二示其高度。

1160、  hy˩。依也，从水流下（hy˩，红）声。又作，从此声。

1161、  du˩。大也，有谓ka˧du˩“肥胖”演变；又谓一种树果。

1162、  tɕi˥。小也，假借字。

1163、  ka˧。好也，善也，借藏文。又作。

1164、  kúa˩。坏也，恶也，箭头省写。

1165、  tsʻər˧。热也，从火有焰为热。

1166.  tɕʰi˥. 冷也，从水有沇为冷。

1167.  me˧。大也，本雌字，尊重女性为大：

 dʑi˩me˧。祖房也，大房也。

 dzər˩me˧。大树也。

 kʰə˥me˧。大篮也。

按：语词称 zo˧（男），有"小"之意，如： dʑi˩zo˧. 小屋也。dzər˩zo˧。小树也。kʰə˥zo˧. 小篮也。

1168.  tɕʰu˩. 快也，从人走 （tɕʰu˩ 珠串）声。

1169.  ho˩. 慢也，从人走 （ho˩、肋）声。

1170.  tʏ˩. 直也，从木樁直立。

 tʏ˥. 抵也，从木樁撑蛋。

1171.  gʏ˩. 曲也，从木樁曲立。

1172.  uə˥lʏ˧. 圆也，从圆体(uə˧、寨)声。

1173.  pa˩. 宽也，从板(pa˧、蛙)声。

1174.  kʏ˥又lʏ˥。覆也，罩也。

1175.  zər˩又nar˥。压也，从石压物。

1176.  dzər˥。抽也，抽形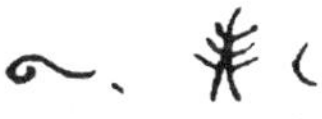（dzər˩树）声。

1177.  tʂʻɿ˧。悬也，吊也，悬物之貌。

1178.  by˧又du˧by˧。分也，物分开貌。又读tsʻɿ˧pʻi˩：，pʻər˩na˥ tsʻɿ˧pʻi˩，分清是非（黑、白）也。

1179.  ʂər˥。招也，招之使来，招形（ʂər˧七）声。

1180.  dzɿ˧。增也，从蕨、点示增多。

1181.  ʂər˥。满也，从羊从圈，点示满圈。

1182.  gæ˩。夹也，从指头夹入柴裂缝。

* * *

1183.  hy˩。红也，本火字，火为红色也。

1184.  ʂɿ˩。黄也，本金字，金为黄色也。

1185.  har˩。绿也，本玉字，玉为绿色也。

1186.  pʻər˩。白也，从乳卞(pʻər˩.解)声；乳色为白也。又省作卞。

1187.  na˩。黑也，借藏文ན。

1188. na˩。黑也，本炭字，炭为黑色也。按：凡事物字加●，有大、黑、毒或苦（味）之意，略举数例：

 dʑy˩na˩。大山也。

 dʑi˧na˩。黑色衣服也。

 dv˩na˩。巨毒也。

 ʐʅ˧na˩。陈酒也。

 tɕʰi˥kʰa˧pʰi˥。吐苦痰也。

1189.  dzæ˩。杂色也，斑杂不纯也。

1190.  zi˧ɣɯ lɔ˩。美也，从脸从花。又作，从花声（zi˧草）声。

1191.  ʐɯ˧。好也，字源难解。又作、。

1192.  i˧˩。给也，送也，从（i˧˩，烟）声。

1193.  tʂi˧。置也，从物置于地。

* * *

十六、数名之属

1194.  dɯ˩。一也。

1195.  ȵi˩。二也。

1196、  sɿ˩。 三也。

1197、  lu˧。 四也。

1198、  ua˧。 五也。

1199、  tʂʻua˥。 六也。

1200、  ʂar˧。 七也。

1201、  ho˥。 八也。

1202.  gv˧。九也。

1203.  tse˩。十也。

XX ɲi˧tsar˩。二十也。XXX sɿ˧ tsar˩。三十也。以下递增，九十作 ，读 gv˧tsar˩。

1204.  ɕi˧。百也。

1205.  tv˩。千也。百十为千。

1206.  mɯ˧。万也，从 （mɯ˧，天）声。

1207.  a˩。亿也，从 （a˧，鸭）声。

1208.  kʰɯ˩。兆也，从○（kʰɯ˩，星）声。

1209.  tv˧tv˩kɯ˧kɯ˩。千千万万也，不计其数也。

1210.  pʰu˥。只也，从一只眼。

按：计数用积累成数。如：

 ua˧tsʰər˩。五十。

 ȵi˧tsər˩ua˧。二十五。

 sɿ˩ɕi˧tɕʰua˥tsʰər˩。三百六十。

 dɯ˧tv˩ua˧ɕi˧。一千五百。

 dɯ˧mɯ˧tɕʰua˥tv˩。一万六千。

十七、　宗教之属

1211.  pʏ˩。pʏ˩ sɑr˧。祭也，木偶也。又作 。

1212.  pʏ˩ ly˧ khɯ˧。开坛经也，从祭串（ly˧、矛）、门（khɯ˧门）声。

1213.  bɑr˧ tʏ˩。木偶也。

1214.  sɑr˧ ɕi˧ bɑr˧ tʏ˩ tsʻo˧ khʏ˥。会跳之木偶也，从木偶跳。

1215.  iɑ˧ lo˧ mɑ˩ lo˧。木偶之一种，祭天时用。

1216.  dæ˩。吃素木偶，从三根木偶。

1217.  uæ˧tɕʰə˥i˩le˩。除秽木偶，左右弯曲形。

1218.  du˩lu˧。神石也，门神也，从石尖形。

1219.  to˧ma˧。面偶也，从碗盛面偶插旗。又读ha˧(饭)ɕi˧(人)to˧ma˧。又作  。

1220.  ha˧ɕi˧to˧ma˧zæ˩kʏ˥。会笑之面偶也，从面偶笑。

1221.  ly˧to˧又sa˩da˥ly˧to˧。山神龙王之面偶也，从面偶、从山神。

1222.  ga˧la˩bər˩tɕʻy˥si˩so˩。龙鹏狮三神面偶也，係藏语。

1223.  hər˧la˧lɯ˩dzər˩。风神树也。又作。

1224.  ky˩kʻə˥。祭笼也，从竹从笼。

1225.  tv˩。幡柱也，从幡柱米(tv˩、千)声。

1226.  dzy˩又pa˩。丧幡也，从幡柱挂纸笼。

1227.  da˧tsa˩。龙塔也，从石从柏插旗。

1228.  ɕy˧tá˧。柏树塔也，从塔从柏。又作 。

1229.  kúa˧又kúa˧bla˩。鬼牌也。有专门之《kúa˧pɯ˩鬼牌画规》。

1230.  ʈʂi˩。赶鬼竹刺也，用十八根。

1231.  mɯ˧kʰæ˩tsæ˩。打鬼竹杈也。

1232.  ga˩。隔鬼也，从竹杈隔离。

1233.  ʐɿ˩ly˧。经坛也，从犁牌底毯即经坛之摆设也。

1234.  ma˩tʂʰua˧tʏ˩。祭天米箩也，从箩盛米◎（ma˩.油）声。

1235.  ko˥。祭米也，从碗盛米𝄐（ko˧.鹤）声。

1236.  ɕy˩又ɕy˥dy˩。香条也，象点燃之香条。

1237.  ɕy˩mi˧.香火也，从火从柏.

1238.  ɕy˧me˧。大香炷也，祭天时用.

1239.  ɕy˩lu˩。香炉也。

1240.  pɯ˧˩ny˩kúa˥。送鬼碗也，从瓦片从火烧肉。

1241.  bæ˧mæ˧。又pia˥。贝也，占卜用。又作、。

1242.  kó˧ly˥。神座也。

1243.  kó˥。五佛冠也，东巴做法时戴之。

1244.  ɣɯ˧。宝物也。又作，与lo˩by˧tʂɿ˩常混用。

1245.  pa˧tar˧。如意结也。

1246.  dʑə˧ tsʻe˧。宝伞也。

1247.  na˩ kʻa˩。象徵鬼域也，用五色线做成。又作 。

1248.  tɕʻi˩ dzər˩。剑树也。

1249.  dʑi˧ sa˥。祭水也，从碗 （dʑi˩ 水）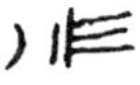（sa˥ 气）声。

1250.  pʏ˧ ba˩。祭水壶也。

1251.  dv˩ dʑɯ˩。镇妖器也，铁制。

1252.  降魔杵也，木制。又作。读 p'y˧ by˧。

1253.  hæ˧ dæ˧。大法帽也，从帽插旗。

1254.  mɯ˥ tʂ'ɿ˧。法杖也。又作、。

1255.  li˧ 又 ma˩ li˧ gua˧ lar˧。法轮也。又作。

1256.  bɯ˧ dɯ˩。法珠串也。又作。

1257.  fy˥ ze˧。法螺也，作号角。又作。

1258.  tsæ˧læ˩。板铃也，铜制。

1259.  ta˧bər˧lər˩。手鼓也。

1260  ti˧sæ˧。抵响也，铜制，互击有声。

* * *

1261.  pa˧ka˩。卜卦画也，东巴之一种卜法，与汉族八卦有别。字从蛙画图，相传最古卜书曾为金蛙所吞。

1262.  ko˧o˧。撒祭米也，从米撒于神石。

1263.  tɤ˥。抵灾也，从木偶撑蛋。又。

1264.  bɤ˩。许愿也，从香条从米。

1265.  tʂʰu˥pa˧dʑi˥。烧天香也，从火盆烧柏枝、酥油、面粉。

1266.  lɤ˧bɤ˧tʂʰa˥ʂu˥。除秽也，从烧石从蒿枝、冒汽。

1267.  o˩，又o˩he˧。魂也，魂魄也，从(o˩玉)声；附加/。又作，从(he˧月)声。

1268.  o˩ʂar˥。招魂也，从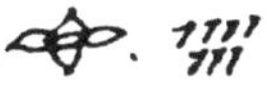(ʂar˧七)声。又作，从声，示招。

1269.  no˧lo˩。遗福也，遗物也，从(no˧、乳)、声。

1270.  be˩lv̩˧。驱鬼火石也，从石燃火。

1271.  bæ˩mæ˧to˥。掷贝卜也，从贝掷于碗。

1272.  gu˧lu˩ka˧le˩。保佑也，示降福，S(ka˧le˩、乾粉皮)作声。

1273.  py˩。宗教巫师东巴也，从人坐戴神冠，口诵经。按：东巴巫师有四种不同名称，举如下：

to˧ba˩。群众之俗称也。

pʏ˧by˩。巫师之古称也。

da˧hu˩。开丧超荐时之特称也。

lɯ˧bu˩。巫师之自称也。

又按：经书中东巴名号甚多，各以从东巴加声符，故不例举。

1274.  ʂɿ˩lo˧又ti˩ba˧ʂɿ˩lo˧。相传为东巴教始祖丁巴什罗也。字从东巴(ʂɿ˩肉)、(lo˩貌)声。

 ʂɿ˧lo˧tsʻo˧。什罗执法器跳神也。

1275.  pʻa˩。巫也，从女人坐下(pʻa˩解)声。相传东巴卜书取自pʻa˩dzɿ˧sa˧me˧女神处，故巫字有此写。

1276.  sæ˧ɲi˩。巫也，从男巫散发跳神。

1277.  bə˧dɯ˩la˧ma˩。喇嘛也，从人坐头戴法帽。

1278.  tʻi˥lo˧。巫卜之"替罗"人也。又作。

 ʑi˩ko˥tʻi˥lo˧sɿ˩zɿ˧。岩间替罗三兄弟也。

1279.  na˩ɕi˧pʻa˩tso˧pʻa˩。纳西人占"帕左"卜课。字从纳西人翻卜课。

1280.  mɯ˧sɿ˧sa˧sɿ˩so˥。傈僳人提竹片卜。字从人坐提竹片、(mɯ˧，天)声。

1281.  dʑo˧a˩tso˥la˧ly˩。"从啊"人占"左拉"卜课。字从从啊人看卜书。

1282.  pa˧ pa˩ tsʰɿ˧ ko˩ kɯ˥。彝人烧羊髀骨占卜。字象彝人烧髀骨。

1283.  lv˩ lv˧ æ˩ ba˧ tsʰɿ˥。"鲁鲁"人打鸡骨卜。字从人握骨架(lv˧ 石)声。丽江六区有自称"鲁鲁"之居民。

1284.  gv˧ dzɿ˩ kʰɯ˩ tar˥ pár˩。藏族解结绳卜。字从藏人坐解结绳。

1285.  le˧ bv˧ bæ˩ mæ˧ to˥。白族掷海贝卜。字为白族人掷贝卜形。

按：上述六种各民族卜法，都对纳西族宗教活动有影响。

* * *

1286. pár˩。"盘"神也，藏族之神，假借(pár˩、解)字。

1287.  sæ˩。"禅"神也，白族之神。字从 (sæ˩，血)演化而来。

1288.  dʑər˩。威灵也，字原难解。

1289.  o˧ 又 pʰ˧ la˩。"窝"神也，神也。

1290.  he˩。"恒"神也，从神戴火帽。

按：窝神恒神名号甚多，各以从神本名加声符，故不详举。

1291.  du˩。男神（阳）也，从神坐，头有男人之标志 。

1292.  se˩。女神（阴）也，从神坐，头有妇女之标志 。

云南文库 · 大家文丛

1293.  la˧ tiə˩ i˩ ʂɛ˩˧ py˩ so˧。三尊神名，从三神坐于"什罗"山顶。有谓创制纳、藏、汉三种文字之说（神话）。

1294.  dʐə˧ ka˩ na˧ py˩。大力神也，从人张手戴尖帽、●（na˩、大）声。

1295.  ze˩。生育之神也，从人有翅生角。

1296.  bə˧ ʂɛ˩ sæ˧ do˧。"白沙禅东"神也，又称"北岳大帝"，其庙在玉龙山下。字从神石（sæ˧，血）、口（to˧，板）声。

1297.  lər˩ dʐə˧ tʂʰi˥ dʐə˧。战神也，从神，头戴铁冠并插羽。

1298.  ka˧ ʂər˧ mi˩ dʐə˥。四头武神也，从神坐，有四个头。

1299.  i˧gv˩o˧kə˩。神名，"依古窝格"。字借藏文ཀ。

1300.  tua˧kə˩。"东格"武神也，利眼会飞，故字从鹰(kə˥)声。

1301.  iə˧ma˩。"尤麻"武神也，狮头生翅。

按："东格"、"尤麻"名号甚多，各以本名之上加声符，故不详举。

1302.  sɿ˩、sɿ˧sy˩zɿ˨又ʂɿ˥ʐɿ˩。山神也，吃素，神话称与人类同父异母。

1303.  ly˩又lɯ˧mɯ˧。龙王也，字从龙。按：山神龙王名号甚多，各以本名加声符，故不详举。

*　　　　*　　　　*

1304、  sɿ˥。家神也，象祭碗。

1305、  sɿ˥tɣ˩。家神祭笼也，从笼。

1306、  ɳo˥。畜神也，从祭物蒿枝和面粉。

1307、  o˩me˧the˩。五谷神也，用"谷堆"字。

1308、  lɯ˥。猎神也，假借"牛虱"字。

1309、  da˧。瘟神也，象瘟虫。

*　　　　*　　　　*

1310.  tsʻɿ˩。鬼也，从人披头撒髮。

1311.  ʥy˩。鬼名，从鬼鬢抖貌。

1312.  sɿ˩。"苏"鬼也，从鬼黑尾。

1313.  dv˩。"毒"鬼也，从人黑尖头。

1314.  tse˩。"争"鬼也，从人叉头。

1315.  ze˩。飞鬼也，从鬼有翅。

1316.  me˩."霉"鬼也，从鬼(me˩.树名)声。

1317.  mu˧.水鬼也，从鬼撒手脚。

1318.  ɣɯ˩.水怪也，从水鬼长毛。

1319.  tar˩.恶鬼也，无头。

1320.  la˧.恶鬼也，从恶鬼(la˧.虎)声。

1321.  ts'ɿ˧。吊死鬼也，从鬼上吊。

1322.  iə˩。情死鬼也，从鬼（iə˧、烟）声。

1323.  tɕʰi˥。口舌鬼也，从鬼（tɕʰi˥、剪）声。

1324.  mi˧tsʰɿ˩。火鬼也，从鬼从火。

1325.  tɕʰə˥tsʰɿ˩。秽鬼也，从鬼从秽气。又作。

1326.  bɯ˩。绝后鬼也，从鬼不孕。

1327.  do˩。傻鬼也，从鬼牌，瞪眼吐舌。又作。

1328、  to˥。病鬼也，恶鬼傻鬼合文。

1329、  ɿ˧da˥。饿鬼也，从鬼腹空。

1330、  si˧mi˥mə˧ʨy˩kɯ́˥ʂu˧ma˩。女魔王也，从妇人，身长毛，头顶锅，手持镰刀、绳子和刺枝。

1331、  le˥ʨʰi˧sɿ˧pʰɯ˧。西方魔王也，从鬼（le˧、犏）声。

按：宗教鬼神名号甚多，择要录之如上。

*　　*　　*

十八、传说古人名号

1332、  dzɿ˧la˩a˩pʰv˧。祖老阿普天神也。字从天从老翁坐形、（la˧、虎）声。相传为人类始祖崇则丽恩之岳父，故每年祭天以报之。又读mɯ˧。

1333、  tśe˥hɯ˩a˩dzɿ˨˩。泽恒阿祖天妻也。字从老妪坐形、（da˥、砍）声。又读da˧。

1334、  ká˩dzɿ˨˩ly˥gv˧ɓy˥。王也，帝也，直译为王坐中央。字从王坐、（ɓy˥、柏）声。

按：旧俗，纳西族重祭天之礼，所敬之神即上述mɯ˧、da˧、ɓy˥三尊也。

1335、  du˩又mɯ˧lɯ˥du˩dzɿ˨˩。善神也，相传为人类之远祖也。字象神坐，唯头有别。

1336.  tsʻɿ˥tɕua˧dʑi˧mu˧。姜神之妻也，从女神(tsʻɿ˧，醉)、(tɕua˧，床)、(dʑi˩，水)、(mu˩，簸)声。

1337.  tsʻo˩dze˧lɯ˥ɣɯ˧。"崇则丽恩"也，相传为洪水后仅存之人类始祖。字从人，长咀示象表tsʻo˩音，角示牛表ɣɯ˧音。《丽江木氏宦谱》音译作"草羡里为为"。

 tsʻo˩ze˧lɯ˥ɣɯ˧ɣɯ˧。崇则丽恩之异写也，从人(tsʻo˩，象)、(ɣɯ˧，好)声。

1338.  tsʻe˥hɯ˩bu˧bə˩mi˥。"择恆布白命"也，即祖老阿普之女，崇则丽恩之妻也。字从妇人(tsʻe˥，叶)声。

1339.  ka˧le˩tsʻɿ˥。"高勒趣"也，即崇则丽恩之六代孙也。字从人(tsʻɿ˥，悬)声。《丽江木氏宦谱》

音译作"哥来秋"。

1340.  dʑi˧mɯ˩dʑi˧dzɿ˩。"金命金兹"也，即高勒趣之妻也。字从妇人(dʑi˩、水)声。

相传高勒趣有四子，曰：me˩美、ho˩和、sɿ˩束、ɯ˧尤，后繁衍成四大支系云。

纳西标音文字简谱

附　常用词汇

丽江　方国瑜　编撰
和志武　参订

纳西标音文字简谱

附常用词汇

编例

一、东巴经书有专用标音字及掺杂于象形字。系根据三位东巴经师所写的资料，并参照其他字书辑录之，异体甚多，只摘录较普遍的形体，不求其全，故称简谱。

二、文字编排次序，以读音为主，先声母，后韵母；各音之下所举词汇，附记象形文字简谱号码，以供对照参考。

三、每一声母之下的音读，以韵母为次。各声母所拼韵读之数不同，其中有音而无适当词汇或只有借词音读的，只好缺如。

四、每一音读之下，分列语调。以低降"˩"、中平"˧"、高平"˥"、低升"˩˧"为次，同音同调的词录在一起。至于语词的次序没有一定，因为随想随录，先后没有关係。

五、语词单音不记音标，只记语调符号，如pi音下，˩膠，应读pi˩；˧漂，应读pi˧。复音词一般放在第一音节之后，如pi˧li˩笛，只在pi˧音节后，不在li˩音节中。又复音词第一音节用省略号～，如pi˧li˩笛，写作～li˩。

六、语词汉字译义，为了说明纳西语特定的语意，附加他字，而于主要的字下加着重号"•"，如pv̩音下，˥送客，不是"送"东西，而是"送客"才读pv̩˥。

七、此编收录纳西语二千多词，读音以丽江大研镇为准（浊音无清浊和鼻浊之分），且只为大研镇语词的一部份，较冷僻者不收，汉语借词只收音变较大的一部份，其余大量借词不录。又语词只记音读，不作解说，因附录在象形文字简谱之后，作为音读索引，不能如词典之求详了。

纳西标音文字简谱

附　常用词汇

p

pɿ 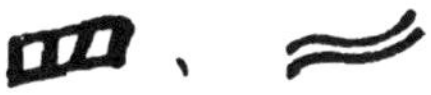

˩ 膠 911　˩ 辣　˩ 痛心

˩ 狠（打的狠）　～gu˩ 刺痛

～ts'ɿ˥ 螫人　～nv˩ 焦臭

～ʂɿ˧na˧be˧ 狠狠地

˧ 漂、冲 580　～li˩ 笛子 1106　～li˩mu˩ 吹笛 652

～li˩ 捲动　～li˩ 滚开

py 

˩ 巫师 525、1073　˩ 祭、祭树 1211　˩ 唸经

˩ 刺猬 403　～ly˧ 豪猪箭 404

～sar˧ 木偶 1211　～py˩ʂu˥ʂu˧ 祭祀

˧升子 1097　～ba˩祭水壶 1150

～dɯ˩～tɕi˥ 大斗小斗

˥蚂蟥 434　～ly˧白陵

pe 

˩吐(不嚼而吐) 770

˧闩 1009　˧绊脚 638　˧酒糟 921

～me˩tɕi˧新大麦酒

˥钓鱼 813　˥挑刺　～pe˧跟宽

～le˧醮

pæ

˩裂　～gɯ˧裂缝 1015

˧拍桌：(la˩ba˧～手拍桌)

˥倒霉：(ɕi˧tsʅ˨˩ɕi˧˩～倒霉透底)　～sue˧百姓

pa 

˩宽 1173　～ny˧宽度　～le˥面饼

˧蛙 439　～tɕə˧ 蛙　～ʝi˥纺坠 195

˧生长　～ka˩巴格卜课 1267

～pa˧帮助　～pa˧粑粑(麦饼)

~pa˩背负（揹） ˧到达

˥大碗901 ˥松（松明） ˥搂（肩）

~pa˧攀援 ~py˥有益

~dar˧沼泽 ~ma˩pa˥完婚704

~dʐɿ˩狩猎瞭望628

˩˧ ~do˩硬核桃 ~u˧瘟气病

~kɯ˧ti˧li˩蝌蚪435

po 保

˩一包 ˩包（东西）

˧宝物830 ~po˩包（东西）

˩˧钹1112

pu 工

˧衔357

˥赠送604 ˥带着604 ˥怀孕616

~pu˧互相赠送

py 又、双、予

˩乾枯41 ˩渴 ~tʂy˧筑土墙

~ky˧洲陆地

˥ 甑子 885　　˥ 邻居 987　　˥ 主人 495

˥ 烫(手)　　˥ 送(客)

˥ 蒸　　～tsi˧ 甑板

～pʏ˧ 鸡胃 288　　～tʏ˧lʏ˩ 筷篓 900

pə

˩　　ɕi˩～ 稻穗 256

˩˧ 丧幡 1226

pər　

˩ 拔 630、776

˧　　～lər˧ 盒子

˥ 写 1055　　˥ 纹 339　　˥ 梳(头)

～me˧ 梳子 838　　～tsər˧ 篦子 839

～pər˧hua˥hua˧ 写写画画

pɯ　

˩ 定做　　˩ 寄(口信)

˧ 艾蒿 232　　˧ 调子 508　　˧ 失约

～bɯ˩ 菊花　　～pa˧be˧ 变化 612

～lɯ˧ʂu˧mu˩ 来历 845

˥钉子 919　　˥菓核　　˥鸟窝巢

˥麻(骨)　　~dʐɿ˧ 工匠 509

pia　

˩　　~pia˧ 扁形

˧蓝色　　˧像　　˧成功

~pia˧ 相像

˥贝 438、1141　　˥变化

pʻ

pʻi　

˩腿 727　　˩理讼　　~na˥by˧腿子肉

˧一张(羊皮)　　~pʻi˧la˧la˧许许多多

˥唾 655、…　　˥遗弃 590　　˥丢失

˥输　　~bɯ˩ 如果

pʻy　

˩窝　　~tsa˥ 做窝

˧　　~ly˧na˩ 黑毡帽 815

˥呕吐 662、769、　~kʻɯ˧ 发酵 919、　~pʻy˧sə˥sə˧ 上吐下泻

p'e 

˩ 麻布 801　　~ts'e˩ 粗糙

˧ 蕨 631　　~dʑi˧ 纲斗 872.1035.　~me˩ 草鞋

~le˩ 蝴蝶 419

˥ 一片、页　　~te˩ 铧片挡

p'æ 

˩ 盘问

˧ 拴 1123　　~p'æ˧ 捆绑

˥ 发疟疾　　˥ 扒开　　~ʈʂ'i˧me˧ 姑娘

p'a 

˩ 豺 389　　~k'ɯ˧ 豺狼　　˩ 巫 526.1215

~tso˧ 卜课 1057.　　˩ 顺手

˩ 狠打

˧ 脸 709　　~me˧ 脸面 709　　˧ 霉

~ba˩ 礼物　　~pia˥ 丢面子

~be˧ 奉承、捧场

p'o

˥ 爆竹、炮　　˥ 指点　　˥ 泡茶

pʻu 

˩ 逃　pʻu˧～næ˧næ˧ 逃避躲藏

˧ 开门 1006

˥ 一支 752、1210、～me˩ 快点

pʻv 

˩ 劫寨 949　˩ 拆水、决水　˩ 取蜂蜜

～bæ˧ 蜂蜜

˧ 祖父 452　˧ 雄 349　～si˧ 丝织品 804

～la˩ 神 1289　˧ 价值

～i˧ 贵(价钱)　～y˩ 贱(价钱)

～si˧le˧pʻər˩ 白绸裤 811

˥ 褴褛 803　˥ 撒播 623　˥ 脱衣服

～tʻv˩ 箩 1038

pʻər 

˩ 白 1186　～sa˥～sa˥ 洁白的、最白的

˩ 解开 1118　˩ 解决(纠纷)

～tʂʻər˧ 粉脂　˩ 公鸡

～na˥du˧kæ˧tʂʻu˥ 黑白交界处 90

˧ 一扎(线)　～tv̩˩ 公水牛

˥ 　～lɑr˧ 脱开(手)

pʻɯ

˩ 一餐

˧ 糠 928　～ʂɯ˧sa˥ʂɯ˧ 能说会讲

˥ 断 1114　˥ 能干、利索　˥ 摘(菜、菜)

pʻiə

˩ 编绳 1121　˩ 瓢 894　˩ 喜欢、愿意

pʻiə˧～ 相爱

˧ 竹篾

˥ 叶 177　˥ 损坏　˥ 火镰

～pʻiə˧ʐi˥ʐi˧ 毁坏

b

bi

˩ 搓、纺线 611、194　˩ 平安、安逸　˩ 飞 271

˩ 打秋千　˩ 皈稀

bi˧～le˥le˧ 平安无事

~kv˥ʐua˧ma˩ 骥、会飞之骏马 310

˧ 太阳 2　~tʂʰv˩ 日出 47　~gv˩ 日落 48

~pa˩kɯ˧gv˩ 夕阳 39

˧ 森林 171　~di˩ 虫 410

˧ 尿 618　˧ 缺口

˧ 水中　˧ 过足（日子）

~bi˩ 飞翔、飘浮

˩˧ 衣襟　kæ˧~ 前襟

by 

˩ 粉、面粉 929　˩ 外、表面 169　~ɕi˧ 外人

˩ 圈、窄 816　~dv˩ 炒面团 943

˩ 利息　~kɯ˥ 高利贷

˧ 敢做　˧ 粗 189　˧ 份、面份

˧ 分 1118　˧ 唾

~ly˧ 肾 740

be 

˩ 勇士 503、　˩ 一文（钱）　˩ 豆荚

~bi˧ 破碗　~gɯ˧ 半元（银元）

～k'o˧铁冠 1089　～p'y˩葫芦 239、881

˧做 614、841　～to˩作风　～be˩面颊

～ts'ɿ˩zɿ˧人类 448　˧雪 11

˧村寨 988　˧薄、浅

˧味淡　˧怕丢

～dy˧雪白　～be˧砍斧

～le˥～le˥薄薄的

˥　～be˧鸡冠 287

bæ 

˩扫谷板 860　˩扫　˩场地

˩喜欢　˩纸牌（赌具）

～mæ˧贝 438、1044　˩马跑 351

～bæ˩le˥le˧喜喜欢欢

˧蜂、蜂蜜 416　˧糖　～p'a˩麦芽糖（白色）944

～ɕy˩蜡　～ʂy˥蜂刺

～t'a˧糖饼　～tʂ'æ˥甘蔗

˧野鸭 318　～k'y˩扫帚 1042

～mi˧灯 1028　～pi˧邦西人 544

～ʑɿ˩ ～ly˩me˧ 鸳鸯 319

～ky˩ ty˥˥ly˧ 膝盖

ba 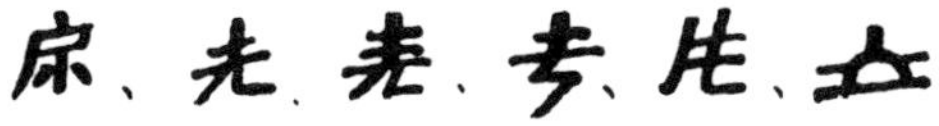

˩花 178　　˩开花　　～ti˥˥li˧蕾 179

˩岁(马几岁)　　～be˧顾面子

˩吼 354　　˩条(一条带)

˩日光 36.　　～dʑər˥ 晒太阳 40

ba˧～lar˧lar˩ 乱吼乱叫

˧大脖子 668　　˧受屈　　～tsɿ˩ 诉苦

～la˩衣服 805　　～da˩ 枇杷

～dʑi˩庄稼、禾苗

˥　　～ba˧ 花　　～ba˧水痘

～ba˧kʰɯ˥ 种水痘

bu 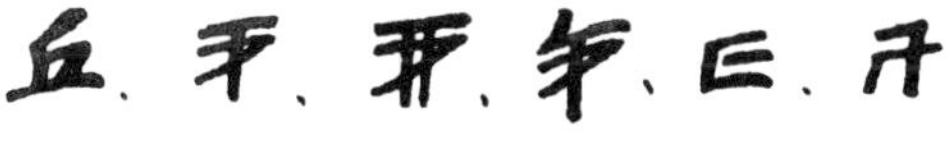

˩猪 374　　～tʂʰər˩ 琵琶肉 935　　～tɕi˧ 野猪 393

～pʰy˥猪獾 392　　～fy˧猫头鹰 330

～zɿ˩粑纸　　˩ 负担、负责

˩挑、扛 594、691　　˩ 鬃

雲南文庫·大家文丛

˩ 坡、堤 92　　～tɕʰə˧zo˧遗腹子 675

～dʑɑ˧lɑ˧kə˥ 鹳 323

˧ 光 21　　˧ 亮 35　　～bu˧明白

˧ 聋　　～bu˧tu˩萤火虫

～ze˧蚕 413　　˧ 堤、岸 85

～pʰə˩杀瓜木 209　　～ko˥暗槽洞

～tə˥～tə˥亮晶晶

bʏ 

˩ 入、钻 688　　˩ 孵 285　　˩ 下（树下）

～zɿ˩兄　　～tsɿ˧ɲi˧ 每天

～zɿ˩ne˩gu˧me˧ 兄弟姐妹

˩ 凸出、驼背 586　　˩ 爆发 86.153

˩ 冒出（泉水）　　˩ 流泪

˩ 想解（大小便）

˧ 肠 738　　～tsɿ˩ 小肠　　～bʏ˧大肠

～gu˩肠炎 739　　～ɕə˥肚脐 135

˧ 锅 882.　　～dze˩ 勺 895

～kʰə˧螺蛳 436　　～tʂʰʏ˧ 虾 435

~dzɿ˧ 桃子　　~ʂi˩ 李子

~u˧ 倒霉　　˧ 烤肉 149.917

˧ 一堆　　~ʂi˧ 火土肥

~i˧ 胖 706

ba 

˩ 就去　　˩（鞋）合脚　　~mi˧ 想（看）

˧ 糯米族 548　　˧ 脚底 729　　˧ 哺饭

~tʂʰə˥ 野兽　　~pʰi˧ 盾牌 1014

˥ 涩味　　˥ 不中用　　~ba˩ 芦管

bar 

˩ 绳 1113　　˩ 水沸 918　　˩ 稗子 251

˩ 发洪 119　　˩ 烧焚 150

˩ 脓　　˩ 牦牛 360

~kʰo˧ 号角 1090　　~hua˥ 牦牛群

˧ 客 494　　˧ 迁移 702　　˧ 水槽

˧ 化脓　　~tsɿ˩ 蚊子 426

~lər˥ 苍蝇 424　　~nər˧ 柔软

~tsʰɿ˥ 请客　　~lər˧ 木料 875

˥ 偏斜挠

bɯ 

˩ 多　bɯ˧～nɯ˧nɯ˧ 多多少少

˩ 粟 202　˩ 缺粮 923

˩ 裂口　˩ 绝后 681

˩ 亏本

˧ 要去　～kɯ˥ 腰带 825　～dɯ˩ 法珠 1256

biə 

˩ 倒塌 996　˩ 磨盘

˧ 罐　～zo˧～mi˥ 罐罐罐罐

m

mi 

˩ 名字　～tsɿ˥ 取名　～dʐɿ˩ 出名

～lʏ˧ 镜 831　～tʂʏ˧ 橘子 206

˧ 火 143　～gæ˩ 火钳 789　～tʂʏ˩ 火炬 151.879

～kɯ˥ 烧火 152　～u˩ 火堆 145

～ba˩ 火星 144　～bʏ˩ 火炮 154

～ma˥pʻe˧le˩ 蛾 420

˧ 听、闻 151　　～kʻa˩ 责任 157

～pu˧ 木鱼　　～la˧bu˩ 媒人

˥ 女 451　　～ʦʻy˧ 妇女　　～zy˥ 姑娘

～zo˧ 情人　　～zo˧ho˥ 谈恋爱

˥ 熟　　˥ 忘记

～do˧ 访、问

my

˩　　～ʦy˥ 外面

˥ 推 692　　～my˧ 互推　　～ʦʻy˧ 松明

me 

˩ 树名 211　　˩ 探寻　　˩ （穗荚）饱满

˧ 母 460　　˧ 雌 350　　˧ 大 1167

～he˩ 姐姐 470　　～ʦʻi˧ 妯娌

˧ 一只

˥ 教　　～me˧ 教育　　～me˩ 姐姐 470

mæ 

˩ 赶上、不及　　˩ 遗尾

˧尾 290.3146　～tsi˧ 末尾　˧打着

˧获、得

˥后　～ʂi˧ 以后　～ʂɯ˩ 后面

～ta˥ 终、到底　～tə˥ 结尾 59

ma　了、古、丰

˩油 932　～le˥ 酥油茶 934　～dy˩ 菜蛋

～tsər˧ 麻脸

～le˥la˥tʂɿ˩ 油茶桶 911

˧擦油 614　～pər˩ 酥油 932　～i˧ 芭蕉 240

˧细面粉　～ma˧ɕi˩ 假奉承

～li˥～sa˧ 玛丽玛莎人 542

˥粉末　˥吃炒面　～iə˧ 孔雀 299

～tsɿ˩ 芹菜　～ma˧ 制造

˩对女性称呼

mo

˩折磨

˧拿摸、摸抚

˥冒水

mu 

˩兵 524　　~ka˧士兵　　~me˧ 簸箕 1039

˩杜鹃树 224　　˩穿衣 596

˩吹　　˩尸首

~p'i˥出殡　　~t'y˥外面

mu˧~kɯ˥kɯ˧穿戴衣着

˧牲（祭牲）358　　˧希望　　~k'o˥宗姓

~kuə˩ 胃 821

˥老 514　　˥牛蝇 425　　˥菌 267

˥钱　　~ɣɯ˧女婿 419

my

˩是的

mə 

˧不 56　　~hɯ˩怨、愤恨　　~t'y˩不舒服

~hæ˥ 可怜　　~na˥na˩静悄悄

˨˦墨　　~da˩"麦达"调子　　~da˩dzər˧ 唱"麦达"

mər

˩一点　　~zo˧~mi˥ 点滴细微

˥ 闭眼 757　　miə˩ kʰo˥ miə˩ ～　睁眼闭眼

mɯ　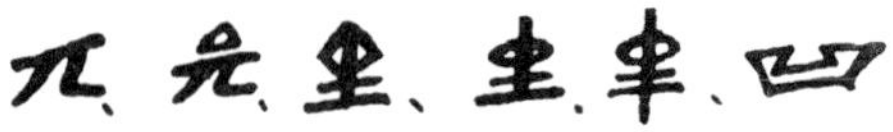

˩ 下 165　　～tɕʰə˧ 低处、下面　　～zɿ˧ 燕麦 249

˧ 万 1206　　˧ 疤、痕迹　　～dzɿ˩ 長疤

˧ 天，　　～py˩ 祭天 1332

～ly˩ 南方 161　　～tʰy˧ 天晴 32

～dzɑ˧ 雨天 33　　～lɯ˧lɯ˧ 阴天

～hɯ˥dʑi˧tɕʰɯ˩ 虹 13　　～gv˧ 打雷 21

～sɿ˥ 早晨 65　　～kʰv˥ 夜晚 68

～kʰv˥～sɿ˥ 早晚　　～ɲi˩ 春天 60

～ʐɯ˩ 夏天 61　　～tsʰɿ˥ 秋天 62

～tsʰɿ˧ 冬天 63　　～tʰv˧ 天柱 1013

～dzə˧ 大麦 241　　～mæ˧ 凳子 1027

～tsɿ˩ 雁 868　　～tsɿ˥ 鬓 719

～ɲi˩ 脚指　　～me˧ 脚拇指

～tɕʰɯ˧ 脚后跟　　～dzɿ˩kʰv˥ 脚指甲

～tsɿ˩ kuɑ˩ 火化场 578

～lɯ˧tʂʰɿ˧kɑ˥bv˩ 普天之下 75

˥ 竹 226　　～py˧ 竹笔 1048　　～by˩ 爆竹 153

～ts'e˩ 山竹、细竹　　～tɕi˧ 手杖 1254

～ŋi˧ ər˩ 竹绳 861　　～na˩ gɤ˧ 墨斗 966、1050

～k'ɯ˩ 烟 146　　～dər˧ 竹筒

～dy˩ 竹竿　　～lər˧ gɤ˧ dze˩ 竹器

˥ 焖、熯 916　　～mɯ˧ 蒸熬

～ʂə˧ 活该　　～lɯ˧ 杨柳 222

～ʂə˩ ～ʂə˧ 太舒服

mia　

˩ 眼 711　　～ly˧ 眼睛 711　　～go˧ 瞎 610

～bər˧ 眼泪 758　　～ta˩ 眼镜

～do˩ 天亮　　～by˩ 危险

～kɯ˥ pɯ˧ 眼皮　　～ko˩ 盯、瞪

～do˥ 瞪　　˩ 扣子眼

˧ 生命　　～na˩ 黑眼、脏色　　～p'ər˩ 白眼球

～tsɿ˩ fɤ˧ 睫毛 712　　～tɕi˧ 拼命

～k'ua˩ 命运不好　　～se˧ 送命、绝命

～o˧ gɯ˧ 咬紧牙关　　～tɕi˧ ʂə˧ ta˩ 拼命

f

fe

˩ 坟墓　～ʂu˥(sæ˥) 扫墓　～ti˥lo˩ 墓地

fæ

˩ 提防　～mə˧dʐə˩ 防不了

˧ 去(命令)　～la˩ 去吧

˥ 放假

fa 

˩˧ 处罚、罚款　˩˧ 发放(东西)　˩˧ 发酵

fv 

˩ 昏倒、休克　˩ 填沟　˩ 符咒

˩ 一封(信)

˧ 毛、发 340、720　～nʐə˧ 奶毛　～dʐə˩ 毛呢

～nɯ˧～lɯ˧lɯ˧ 毛森森

˧ 苗旺不实　˧ 雏鸡 294

˧ 锤子 955　～tʂʅ˩ 芦苇 244

˥ 鼠 376　～la˧ 黄鼠狼 408　˥ 补衣 798

～dʑi˧ 炭 147　～ny˧ 埋头

～tv˧ʂu˥ 祀神　～tv˧be˧ 斋戒唸经

˥ 一小点(酒)　～ze˧ 白海螺 436、1057

～fv˧na˥na˧ 缝缝补补

t

ti

˧ 抵挡、抵抗　～sæ˧ 抵响(乐器) 1116　～ti˧ 顶咀

～ti˧tsʻe˥tsʻe˧ 敌抵敌说

～ba˧ʂɿ˥lo˧ 丁巴什罗(东巴教始祖) 1274

˥ 订做　～li˧ 帽缨、花蕾　˥ 定(日子)

～be˧ 一定

ty

˩ 生长　˩ 耐烦、愿　˩ 不舒服

˧ 打、去 951　～dʐu˧ 锤 950　˧ 打鼓 615

˧ 舂米 869　～ty˧ 正碰上

˧ 叩门　～ty˧la˥la˧ 打架、武斗

˥ 衣料　˥ 两层(衣服)

te

˩ 剪刀 787

˧ 回头　　le˧～ 又回头　　˧ 该

ʂɿ˧～ 该死的

˥ 沉淀

tæ　

˩ 引、拉 629、689　　tæ˧～ 互拉

˧ 阻挡　　～～ʂɿ˥ 新衣服（儿语）

˥ 黏　　˥ 曲佃　　～tæ˧ 稠

ta　

˩ 支持、撑　　˩ 烤火、烘　　˩ 掩面、遮

˩ 网捕　　～ɣi˧ 网具 872

～da˧ 弩弓 1062　　˩ 系（围腰）

˧ 一挑　　～ta˧ 担子　　～ho˧ 大伙、共同

～so˧ 流苏 822　　～ba˧la˩ 手鼓 1259

˥ 匣 1030　　˥ 依附（他人）　　˥ 附加、添加

˥ 烙麦饼　　˥ 一齐

˥ 只有（副词）　　～me˧ 织篦 785

～ta˧ 点火

˧搭乘　～po˧(lia˩)衣袋

to　尹　甲、业

˩　～to˧抱 693

˧板 1014　～ba˩巫师东巴 1273　～ma˧面偶 1219

～pe˧回归、颠倒　˧(赛致)比喻

˧搭置　～ʈʂʰə˧da˧阁板

˥坡岗 93　˥上(身上)　˥掷骰占贝卜

～ʐə˩柱子 1011　～mu˧额头

～to˧抖、拍打　～pʰv˧倾翻

tv　丘、古、千、千

˩千 1205　˩檐柱 1225　˩直 1170

˩忠实　˩栽种

˩箩 1038　˩陷入(泥坑)

～lv˧筐　～lɯ˧tv˥整稻田

˧斗(一斗)　˧赌客　～ɕi˩蜈蚣 414

～tv˩tʂʅ˥tʂʅ˩忠诚老实

～tv˩kɯ˧kɯ˩千千万万

～tv˩gv˥tʂʅ˧dzʅ˩交道口、叉路口 1138

云南文库·大家文丛

˥撑、抵、举 1263　˥缩回　~tʂʅ˧近路、直路 1135

˥捆(秧、菜)　˥把(一把秧)

˥片(这片田)　~tɤ˧直直的

˧˥毒辣、倒霉

tə

˧苦、折磨　˧一滴

˥褶、折　~tə˧ 折褶

tər

˩粗、菜堆 898　˩砧 899　˩恶鬼 1319

˩围打　˩闯入

˥结、编 1119　˥关门 1001　˥(不)中用

~tər˧ma˥ma˧ 编扎

tɯ

˩煨罐 912

˧起身 564　~tɯ˧稳沉　˧起飞

~tɯ˧lɯ˥lɯ˩ 稳稳当当

˥喂奶水　˥浸泡　~tɯ˧消化不良

tʻ

tʻɿ 

˩铊 958　　˩推(用铊推)　　~nɯ˧tʻɿ˩ 用铊推

˧搽器皿

tʻy

˧一节、一段

˥套数　　~ly˩ 晒簸、大簸

tʻe 

˩　　~ʐua˧ 驴 373　　~gɯ˧ 他(敬称),

　　~dzɿ˩ 生吧

˧旗 1091　　~ɣɯ˧ 书、信、文 1051

˥　　~ɲi˧ 相似、那样地

tʻæ 

˩推搬、承担

˧戴帽 595　　˧水底　　~dɯ˩ 沉底

˥撞触 355　　~tʻæ˧ 牛互相触角

tʻa 

˩罐、瓶 891

˧呆、出神 ~mu˩(制糖饼)模子

˥塔1019 ˥可以 ˥利刀、锐

˥学问好 ~dʑɿ˩柿207

˧他 ~ko˩他家

tʰo 

˩模子1102 ˩靠562 ˩背后

~me˧ly˧靠山

˧松191 ~sɿ˩青松毛 ~pʰia˥乾松毛

~dʑa˩松脂193 ~be˩le˧松球

~li˩鸽291 ~le˧兔401

~pv˥布、土布802 ~lo˧帽、斗笠814

˧骂人

˥塞909 ˥嵌入 ˥铺石、铺路

tʰv 

˩桶889 ˩搭棚 ˩一把(条帚)

˧到 ˧出来 ˧解出

˧借 ~tʂʰɿ˧pʰi˧pʰi˧借贷

~kv˧pʰu˥kv˧出处来历

˥奶渣 933　　˥踩、踏 118　　˥傲、做

˥尖份子　　~tʻv˧践踏

tʻə

˧那　　~be˧那样地

˧˥那　　~kʻv˩那儿

tʻər

˩裙 813　　~mæ˧裙尾

˧贪睡

˥紧咬、咬　　~tʻər˧包紧

tʻɯ　

˩饮、喝 657. 768. 938　　˩吸烟　　˩大檐

˧他 558　　~gɯ˩他们　　˧那

~la˩那伙　　~hɯ˧那些

~bə˩那边

˥腰 707　　~tʻər˥腰触伤　　~gv˩驼背、弯腰

˥一半：zɿ˧gv˧dɯ˧~半路

d

云南文库·大家文丛

di 

˩蕨 236　　～di˧ 紧紧地(拴)

˧　　～li˧ 叮呤(铃声)

˥　　～li˧ 帽结

dy 

˩地 71　　～lo˩ 世上、大地　～k'o˥ 郊外、坝子里

˩竿、棍 1094　　～ly˧ 搅动

˧慢　　～dæ˧ 慢些

˥追、驱逐　˥赶马帮　˥猎野兽

～dy˧ 追逐

de 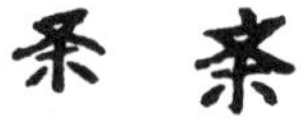

˩交媾

˧灌(药水)　˧：ə˥～恩情

dæ 

˩将官、能干 522　˩地基　˩一坨

˩不必

˧狐狸 381　˧伙量(粮食)　˧料缝(口袋)

～dæ˧(捞虾)竹网

da 

˩织 613　　˩镰 853　　˩月光 42

~zɿ˧镰刀 853　　˩铁箭头两翼

˩漂浮游　　˩翔 271

~pa˩和尚　　~tɯ˧ 想呕吐

˧内门　　~tv̩˧木锤 965　　~le˥le˩鱼鹰 310

~da˩旁边　　~ua˧腊月

~ha˧主人 495　　~kv̩˧鼓 1017

~pia˩砍刀 954　　~dy˧蚕豆 258

˥砍 948, 1083　　~pa˥砍片　　˥猛吃

˥(灌田后)排水

do 

˩见 754　　~so˧见识　　˩愚傻 601

~be˧倒霉　　~pa˥臀部

˩慌忙

˧登爬 634　　˧呆看　　~lɯ˥海棠菓

~do˩ pər˧pər˩ 当面、光明正大

~do˩ ɕy˧ɕy˩ 慌慌忙忙

˥跌 581　　˥虎咬 378　　˥搡(手 鼓)

~do˧pe˧pe˧ 跌跌撞撞

du 

˩善神 1335　　~dzɿ˩ 坐禅　　˩团、一团 793

~lu˧神石、门神 1218　　˩阳神 1291

˧时兴、习惯　　~mu˩ 规矩

dv̩ 

˩野猫 394　　˩肚 736　　˩纺 794

~me˧肚子　　˩啥

~lv̩˥饵块 942　　˩毒 235

~ɕi˩ 养蛊(一种迷信)

˧犁头 847　　~pʰər˩海螺 436　　˧翅膀 215

˧挖、掘 842　　˧刻、雕

~zo˧私生子 615　　~dzɿ˩ 鸟类

~dv̩˧pe˥pe˧ 挖掘、揭发

~dv̩˧tʂʰər˥tʂʰər˧ 雕刻

˥　　~dv̩˩ 相同

da

˩得到

˧一样大：gə˩～gɯ˧有我大。˧滴水

～də˧一样大

dər 

˩骡 312　˩泡沫 120　～tɯ˧起泡沫

˩肥料　～lɯ˧良田 80

˩浊水　˩过江

˩絮拢　～pʰi˥送肥

˧发芽、嫩芽　˧粪虫、蛆虫 431　˧池塘 126

˧毡篷 784　˧经书纸 1046

˧错　～dər˧pʰi˥pʰi˧错误

˧短　˧射中

～tʂʰɿ˥～tʂʰɿ˥短短地。˧需要

˧拖着、抽着　˧不要紧

dɯ 

˩一 1194　˩大、尊 1161　～tɕi˥大小

dɯ˧～tɕi˥tɕi˧大大小小

˩头目 512　˩沉入

˩捲袖口　˩撬咀皮

˧得 608　˧父族 486　˧一匹(布)

~pe˥很多　~ha˧全部、所有

~la˩全部(人)　~pʰu˥对岸

~tʰɯ˥半路、半山腰　~kʰa˩一会儿

~tsʰər˥一辈子　~ɲi˧gu˩ɲi˧天天

˥　~dɯ˧相等、平等

n

ni

˩　ə˥~猫 315　~si˧怀疑

˧　~dzi˧胆怯 心慌

˥　~na˩唢呐

ne 

˩谁　˩和、与　~gu˧me˧姐妹 472

˧苋米 252

˨　~ɲi˩似乎、好象是

˨和、与

nɑ 

˩要做　~ɣ˩˧想做

˧骟 581　~tsʼia˧ 阉过的母猪

~næ˧kv˩kv˧ɣ˩ 作迷藏

˥萎　~zɿ˩枯萎

na 

˩黑 1187.1188　˩大：　dy˩~lo˩~深山老箐

~mo˧be˧大村落。989 ~fv˥黑暗

˩木料　~pʼi˧纳西族 535

~dy˩纳西地区　~zo˧纳西人

~kʼa˧ʂu˩ua˧王之庄院 1023

~kʼa˧ʂu˧dzæ˩ 王之城堡 1024

˧利害　~tv˩除夕　~tɯ˧尽头

˥瘦肉 748　˥但是　~kʼo˩母族 490

˧你(敬称上对下)　˧你家你们家

no 

˩绒,羽毛 276　˩囊　~dzɿ˩鸡

˧醒觉 782　˧(畜)乳 930　~o˩dza˩˩构树 220

~o˩ 遗物、祚物 1269　~o˩ iə˥ 受祚 703

~no˧ 相通、听见　~no˩ 浓汤

~tɕʰua˧ 糯米　~miə˥ 糯米饭

~dʑər˧ 油炸糯饼

˥ 家畜神 1306　~no˧ kʰɯ˥ 挑拨离间

~no˧ ho˥ ho˧ 杂乱、混乱

ɲv̩　**小**

˩ 黄豆 257　~(ɲ)y˩ 豆芽菜　~dzɿ˧ 豆腐

˩ 臭　˩ 你 555

˧ 葬埋 517　˧ 疯　~mə˧ ʑi˧ 嫉妒

˧ 度　ʂər˩~ 长度

˥ 嘴 713　~ta˧ 嘴巴　~kʰo˧ 嘴里

~hy˩ 恶嘴　~ɲv̩˧ 相近

~me˧ 心 731　~me˧ kʰv̩˧ 胸口

~me˧ ʑi˥ 伤心　~me˧ dʑə˩ 心焦

˥ 或者、还是

ɲar

˩ 踩脚

˧ ~har˩ 布袋 1033（麻袋）

~har˧lar˩ 讨嫌、厌恶

˥ 按、压 779、1115 ~nar˧ 拥挤 ˥ 押（宝）

nɯ 

˩ 你 555 ˩ 家畜、福 336 ˩ 捲角羊 364

˧ 心 731 ~hɯ˩ 放心 ~gu˩ 痛心、可惜

~ʂi˥ 伤心、悲哀 ˧ 少

~gɯ˩ 你们 556

˥ 缠绕 ~nɯ˧ 缠绕

l

li 

˩ 灵敏

˧ 法轮 1155 ˧ 跨越 ˧ 领东西

~kú˧ 里门

˥ 烧（眉毛） ˥ 诱走 ~pa˧ 结巴、口吃

~la˧ 槐 ~li˧ 互相吸引

~li˧hua˧hua˩ 高兴欢乐

ly 中 虫

˩看 753　~do˩看见　~khə˧看透

˩一瓣　~ly˧椭圆形

˧矛 1011　˧菓 180　˧丸、粒颗

˧一个(碗)　~gɯ˩花红菓

~dy˩永宁(地名)　~ɕi˧永宁人 540

~dʑə˥~ʂə˩晒粮食 625

˥中 162：　mi˧~二姑娘　~gv˧中间

~ly˧动、摇动　~hɯ˥中甸(地名)

~gv˧kho˧tɕo˥gɯ˧(夹在)中间

~gv˧kho˥ɕi˧中间人、说合调解者

˥放马

le 

˩月 3　˩枯萎

˧裤子 810　~ŋv˥裤腰　~khɯ˥ɕi˧裤带

˧獐子 399　~(le)khv˧麝香 400

~he˩獐皮袋 864　~gæ˩ʂɿ˧腊肉

~kæ˩乌鸦 300　~dʑi˩梯子 1010

~bɤ˧ 白族 549　　~bɤ˧dy˩ 鹤庆县

~mi˥ 忘记　　~tɕʰə˧ 再、又

~tɕʰy˩ 回去　　~to˧pe˧ 回头

~pʰi˩~pe˩ 翻来覆去、重复再三

˥茶 939　　~tʰɯ˩ 喝茶 658　　~nɤ˥ 茶点、早点

˥翻书　　~le˧ 倒泼

˥强辩、不讲理

˧回：　　~ba˩ 要回去　　~lu˧ 回来

læ

˧睾丸

la　

˩手 722　　~(la˧)pʰi˩ 手指　　~me˧ 拇指

~dzɿ˩kʰɤ˥ 手指甲 723　　~pʰi˩ 手膀 725

~tɕʰər˥pʰi˩ 拳头　　~par˥ 手纹 724

~pɤ˥ 戒指 836　　~dzy˩ 手镯 835

~y˥kʰo˧ 袖子　　~nɤ˥ 垫手布

~py˧ 手铐 597　　~dʑu˧ 防身器

~be˧ 斧头 947　　~tɕʰər˥ 火枪

～iə˧撮箕 1041　　～iə˧hɯ˩容易

˩树枝　　˩夥（一伙）

˧虎 311　　～pa˧˥虎纹 339　　～ia˩dzɿ˧hɯ˩配偶 492

～iə˩乌鸦 300　　～kə˩窗 986

˧贩卖　　～ha˥越更

～la˩健康　　～na˩高粱 254

～k'a˧白杨 225　　～dzə˧˩槲栎 223

～dʑə˧˩齿锄 852　　～lɯ˩游荡

～ma˩喇嘛 1211　　～ma˩ko˩喇嘛寺

～pə˩kə˥o˧dzo˩宝山大石桥 1141

˥打 967　　～la˧打架　　˥厚

˥榨油　　˥打（出酒）

˧蜡烛　　～tsa˧˩辣子

10 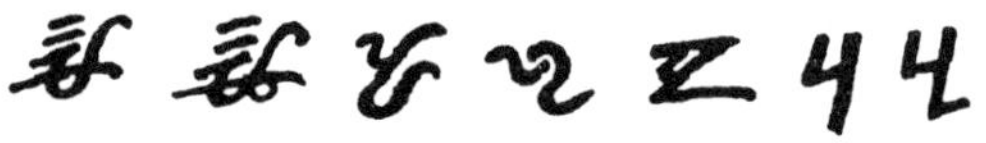

˩谷箐 103　　˩黑鹿 397　　˩锋机 849

˩能做　　˩冲洗

˩嗽口　　˩待客

˩这里　　～bu˧轿夫

˧活计　～be˧做活　～tʂʅ˧出工

～mæ˩百灵鸟313　～pe˩木盆（挖泥用）

～pa˥木盆（合面用）　～kʰə˥椽子

˧希望　～lo˧彝族550

˥溜索桥1152　～py˧溜板1153　～kʰɯ˥过溜

˥超过（年龄）　˥跨越635

～lo˧互助、垫支　˥挂（于架）

˥捆（柴捆子）　～py˧ty˧磕头

lu　

˩遊585　˩跑马

˧来584　˧四1197　˧马料（蚕豆）

˧一两

˥　～me˧（luə˥me˧）四月

lʏ　

˩举603　˩抬691　˩捧、赞扬

˩吹373　˩龙445

˩旧　˩暖

～dʑi˩轿　～fy˥暖和

˧牧奴 503　～pʰu˩牧奴逃跑 504　～uə˧ 石庄 992

～dzo˩石桥 1140　～pa˧石头 132

～tʰa˥石磨　～tʰa˥ʐu˩ 推磨

～bar˧石槽　～gɤ˧ 石缸

～kʰu˧石门、坟碑　～tɤ˩石标、石柱

～bɤ˧孙子 463　～me˧孙女 464

˥放牧 626　˥绕 892、1115　˥覆、罩 647、906、1174

˥蛆　～bɤ˧曾孙 465

～me˧曾孙女 466　～lɤ˧pa˧pa˧团结互助

～zo˧～me˧牧奴、牧男牧女

lə

˩要来 584　˩美丽、漂亮 1190

lə˩～se˥se˧漂漂亮亮

lər　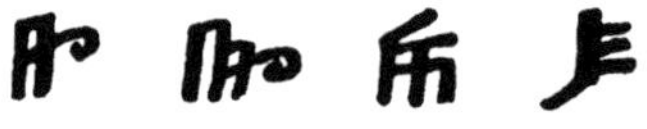

˩喊、叫 641、760　～kʰo˧温泉 115　～do˧大喇叭

˩洗(温泉)

˧　～lər˩ba˧ba˩乱喊乱叫

˥尺量 1096　～dɤ˩尺子 1095　～tɕʰi˧筹划

˥谷种、种子　～pʏ˥播种 624

～la˧˥瞄准

lɯ 

˩船 1143　～kua˧船主、船工　～kɯ˧dʏ˩渡口 1134

～kɯ˥划船 1145　˩耕、犁田 623.848

～ʈɯ˧耕牛　˩（树）倒 186

˧田、地 79　～ko˥田间 82　～bu˧田埂 85

～pʏ˥ko˧地穴 83　～bʏ˩地裂 86

～ly˥ly˧地震 87　～sue˧地主

～ka˧良田 80　˧重

～dʑə˧～dʑə˧重重地　˧要来

˧杉林 191　～sɿ˧箭 1063

～me˧弓 1059　～dʑi˧弓衣 1060

～pʏ˧箭囊 1065　～sɿ˥傈僳族 551

～mɯ˧龙王 1303

˥牛蝇 429　˥秧苗　～dʑə˩秧田 81

～tsʻe˧绞绺鸟 307　˥屙（屎、尿）

˥放逃　˥砍倒（树根）

～kɯ˥ 撒秋　　～tv˥ 秋把

K

Kæ 

˩秋千 1020　　˩威风　　～i˧ 有威风

˩长尚、关哨　　～kv˧ 关坡（在丽江）

˩连（副词）　　～kæ˧ 痒

～nɯ˧～lɯ˧lɯ˧ 威风凛凛

˧前　　～ʂɿ˩ 前面　　～pa˧ 前方

～pə˩ 以前　　～me˧ 前妻

～ʂɿ˩nɯ˧ 事先　　～ɕy˩ 醋

～kæ˧mæ˩mæ˧ 前前后后

˧改换　　～kæ˧ 改变、替换

˥滑　　～kæ˧ 嫩滑　　～ha˩（核桃）青皮

～pʰi˥ 脆（核桃）皮　　˥超过

˩　　～mi˩ 软核桃

Ka 

˩累、疲乏　　˩胸骨 741　　～gɯ˩ 疲病、劳累

˧善、好 1163　　˧病愈　　˧工

　　~ʂɿ˧卖工　　~dɯ˧换工互助

　　~pʏ˧工钱　　~tʏ˧出工

　　˧力气　　~tɯ˥力量

　　~ʐɿ˧有力气　　~tʏ˥出力

　　~dɯ˩胖 706　　~dɯ˩bʏ˧ʐɿ˧肥胖

　　~le˩乾粉皮 986

˥祖、催用　　˥盖　　~ka˧遮盖

　　~pi˧藤 212

Ko 

˩针 790　　˩高山、草原 95　　~le˥雪茶 940

　　~dy˩高原　　˩(酒)醉

　　˩相爱、心爱 697　　˩里面、心头

　　˩(我)家　　˩教练(小牛)

　　~bu˧心明、聪明　　~bu˧空心

˧鹤 322　　~lar˥白鹤(~pár˩)　　˧咸水 617.896

　　˧嚥、吞　　~ko˩坚固、牢实

　　~to˧嘱咐　　~pʏ˥遇着

~lo˧ 想念　~lo˩ 梭子 786

˧ 灌溉、浇　~be˧ 后年

˥ 麦架 857　~tsə˥ 架麦　˥ 祭米 1235

~tɕʰua˧ 玉米做粒　˥ 巷道

˥ 同我　˥ 中间(~gɯ˧)

~so˥ 后日

Ku 

˩ 蓋 263　˩ 呈递给　˥ 一段(时间)

˩ 撬尾

˧　~ly˧ 头、头目 708　~ly˧ba˧ 大头目

~mɯ˩ 帽子 814　~gɯ˧ 枕头

~lɯ˩ 梁　~y˩ 膏药

~y˩kʰua˩tɕʰə˥ 诬陷

˥ 丢、扔、弃 590　~ku˧ 乱扔　~pu˧ 锅盖 883

~dʑi˩ 帐棚 998　~dv˩ 风箱 863

˥ 搬(筷子)　˥ 灌(香肠)

Ky 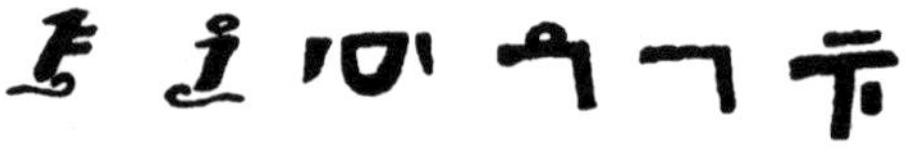

˩ 习惯　˩ 下蛋　˩ 筛(面粉)

~kə˧˩ 蛋巢 286　　~dzɿ˨˩ 有恶习

˧ 头 798　　~fv˧ 头发 720　　~fv˥ 脑

~ba˧ 头目、官　　~dzɿ˨˩ 头皮（头垢）

~la˧ 头疮　　~ɕy˩ pa˥ 发辫 666

~tsɿ˨˧ 套头、头帕　　~dzɿ˨˩ 头帕 823

~tɕʰi˧˩ 洗头、完婚 643　　~ʐɿ˩ 包头布 824

~tsɿ˥ he˧ na˥ 低头顺耳

˧ 蒜 264　　~pə˩ 蒜苗 264

˧（什么）地方　　˧（床）上

˧ 蛋 279　　~dʑi˩ 蛋水 282

~dzɿ˩ 将孵之蛋 280　　~da˧ 芽 183

˥ 触着 518　　˥ 皮、壳　　~ʂi˧ 削皮

~pʰy˥ 脱皮（粒）　　˥ 会（做）

˥ 覆 906.1174　　˥ 两个（人）

~lv˧ 里头　　~kv˧ 胶蛋

Kə  耳 苦

˩ 镯 891

˧ 镜 837　　˧ 咸酒　　~tɕa˩ 皱褶痕

~tʏ˩ 刺桐 219　　~ni˩ 香椿 214

~pu˧pu˧ 报春鸟 334

˥ 恶老鹰 328　˥ 耙 851　˥ 一点(火)

˥ 树枝　　~pu˧ 布谷鸟 302

~pʏ˧ 反。~pʏ˧ ·· le˧ 反来覆去

~mu˥ kʏ˧pər˩ 白头翁 304

Kɯ 

˩ 秤(动词) 1101　˩ 胆 734　˩ 兆 1208

˩ 星 4　　~lɯ˩ 释辰 5

~tʂʰər˧ 陨星 30　˩ 考验

~dzɿ˩ mu˧ ʂər˥ 星饰满天 29

˧ 求、伸指 566　˧ 智慧、聪明　~tɕʰɿ˩ 言语 645

~tsʏ˩ 孔雀 299

˥ 灸 683　˥ 穿山甲 405　˥ 穿裤子

˥ 音变　　~ʂu˩ 野蔬菜

~lɯ˧ 连枷 858　~tʂʰe˧ 杈子 859

Kua 

˩ 灶 811　˩ 邀约　˩ 告状

～pú˥ 灶房、厨房

˧ 数猪　　˧ 管理　　～kua˩ 邀约

～dzɿ˩ 厨师

˥ 升　　～ɭa˥ 十升

Kuə 

˩ 猎狗项圈 1045　　˩ 圈子、卷

˧ 棍 576　　～kuə˩ 口弦 1104　　～kuə˩k'æ˥ 弹口弦 653

˥ 剁刀 970

K'

K'æ 

˩ 换　　k'æ˧～ 交换　　˩ 一对

˧ 咬 765　　˧ 沟、渠 124　　～mu˩ 渠道

˧ 追悼、开丧　　～y˩ 小孩满月请客

～kɯ˩ 神胆药　　～ʂɚ˧ 满月送礼

～ʂʅ˥ 灰驱鬼

˥ 散、张开 1117　　˥ 射 1070　　～tʂ˩ 地弩

～k'æ˧ 射击　　～ɭɯ˧～tso˧ 弓箭

Ká 

˩王 511 ~ku˧mɯ˩王冠 817 ~(ká˧)dy˩京城

~(ká˩)ko˩ 皇宫 ~dze˧ 色谷御麦

˩这时 ~kɯ˧御言

˧味苦 772 ˧赌气 ~ká˧骂、吵 667

~ta˩围裙 ~tsɿ˧ 爱赌气

~ká˧ȵə˥ȵə˧ 争吵骂架 695

Kó 

˩栅、篱、园子 997 ˩母族 485 o˧~ 父族 489

na˥~ 母族 490 ~ne˩dɯ˧亲戚 491

˩園(园子)

˧角 343 ˧洞、穴 ~zɿ˩节节草 243

~lv˥神座 1142 ~tv˩肩

˧半碗 ˧声音、消息

~pɯ˩寄口信 ~ka˧嗓子好

~da˧恶语 761 ~sɿ˥嗓子哑

~tsɿ˩槽 968 ~me˩遗言

~mi˧听 751 ~hɯ˩好消息

～y˩ he˧hu˩ 吉祥如意 511

～tʂʅ˩ sa˧ tʂʅ˩ 讽言讽语

˥ 屠、宰 696.1081　˥ 五佛冠 1143　˥ 一床(被子)

˥ 田尚

Kʰu 

˩ 接(东西) 605

˧ 嘴、口 713.　～du˧ 成语、谚语　～kʰua˩ 恶言

～lu˧ 垫褥　˧ 铺床

˧ 门 1005　～bu˩ 门限 1008

～tɕi˧li˩ 门枢　～sa˧ 锁 1128

˥ 蚀 53.54　ɲi˧me˧～ 日蚀 53

Kʰa 

˩(上游)拦水　～ny˩ 发臭、霉味

˧ 沟 124　～tʂʰɯ˧ 沟泥(肥料)　～tɕʰi˥ 挖沟泥

～to˧ 水闸　˧ 破(碗)

˧ 剖木 949　～kʰa˧ 明白、清楚

˥ 篮子 1037　˥ 熄火　～pʰy˩ 尖底篮

～kʰa˥(做法)很在行

Kɯ 

˩线 792 ~ko˩针线 791 ~ta˥˧pa˥˩解结 1120

˩(鸟)作窝 ~tʂʰɯ˥˩开荒

~le˧(pe˧)(带草)土块 ˩耐穿

˧狗 365 ~ʂa˩打猎 627 ~kɯ˥ua˩kɯ˥打猎

~mu˧(dy˥kɯ˧)猎狗 366 ~py˥狗獾 391

~mi˥zo˧小狗 ~ʂu˧跳蚤 428

˧脚 728 ~dʑa˧跛脚 671

~py˧脚膝 598 ~tʂɯ˥脚步

~tʂɯ˩树根 ˧发酵、闷 916

˧一脚色、一名 ~ko˧远

~hɯ˥木炭 147 ~tsɿ˧布袋 1036

~dɯ˩紫苏(油料作物) 237

˥烧火 ˥放开、放 ˥寄信

˥装入、盛放 ˥添加、增入

˥绣花 ˥去过

Kua 

˩坏人 1164 ˩貌丑 ~ʐua˧极坏

˧有益　　~be˩蹄 348　　~ʂɯ˩马铁掌

˥碗 901　　~dzæ˩ 细瓷碗　　~gæ˩甲衣 809

~bia˩鬼牌(木制) 1229

kʻua

˩圈边：　　pʻv˥tsʻi˧~瓢边圈边

˥运气 902　　˥门面　　~be˧圈门面

~ʂə˥祝词、歌咏 649

g

gæ　

˩挟、剪裁 788　　˩夹(在中间)　　˩散伙

~ta˥剑、利剑 1078　　~dʑi˧ 刀鞘 1079

~be˧盖子 907

˧洗漱　　˧依据　　~hɯ˧玩、赌博

~mia˩电光 19　　~mia˩tse˥闪电 20

~tsʻæ˧树寄生

ga　

˧将帅 516　　˧胜利　　~ʐɯ˧好胜

˧难说服

go 

˩熬 9102　　˩白齿 716　　˩分离

˩一角(橘子)　　~hɯ˧白齿 716

˧盲 756　　˧麦菜菜　　~go˩别离

˥　　~lo˧~lo˧(结菓)累累

gu 

˩病、痛 512　　~tsʰər˧ 疾病　　~kʰua˩gu˩瘟疫

~i˧ 残疾　　˩随后、跟着

˩仓库 866　　~be˧丽江城

˩马 361　　~tɕʰɯ˩骏马 368

~lɯ˩跑马　　˩唱(山歌)

~tʂʰɯ˥唱山歌 650　　˩背子、负 593

~i˧瑕(碗有裂纹)　　~zi˧细瓷

˧:~mu˧身体 705　　~me˧妹妹 471　　~mi˩藤、竹皮

~mi˩ta˥zo˧竹皮小匣 1013

gy 

˩熬 334　　˩弯曲 1171　　˩落(日)

˩（说不）过　˩刺、戳 730.1086

˩拳击　~sɿ˧收藏

gɤ˧˩~tsʰa˧˩ tsʰa˧˩ 乱戳乱整

˧霹、打雷 22　˧水獭　˧九 1202

˧筋（~ba˩）　˧稳藏

˧石（十斗）　˧柜子 1031

˧好（揄人）　˧涉水 352

~kʰɯ˧dɤ˩ 过江口 1146　~hɯ˩ 布谷鸟 302

~la˩ 生意　~la˩be˧ 做生意

~la˩be˧ɕi˧ 商人　~dɤ˩ 核桃 204

~dzɿ˩ 藏族 547　~dzɿ˩ba˥ba˧ 万寿菊

˧有（几岁）　~gɤ˩ 歪、弯曲

~gɤ˩nɯ˥nɯ˧ 弯弯曲曲

˥　~gɤ˩ 弯腰

gə 

˩上 164　~tʰo˥ 上面、高处　~pʰa˧ 上方、上头

~ly˩ 往上看　~tʰɯ˧ 起来、起床

˩茄子　˩隔夜饭

˩满意　˩熄(火自灭) 156; 1029

˩撬(用杆撬)　~dy˩横杆

~no˧醒　~tsæ˩上村(~ua˧)

~ba˩tɕə˧ɣɯ˧ 格巴文(纳西音节文字)

~ly˩mɯ˩ly˩ 东张西望

~ky˥ly˧ 祖房灶台、厨房正堂

˧的(我的)　~ly˩北方 160　~lo˥蒙古族 552

~ky˧pa˩以前　~ua˧铁匠 509

˧欠　˧懒 600

˥斜歪　˥跨(左脚)

gɯ 

˩落(果落地) 137　˩真的　~tɕi˧恳求 566

˩瓦板(木板)　~dʑi˩木板房 973

˧下(雨)　˧饱 655　˧裂 1015

˧相信　˧嚼 767

~gɯ˧咀嚼　~zɿ˧弟弟 468

~sɿ˧脊背　~da˧储蓄

~gɯ˧pæ˧pæ˩破裂见缝

gua

˩是了　～dzər˧ 唱民歌 645

˧遊玩　～gua˧ɕa˧ɕa˩ 遊玩休息

˧赊　～me˧九月

ŋ

ŋæ

˩忍受、捱　ŋæ˧～ 忍受

˥　～mo˧葫芦笙 1105

ŋa

˩我、我家　～ko˩我家　～ga˧我家的

～gɯ˩我们　～dzɿ˧伴侣

ŋv 

˩哭 758　˩银 134　～hæ˩tɕʰə˥ia˧金钱

～zɿ˧银锁扣 832　～la˩dʐy˩银镯头

～kʰo˧银矿　～tʂy˩银匠

～hæ˩gv˧dze˩金银首饰

˧神主木偶 454 ～tɕi˧kʰo˧ 送放神主之岩洞

~lv̩˧ 雪山 109、玉龙山

~lv̩˧ i˧ tʂʰə˧ ko˩ 玉龙情死山

˥ 超荐　　˥ 您　　~ha˧ 您们

ŋə 

˩ 我 553

˧　　~gɯ˩ 我们 554　　~mɯ˧ 骆驼 386

h

hy 

˩ 红 773, 1183　　~zy˥~zy˥ 红红地

˩ 矮　　~kv̩˧ 矮处

˧ 野兽 337　　~dy˥ 打猎　　˧ 乾炒

~by˩ 炒面　　˧ 能容、装得下

˥ 立、站 559　　~ʂɿ˧ 长工　　˥ 蘸

he 

˩ 佛 1290　　~dʑi˩ 寺庙 1022　　~dɯ˧ 东巴画卷 1058

~dzə˧ 二月　　~dzə˧ sa˥ ua˧ 春天

˧ 耳 342　　~tsɿ˩ 耳朵 710　　~kv̩˥ 耳环 834

~bu˧ 耳聋　　~pi˩ tʰɑr˥ 耳屎

˧ 月（一月）　　~me˧ tsɿ˩ 月亮 3

~pú˥ 半月　　~me˧ kʰú˥ 月蚀 54

˧ 汉族 546　　~tʰe˧ ɣɯ˧ 汉文

˧ 停止

hæ 

˩ 金 135　　~zɿ˧ 金领扣 833　　~lɯ˧ sɿ˧ 利箭 1066

˩ 买 609　　~ta˥ 柜 576

˧ 掛、佩剑 592　　˧ 痴呆

˥ 吊掛

ha 

˩ 顶嘴、反嘴

˧ 饭 922　　~ly˧ 粮食　　~ʂɿ˩ 乾粮

~to˩ 租子　　~na˥ 交租、纳粮

~me˥ 乞丐 532　　~ʂa˥ 下饭菜

~tsʰɿ˥ 做饭　　~ma˥ 米饭

~ʂa˥ 粥　　~kʰɯ˧ 焖饭

~kua˧ 管饭的　　~tsʰɿ˥ ʂɿ˩ 厨房 977

～i˧ ～ka˧ 有营养的饮食

kʻu˧ ～i˩ 胃口好。～pa˩ 汉族 546

～pa˩ me˧ 汉族妇女。～pa˩ dy˩ 内地

˥ 夜 68 　˥ 宿、栖息 272 　˥ 剩余、多

～ʐər˩ 长久

ho 

˩ 肋骨 746 　˩ 慢、迟 1169 　˩ 古代族名 537

～za˧ 靴子 828 　˩ 一条(河)、一股

˧ 汤 927 　～pʻe˥ 菜蔬 　～pʻe˥ kʻo˩ 菜园

～ho˨ 融洽 　～lo˥ 光滑

～gv˧ lo˩ 北方 160

˥ 深 84 　～nv˧ 深度 　˥ 八 1201

～ho˧ 准备 　～ho˧ 掺杂

～ho˧ no˥ no˧ 杂乱、混乱

～ʐʅ˥ 得力 　～tsʻa˩ 闯祸

～lo˧ me˧ 女家奴 499 　～lo˩ kʻo˥ 厨房 919

˨ 会、对 　～lo˧ 豁达、和霭

hu 

˩晚夜 69	～k'o˧ 半夜 70	～lo˧ 夜工
	～mɯ˧k'v˥ 晚上	˩ 一幅(国粗)
	～k'o˧～lv˥lv˧ 半夜三更	
˧等候	˧ 一些	～hu˧ 互相等候
˥胃 736	～hu˧ 振动	

hə

˩(他)去了	˩利害(指人)	
˧们	na˩～ 你们	zy˥zy˩～ 孩子们
˥箭羽毛	lɯ˧sɿ˧～	

hər  

˩绿青 1185	˩厚脸皮	～p'a˩ 石灰
	～zɿ˥～zɿ˥ 绿油油、青葱葱	
˧风 23	～ts'v˧ 吹风	～to˧lo˩ 旋风 24
	～ts'v˧hɯ˩ts'e˥p'v˥ 暴风骤雨 188	
	～ɕi˥ 凉风	～k'ɯ˥ 吹牛
	˧风湿	～gu˩ 风湿病
˥切肉 1088	˥害人	～hər˥dʑi˩ 米酒水
	˥锯木板	

hɯ 

˩雨 14　～na˥ 大雨 14　～ma˥ 细雨
～do˩hɯ˩pa˥o˥ 倾盆暴雨
˩富 527　˩箐鸡、锦鸡 295
˩容易

˧齿、牙 715　～pe˥ 错齿　～dɯ˧ 缺牙
˧(他)丢了 780　˧讽刺
～hɯ˧kʻæ˧kʻæ˧ 讽刺讥笑
˧豆粉、凉粉　～æ˥ 拌凉粉

˥海、湖 125　～ua˧ 海岛　～bu˧ 海埂
～lo˩ 海里　～tʂʻæ˧ 海底
˥炭 147　～hɯ˧ 绕走
～ʐʅ˧ 弯路、绕路 1136　˥狠打

hua 

˩猜拳　～tɕʻuæ˩ 猜拳　～ʑe˧ 燕子 311
˧白鹇 298　～sa˧ 白桦树 216　～hua˩ 荣耀欢畅
˥一群　～dɯ˩ 高山宿棚 1000　～me˧ 八月
～le˩ 猫 375　～le˩dɯ˩ 野猫 394

~ʐua˧ 松鼠 406　　~me˧ 婶、姑

ɣ

ɣə

˩ 捞 616　　dʑi˩ ~ 捞鱼

ɣɯ 

˩ 推磨　　˩ 两手合拢取物　　˩ 撮(垃圾)

˩ 合抱、拥抱

˧ 牛 358, 365　　na˩ ~ 黄牛　　dʑi˩ ~ 水牛 366

~dy˧ 小牛　　~ko˩ 训牛

˧ 皮 338　　~hɯ˩ 鸽 296

~tɕʰɯ˩ 火狐 388　　~sɿ˧ 滤子 897

˧ 鸟 270　　˧ 好(形容动作好)

˥ 灰、尘土 128　　~bɯ˧ ha˧ nɯ˧ kʰə˥ 扬灰 129

~zɿ˧ 罐 886　　~ɣɯ˧ 绕行、循环

tɕ

tɕi 

˩云 11　　～tɕʰu˥ 云际　　～(˧)pʰər˩ 白云

～(˧)na˩ 乌云　　˩秤 1099

～by˧˩ 秤锤 1100　　˩一斤

˩酸　　tɕʰi˧～tsæ˧tsæ˩ 酸冷食物

˧置 1193　　˧独、单：　　mi˧～独姑娘

～pa˩ 圆茎草 230　　～kua˩ 南瓜 260

～do˩ 画眉鸟 314　　～ha˩ 生育 677

～pər˥lər˩ 鸟名 306　　～so˩ 私蓄钱

～kæ˩ 忙　　～tɕʰi˧kæ˧kæ˩ 急急忙忙

˥小 1162　　～me˧ 幼辈　　˥羊毛剪 783

˥口水　　～bər˩ 流涎

～pʰi˥ 唾口水 660　　～kʰa˧pʰi˥ 吐苦痰 661

˥鞦子、鞍 1156　　～ny˧ 鞍褥 829

˥鞦（动词）　　～mi˧ 认为

～ʂa˧ 喜鹊 301　　˥野牛、水牛 359

～ko˧lo˩ 琉璃鸟 315　　˥怕

～by˧y˩ 尊敬　　～kæ˧be˩ 蚌 437

tɕʰy 

˩啼 鸡鸣 273　　˩野马 371　　~kʰɯ˩ 捕猎之活扣 870、1124

˩引诱　　tɕʰy˧~ 引诱

˩回转　　le˧~ 回转

~zo˧ 铃当 1111　　˩前面、里面

~kʰɯ˩ lo˩ do˥ 跌入圈套

˥ː~tɕʰɯ˩ 最初 58　　~tɕʰy˧ 客气

~tɕʰy˧ se˧ se˧ 客客气气

tɕʰæ

˧ː~æ˩ 淹菜　　˧演讲、讲话　　~tɕʰy˥ 谈话

˥ː~dʑə˧ 傲慢　　~tɕʰy˥ 扁豆刀豆　　~dzɑ˧ 浆糊

tɕʰa

˧驯养(鹰)　　˧交给　　~tɕʰa˧ 要聪明

˥(鸟)停

tɕʰo

˧ː~tɕʰo˩(身材)苗条

˥溅出(水)

tɕʰə 

˩经书　　~tɕʰɯ˩ 念经

˧麻风 669　～tɕʰi˨˩说谎

～tɕʰi˨˩ pə˧˩ le˩ 撒谎说假

˥煮 913　～iə˧钱文　～ty˧记

～ty˧套数　～tɕʰi˨˩尖锄

˥伤痕、痕迹　～dzɿ˨˩有痕迹

tɕʰə˥ 

˩钩取 616、843　˩身上　～tɕʰə˧ 懦弱

˧颈 721　～pə˩ 颈、脖子 721　～dɯ˩ 傲威

～tv˥～tɕʰɯ˧ 缩头缩脑

～tsɿ˧ 缢、吊死 515　～by˧ 皮袋 1032

～lə˩ 秋千 1020　～kua˩ 告状

～kua˩ ta˥ ko˧ 打官司

˧杯子 908　～zo˧ 小杯子

˥掏（耳屎）　˥扭伤（腰）　～ə˩ 煮过的麻绳

～lə˧ 想方设法索取

～lo˩ 大理　～tə˧ 打平伙

～lo˩ sa˥ ua˧ dzɿ˧ 大理三月街

～i˧ tʰa˥ pə˩ kʰɯ˧ 大理三塔寺

tɕʰ

tɕʰi 

˩甜 771　~tu˥~tu˥甜丝丝。　~sər˧ 桑树 215

~bɯ˩ 饮粮　~tɕʰi˧ 胆怯

˩麂 396　~ɕi˧ 麂皮

˩啥　~tɕʰi˧pu˧pu˧颤颤惊惊

˧卖 610　~tɕʰi˧hæ˧hæ˩买卖　˧刺 181

~tɕʰə˩刺棱 182　~tɕʰi˧守候

~pʐʅ˩黄莲树 218　~tər˥刺莲

~tɕʰɯ˧fv˧sa˩披头散发

˥冷 599.1116　˥吸　~sər˧雾 12

~lo˧~lo˧冰凉、寂寞

tɕʰy 

˩顺从　~tɕʰy˧尖

˧脆族、宗族 283、487　˧锥、刺入 962.963　~tsʰa˩ 亲戚

~tsʰa˩kʰo˩dɯ˧ 父亲母戚 491

~tɕʰə˩kʏ˧mæ˥ 后裔 284

˥:～tʰy˧ 钻营

tʰæ

˥ 差、欠　　dʑɿ˩～ 很差(太不行)

tʰa

˥ 穷　　～i˧ 有穷、能巧干

tʰo

˥:～lo˧ʐɿ˩ 蚂蚁 427

tʰə

˥ 贴　　～tʰə˧ 亲近

tʰər 

˧ 折断 184

˧ 屎、粪 679　　～dər˧ 厕所、粪坑

～pi˥ 送肥　　～pv˩ 施肥

～sər˥ 泻　　˧ 採、摘(花、菓)

˧ 折断 184　　～ty˧ 半节

～lɯ˥ 屙屎

˥ 焦烂　　～zɿ˩ 焦黑　　ha˧～ 锅巴

dʑə

dʑi

˩水 112 ~kʻo˧泉 113 ~bv˧˩冒泉 114

~mæ˧水尾 116 ~go˩za˩发洪水 119

~da˩浪 121 ~gv˧˩水缸 890

~ɣɯ˧水牛 359 ~tse˥述年

~(˧)lɯ˥tsʻe˧绿翠鸟 332 ~tʻo˧li˩水鸽 320

~(˧)kv˧na˩le˥kæ˩水鸦 321

~mæ˧mɯ˧tsɿ˩ty˧鹡鸰 308

˩房屋 912 ~dɯ˩甲第、大屋 984

~(˧)tʻo˩房后 982 ~(˧)kæ˧房前、天井 983

~ba˩烧房 985 ~tsɿ˥起房、盖屋

~dæ˩房屋 ˩一户、一家

~ko˧pa˥瓢 894 ˩春成

˧衣 805 ~zi˧美裳 ~kv˥石花菜 266

~dv˧诅咒 ~tse˩棕、棕衣 220

~tse˥木托车 1154 ˧试验、试探

˧走 692 ~dʑi˧散步、行走

˧酒药 920

˥烧、炙148.917　ʂɿ˧～烧肉

dʑy　

˩女奴499　˩山91　～ky˧山顶98

～kʻɯ˧山麓99　～ʂua˥高山100

～bɑ˩烧山101　～ʐɿ˧山路1137

～na˩lo˩na˩深山老箐104

˩有（动物存在）　˩产、生子

～ne˩u˩奴隶（女奴与男奴）

˧有（物体存在）　˧蔓菁、圆根262　～y˩蔓菁再生芽

～pʻɚ˩白菜261　～lɑr˥蔓菁种

˧坚硬　～tʻo˧坚硬

˧穿孔

dʑɚ

˩很　～ʐua˧很能干

dʑə　

˩跑、驰351.633　˩有（物体存在，只用于答话）　˩好（姑娘）

˩称锤1100　˩苦、难926

～ne˩tɕʻɯ˩苦和难　˩担心

～zo˧tɯ˩mi˥ 劳苦大众

˧：～dʑə˧乱跑。～dʑə˧tsʰo˧tsʰo˧跑跑跳跳

～by˩狂跑（马）　～by˩发狂（人）

～dy˩墙 981　～ma˩戳 1099

dʑə˧

˩烧油　˩松脂，tʰo˧～ 193　˩胜过：～lo˩

˩体面（反说）：dzə˩～se˩多体面?!

˧跛 681：　kʰɯ˧～跛脚　˧弯头：kʰy˧～ 185

˥晒 47：　ba˩～晒太阳 47　˥烤火：mi˧～

ȵi˧

˩二 1195　˩揉面　˩不要（做）

˧鱼 432　～pa˧鲫鱼　～hy˩金鱼、红鱼

～tʰo˧lo˧小白鱼　～kʰo˥鱼鳞

～me˩鱼刺　～pe˥钓鱼 873

～la˥（用网）捕鱼　～pi˥抓鱼（水舀乾）

˧要　˧借

云南文库·大家文丛

~pʻar˩霜 18　~ʐe˥ky˧˥dzɚ˩吸风鹰 309

~ny˧˩妻子 451　~ny˧˩zo˧mi˥妻室儿女

~ny˧˩ə˧kæ˩zɿ˧夫妻 451　˧削皮

~tsar˩二十　~dʐər˧me˧妯娌

~me˧太阳 2　˧一日 2

~me˧tʻy˧东方 158　~me˧gy˩西方 159

~ʐe˥gy˧白天 66　~me˧kʻu˥日蚀 53

~me˧mɯ˩gy˩日落 48　~me˧gə˩tʻy˧日出 47

~me˧da˩pa˩向日葵 259

˥鼻涕 714　~mər˩鼻子 714　~ɲi˧往日

~ɲi˧ky˥往年　~ɲi˧乳奶 750

~ɲi˩如、相似　~ʐɿ˩黄鳝

~ɲʐɿ˧泥鳅　~bər˩蜻蜓 422

˥寄信、托　˥虚、空房

ɲy　

˩春天 60　~sɿ˥he˧春三月　~ɲy˩春季

˧我、自己 553：~mu˥~ʐe˧no˧自己又知道自己的爸老

˥抖、摇 582　~ɲy˧装模作样

ɲæ

˩揉面揉： y˩la˧~揉羊皮、 ~dza˧ 官娘

˥腻 油腻

ɲa

˧糟： dzə˩~很糟

ɲə 

˩目、眼睛 711 ˩要

˥早、很早 ˥污、搞脏 ~ɲə˧搞脏、污坏

~tʂə˧治缠草 2412

ɕ

ɕi  

˩稻谷 250 ~pa˩谷穗 ˩引水

˩找(觅) ˩森林 171

~tsʻə˥~ba˩ 毁林烧荒 620

˩养、养育 ˩招女婿

~zo˧上门之男子 ~mi˥ 养女

˧人 446.447 ~ɕy˧ 人种 ~y˩ 人生、生活

~si˧ 穷人 528.991　~hɯ˩ 富人 527.990

~kv˧ 偷、贼 531　~dzər˩ 盗匪 528.

~ka˧ 好人　~kua˩ 坏人

˧ 别人：~tɕe˩ku˩ 拿给别人

~ko˩ 别人家。~pia˥~mi˥ 损害别人

~sɿ˧bi˧di˩ 毛虫 412　˧ 百 1204

˧ 網 1125　~ta˩ 拦網

˧ 时兴、习惯　˧ 皮（tɕua˥~鹿皮）

˥ 舌 718　~zo˧ 小舌　~ər˩（小孩）口水

~lo˧ 口吃、哑巴　˥ 赢、胜

~ɕər˩ 多话　~ku˧kuə˧le˧ 缺言

ɕy　

˩ 香、香条 1236　~nv˩ 有香气　~lu˩ 香炉 1239

~mi˧ 香火 1231　˩ 疲劳、身软

˧ 英勇　˧ 许愿（搞迷信）

˥ 柏 194　~tɕi˧tɕu˧ 刺柏　~(˩) pə˧ 扁柏

~ta˥ 柏塔 1228　~dy˩ 香条 1136

~kɯ˧ 狼 390

ɕæ

˧你（土语）

ɕa

˥干₁（鼓舞干劲的话）

ɕo

˩：～lo˩ ɕo˥ lo˧ 光滑滑　　～lo˧ 羚羊 364

˧：～lo˩ 珠，珍珠 142（珊瑚）

˥：～ɕo˨˩ 口哨　　～ɕo˨˩ mu˩ 吹口哨

ɕə 

˩闲、休息　ɕə˧～休息　　～gu˥ 大雕 329

˥粪泥

˨˩鸡 212

tʂ

tʂʅ 

˩五谷 245　～be˧ ɕi˧ lər˥ 五谷百样，˩掐人

˩兽爪 347　˩土基

～py˧ 土基模子　～nar˥ 做土基

˧土 121　　～ma˥土末　　～by˩ly˧土块

　　˧拼命、拼命　　˧押(赌博押钱)

　　～tʂʅ˩俭省、节约

˥筛(动词)　　˥整(人)、治(人)　　˥办、製(东西)

　　～tʂʅ˩迴转　　～pa˩白土

　　～hy˩红土

tʂu　　

˩扎(针灸) 682　　˩莊园　　～sue˧莊主、地主

˧织子

˥锥 959　　˥接、跟 1016　　～tʂʅ˩连接、继承

　　˥经历、经过　　˥串

　　˥云际　　˥上册 1052

　　～by˩ly˩白

tʂə　　

˩秧鸡 325　　˩鸟爪 271　　˩多要(嫁妆礼物)

˧、～dʐ˩皮袋 1032　　～tɕi˩车、两轮车 1155

˥(被小孩)拖累　　～du˧感觉　　～tʂə˧试探

　　～ʐu˧打扮　　～tʂə˧ma˧kua˧妄、胡乱

tɕər 

˩使唤　~u˩ 奴隶、仆人　~tɕər˧ 乱戳（火）

˧毛栗 203　~pa˧ 毛栗树　~ly˧ 毛栗叶

˧咳　˧瘊子

~sy˩ 逼着要

˥节、骨节 744　~do˧（庄稼）拔节　~lar˧ 节

˥恐吓　˥石阶、楼梯级

˥淹、浸泡　~lɯ˧ 水泡田

tɕua 

˩男 450　~dzə˩ 能干男子

˧床 1025　~lɯ˩ 床横杆　~bu˩ 床边条

˥隔、隔开　~tɕua˧ 隔开　˥厢房

˥一间（厢房）

˩适合、乐得

tɕʰ

tɕʰɿ 

˩讥笑

˧吊、悬 1177　　˧堆柴　　˧这

~hu˧这些　　~la˩这伙

˧今日：~ȵi˧　　~be˧今年

~tsʰɿ˩(so˩)今早　　~tɕʰi˧随从、跟随

˥衣破　　~tɕʰi˧bi˧bi˧破破烂烂

tɕʰu 

˩珍珠 137　　˩快 1168　　tɕʰu˩~be˧快快地

˩早　　˩晚饭

˩绸　　~dy˥圆快

˧炒 915　　~by˧na˩炒锅 884　　˧伸手

~tɕʰu˧ma˥ma˧炒炒煎煎。˧朗读

˧恶狗　　~bu˩菖蒲 232

˥插 796　　˥乱串(门子)　　~pa˧dʑi˥烧天香 1265

tɕʰə 

˩这儿　　~pʰa˩向这儿

˧这样　　~be˧这样地　　~ua˩是这样

˥秽气 781　　~ʂu˥除秽气 591　　~zo˧私生子 614

~dy˩豆架、刷豆杆

˨ 我这儿　～ɕə˩ 歇我这儿

tɕʰər 

˩ 乾肉 936　˩ 快乐、幸福

˧ 洗 642　˧ 腐烂　～nv˩ 臭气

˧ 颜色　～kʰɯ˥ 添色

～ʐɯ˧ 药 234.941　～ʐɯ˧kʰua˧ 医生

～me˧ 媳妇 480　～me˧ʂʅ˥ 新娘

～tʂʰɿ˧ 寡(妇)　˧ 孝男，～zo˧

～mi˥ 孝女　～kʰɯ˥(打铁)过钢

˥ 肺 732　˥ 一代、同辈 458　˥ 捏、捏 777

～kʰo˧ 喉管　～kʰo˧to˥lo˧ 喉头

～tʰər˧ 馒头、窝头　˥ 通气、叹气

～nɯ˧～ku˧ku˩ 一代接一代。

tɕʰua 

˩ 挤奶 931

˧ 米 927　～tɯ˩ 米仓　～pʰər˩ 白米

～go˩ 碎米　～hy˩ 红米

～kʏ˩ 筛子(筛米)

˥六 1199　~me˧六月　~me˧se˧ɣɯ˩火把节

˥鹿 395　~kó˧鹿茸 344

˥登山、爬树　~ua˧蚂蚁 427

~ba˧la˧ba˧蜘蛛 415

dʐ

dʐʅ 

˩時 64、時辰　~tʂʰv˧解放　˩煮(半生)

˩鞑延(时间)

˧街、市　~tʂʰv˧街子天　~ʂɿ˧上街、赶集

~kua˧ 街长　~bi˧罢市

~dʐʅ˩撒摊　~zɿ˩游街示众

~kv˧dʐʅ˩mæ˧ 街头巷尾

˧眵(眼屎)　˧好看、漂亮

˧豹子 380　˧燃 155

~la˧ba˧tʂʰʅ˧野兽 337　˧滴眼泪

dʐu 

˩飞石 1021　~lɯ˧飞石碑　~tʂʰɯ˩飞石柱 1012

～gu˩患伤风　～ba˧伤风发炎

˩坠、掉落　˩一句（话）

˧债、帐目 1056　～ʑɚ˧欠债　～ʐua˩还债

˧患 698　˧跟（小孩跟母亲）

˧器械　la˩～防身器

dʑə

˩捉、捕 018　dʑə˧～捉拿、乱摸

dʑə˧　可 丙 乕

˩鹫 441.583　˩犁箭　˩溶化

～tʂʰu˧（马）好鹫　～dʑə˧鸡类病

˧露 15　˧湿、潮　～dʑə˧潮湿

˧油煎 914　～dʑə˧开腔、说话

～ʂɿ˧新鲜肉　～uə˥被露水搞湿

～nv˩膻味　˧眼病：mia˩～

dʐua

˩争 681.1069　dʐua˧～争执

˧点种 622　～kʰo˩点棒 856

˥争先　～dʐua˧争先恐后

ʂ

ʂ1 

˩黄 1184　˩引水、疏浚　˩狮子 381

~1v˧ 石狮　˩开路：ʐ1˧~

~hua˥~hua˥ 黄澄澄

˧死 513　~mu˩ 尸首　~ʂ˨bi˧bi˩ 死亡

˧肉 747　~ma˩ 肥肉

~na˥ 瘦肉 748　~kæ˩ 屠户

~dzo˧ 挂肉架　˧送殓

~ʂ˨˩ 休息　~pv˩ 干肉、火腿

˥剥皮、撕开　˥新　~tsa˩~tsa˧ 很新

~lo˧ 什罗（东巴教祖）1214　~ʐ˩ 山神 1302

ʂu 

˩铁 139　~pɯ˥ 铁钉 957　~mu˩ 铁模子 844

~(˧)ər˩ 铁索 1126　~ər˩dza˩ 铁索桥 1142

~gv˩dze˩ 铁器具　~kʻo˧ 铁矿

~ty˧pɯ˥dzʅ˩ 铁匠 510　~tʂʻər˧ 铁渣

~dʏ˧ 铁砣　　˩ 擞 402

˩ 寻找　　˩ 讨、要（东西）

˩ 清水　　~la˧dʑə˩ 铁耙

~(˧) kʻɯ˧ 铁三角 878　　~ɕi˧ 无量河边人 541

˧ 虱子　　˧ 收获　　˧ 铸（犁铧）

˥ 鸡冠 297　　˥ 镦 953　　˥ 貌、长相

~o˩ 态貌、脸色　　~ʈʂʅ˧ 长的漂亮

~kʻua˩ 貌丑　　˥ 祭祖

ʂə 

˩ 沙 131　　~ma˥ 细沙　　~bʏ˧ 沙蝶

~dʐʏ˩ 沙丘　　˩ 撕开

˧ 伤、伤势重

˥ 说、告诉 645　　~ʂə˧ 诉说　　˥ 捡 198

~do˩ 金盖

ʂər 

˩ 牵 695　　ʂər˧~ 携手　　˩ 抢，婚，婚˧ me˧~

˩ 长　　~dər˧ 长短

˩ 拌、搅　　~ʂər˩ 搅拌

˧七 1200　˧事情　~dʐy˧有事

~tʂʅ˧做事　˧显露、明显

~ho˥北斗七星。~tsʰa˩闯祸

˥盈、满 362、1181、903、　˥污垢　~tʂʰə˥洗污垢

˥担衣　˥赎回、拐回 1179

~ʂa˧满盈　~ʂa˧请菜

~ʂa˧tso˧下饭菜

ʂua 

˩高 1159　ʂua˩~be˧高高地　~kɯ˧高处

~ʂɯ˧高度　~(˧)hy˩高梯

˩腿座肉

˧、~ʂua˧整理、整齐　~ka˥杜鹃木

~ba˩映山红

˥塞子、楔子　~la˥打楔子

ʂʅ 

˩蛇 1110　˩缝 778　˩死者、神夫 656

~zo˧ 小蛇　~(˧)do˩ 蟒、巨蛇

~har˩ 青蛇(巨毒)　~le˧ 蛇脱的全皮

~ʐɯ˧ 蛇皮

˧酒 937　~pv˥ 烧酒、蒸酒　~ʂu˩ 泡酒

~tʂʰɯ˩ 喝酒、订婚 652　~pu˥ 订婚、送礼

~ko˩ 酒醉　˧路 1131

~pʰər˩ 大路 1134　~tʂʰər˥ 路途 1133

~go˩kʰu˩ 叉路口 1132　~dʑi˧ 旅行、外出

ʐɯ 

˩饿 656　ʐɯ˧~pv˧pv˩ 饥饿　˩夏天 61

~lo˧ 夏后路　~gv˧kʰu˧ 夏渡口 1189

˩锐怒　ʐɯ˧~锐怒

˧午饭　~dʑʐ˧dʑʐ˩ 中午　˧缝鞋

ʐə 

˩草 228　~har˩ 青草　~ly˧tʂʰi˩ 草甜菜 269

~y˩dy˩ʂər˥ 草满大地 89

˩相(对象)

˧阉猪、喂肥猪。　bu˩~(˧)阉猪匠

ʐər˧ 

˩ 柱 1011　　～k'o˧ 柱眼、柱叉　～kɯ˧ 柱脚

ly˧～ 石柱　　˩ 揉、压

˩ 响　　˩ 植豊、豹 377

˧ 刀 1077　　～tɕ'e˧ 刀子 1077　～ʂər˩ 剑、长刀

～ne˩ ly˧ 刀枪　～tɕ'ər˧ ly˧ tɕ'ər˧ 战败 1080

˧ 怕、畏惧　　˧ 柳 222

～ʐər˧ ho˧ ho˧ 颤颤惊惊。～dy˩ 江边

～ɕi˧ (ʐua˧ k'o˧) 纳西支系名 543

～gv˩ 擂棒

ʐua 

˩ 量(用升量米) 1098　˩ 赎、还债，dʑɯ˧～　˩ 计数、数数目

˩ 背、拾得　　˩ 薅锄

˧ 马 361　　～me˧ 母马　　～ko˧ 公马

～kɯ˧ 小马　　～ia˩ 跑马、赛马

～tɕ'i˥ 马鞍　　～k'o˧ ʂɯ˩ 马掌

～dər˩ 马帮　　～dər˩ dy˧ 赶马帮

˧ 贤能　　˧ 极、甚

～tɕʰər˧pʰu˧太平鸟 305　～dʑə˧骄傲

ts

tsɿ 

˩锺 1110　˩算　tsɿ˧～ku˥ku˧结算

˩竖(柱)　˩(不)理会

˧束、捆、拴 1122　～tsɿ˧pʰə˧pʰə˧捆绑　˧漆(名词)

˧漆(动词)、　～nɯ˧～用漆漆

˧迎接　～tsɿ˧py˥py˧迎送

˧米泡水　～ha˧泡蒸的米饭

～gɯ˩因为　～sər˧紫苏(油料作物)

˥塞、堵塞 611　˥水葫芦鸟 324　˥藏东西

～tsɿ˧蹲 563　～tsɿ˧传染

˥汗　～tsɿ˧gɯ˩传染病

～by˩出汗　˥米酒

～so˧尝米酒(小孩满月请客)

～tɕʰi˥la˥出冷汗(示遇困难)

～tsɿ˧安装锄头

tsi 

˩: ~tsi˧gu˩ 阴痛

˧: ~tsi˧ 捆扎。 ~tsi˧na˥na˧ 捆扎不紧

˥ 胖 737　　˥ 紧追　　~tsɿ˧dy˥dy˧ 紧紧追赶

~li˧ 鹡鸰 308

˧: ~ʑə˩(打成)肉饼

tsy

˩ 猜　　˩ 说准

˧ 垫高　　˧ 豆豉: da˧dy˧~

˥ 留一点　　˥ 有罪: ~dy˧

tse 

˩ 用　　tse˧~ 使用　　~tso˧ 用具、用的

~pʰi˧ 用费　　~tse˧ 小气、吝惜

˧ 蝶蛾(蚕蛊)　　~ma˩ 火镰 880　　~ma˩ba˩ 火草

~tse˧ 剁肉

˥ 砌墙 619　　˥(灌田)水满　　˥ 打火镰

~be˧ 砍斧 947

tsæ 

˩古筝 1103　～da˥伐筝（民歌大调名）

～kæ˧～i˥ ua˩弹筝出佳音

˩（米）纯：tɕiua˧～

˧轴、画卷 1058　～læ˩收敛（巫师用）1258　˧迁、移动

～tsæ˧移动　˧髒

˥放置　～tsæ˧叠置　～tɕi˧钱 1025

～tsɿ˩算帐

tsa　

˩快乐　tsa˩～be˧很快乐地

˧搬运　tsa˥～乱搬

˥尖锄 840　˥划船　～pa˩筏 1151

～pia˩桨 1144　˥摘松毛

˥阉猢：dzɿ˧～　˥套牲脚：tsɿ˧～

tso　T

˩壁虎 409　˩穿袜子　˩干、斗、拼

tso˧～斗争

˧的（词尾）、dzɿ˧～吃的　gæ˧hu˧～玩具

˧推　～tso˧my˥my˧连续推

˥搭桥，dzo˩～ ˥椅凳（椅子）

tsər 

˩二十：ȵi˧～ 1203

˧水闸　～ta˧水闸　˧阻水、拦水 117

ts'

ts'ɿ 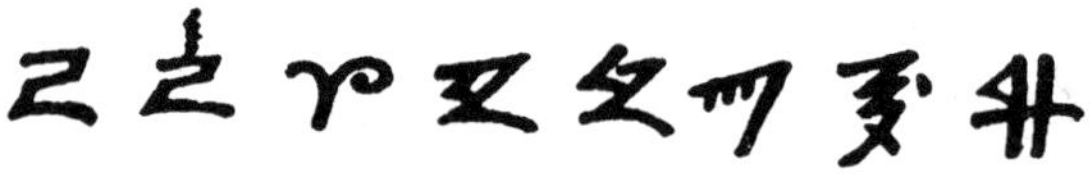

˩鬼 574.1310　˩细 190　～ze˥～ze˥细细的

˩（鬼）作祟　˩来了

˩一长片（田地）　～ko˥巷道

～mi˧磷火（鬼火）

˧犁铧 846　˧冬天 63　～sɿ˥he˧冬三月

～gv˧k'u˧冬渡口 1148　˧踢 694

˧淋漏　˧温泉 115

˧早饭　～ha˧素饭

～sæ˩牲畜 336　～te˩剪子 781

～na˩新犁铧　～p'a˩旧犁铧

～ts'ɿ˩不舒服　～gɯ˧祈祷 567

˧起甑子

˥山羊 363　～ʂua˧公山羊　～tʻo˧小山羊

～pʻi˧la˧ta˩山羊皮披肩 ～uə˩羊毛毯

˥拧、揪　～dv˩革囊 1150

～ɣɯ˩板栗 210　～tʻo˧li˩斑鸠 297

˥秋天 62　～sɿ˧he˧秋三月

˥跪 565　˥建屋：dʑi˩～

～tsʻɿ˧豌豆　～mu˧ 秋木树

tsʻi 

˩肩胛 726　˩情意、人情　～dʑy˧有情意

˧邀请　～tsʻi˧pɯ˧邀请调

˥抛、扔

tsʻy 

˩今晨：tsʻɿ˧～

˧催膘　～tsʻy˩pʻə˩发疟疾

˥黍 253　˥赔偿 508　˥电、电光 19

～tsʻy˧削(棍)　˥趣味

～mə˧dzy˧ 无趣

tsʻe 

˩十 1203　～me˧十月　～da˧十一月

˩戒(油)禁荤

˧盐 133　～kʻo˧盐井　～go˩煮盐

～tʂʻi˧la˧ba˧卖盐货郎担

～do˩初(初一至十计日词头)

˧锄草皮：bu˧～　˧～亦：dɯ˧～

～tsʻe˧(把饭)料松　～kʻa˧疮

～tsʻe˩(因病)隔离　～tsʻe˥少许、少点

～mɑ˩tʻo˥tʻo˧油盐充足

˥叶子 171　˥～节(紫)　～ʐɯ˧争斗

～ʐ̩˩kʻo˧织布梳 199

～kʻo˧tʂ̩˧mia˩千眼篱笆猫 876

tsʻæ 

˧衙役　˧册：本　～mɑ˩赶快

˥锭子 964　˥上村：ga˩～

tsʻa 

˩亲戚 488　˩涉水 352　˩合泥 639、拌

˧：～ts'a˩搅拌　～ts'a˩搞乱　～ba˩姨夫（互称）

～ts'a˩no˥no˧胡搅蛮缠

˥咬 663, 766　～ts'a˧吵骂（贬义）

ts'o　

˩象 382　˩人 448　～o˧宗族（父系）

～he˧仙人掌 238　˩赊、借款

˧跳 353, 631　～ts'o˧蹦跳、跳平　˧楼 975, 976

～ts'o˧ga˧ga˧蹦蹦跳跳

～le˧dʑi˩楼梯　ɲi˧ɕi˥～两层楼房

～ky˥膝头 840　～ts'o˩凑合

˥锉子 960

ts'ər　

˩十 1203　sɯ˧～三十（三十到九十的"十"用ts'ər˩）

˩捞　～ty˧沸腾、水开

˧热 32, 1165　～dʑy˩出热汗　～ts'ər˧热饭

～gu˩热症

˥切、横砍 855, 1084　˥截衣　˥截水

˥走前：tʰɯ˧kæ˧～走在他前

~lo˩ ~bv˧ 蚂蚁蝉 423 ~tsʼər˧ 讲价、讨价

dz

dz˧ 

˩ 冰 122 ~kʼo˩ 冰柱 ~ha˥ 结冰

˩ 带手镯 ˩ 有(植物存在)

˩ 一对(动物) ˩ 胚蛋：kv˧~

˩ 有、生长(人体外部存在)

˩ 坐 560 ˩ 居住 561

~kv˧ 坐位、椅子 1027 ˩ 蜗牛 361

~gua˧ 商量 700 ~dʐə˩ 地基

~ne˩bu˩ 姻缘 481

˧ 国猫 993 ˧ 祖母 453 ˧ 增加 1180

˧ 祸：~tsʼa˩ 闹祸 ˧ 豆腐

~sɿ˧ 着想、关心 ~tsʼər˧ 卤腐

~pʼo˧ 炸豆腐泡 ~no˧ho˧ 豆腐脑

˧ 吃 654.764 ~tɯ˩ 营养、补品

~tɯ˧ 吃剩的 ˧ 酋长、官目 512

˧断、叢 956　˧伴侣、友 533

～hɯ˩(ŋa˩～)伴侣 533　～dʐɿ˧结伴

～zo˧～mi˥男朋女伴　˧浸透

～be˧代替　～be˧做伴

～dʐɿ˩沉着、稳重　˧贪污现金 be˩～

～ky˩钥匙 1127

˥砍柴：sa˧～　˥薅锄、锄　～dʐɿ˧烦闷

dʐi　**丁　龙**

˩冥钱　～py˩妇女头帕 923　˩飞 271

˩跳跃　dʐi˧～tso˧～跳跃

˧人 448　～dʐa˩la˧lo˧dy˩世界 78　～ba˩pa˩蝙蝠 335

～dʐi˧小气　～li˧铃响声

˥：～si˧乳扇

dʐy　**ZΔ**

˩花椒 210　˩滤水　˩一字

˧岭 96　˧飞溅　˧(物)弹跳

˧逃跑

˩油茶罐 910

dze 

˩碟、盘。 dze˧～pa˥pa˧八碗八碟 ˩劝解

dze˧～劝解 ˩辞退

˩斗合

˧麦 246 ～dɯ˩麦饵铁 ～kə˩粗筛 1040

～me˩麦芒 ～pʻiɯ˧麦麸

～γɯ˧侄(姪)子 415 ～me˧侄(姪)女 416

˧剃头 ～me˧y˩隣居

～dze˩饗 701

dzæ 

˩城 1018 ～kʻɯ˧城门 ～bu˧城墙

˩成、成功 ～dʑɿ˧鹤庆街

˩獠牙 345、717 ˩泥 130

～kʻo˧路烂、泥潭 ˩杂色、斑 1189

～ba˧da˩烂泥塘 ˩麻雀 312

˧骑 1151 ～ʐua˧坐骑、骑的马 ～da˩骑的骡

˧富 861 ～zo˧麻雀 312

˧动物性交

dza

˧瘦　　~pə˥~pə˥很瘦、骨瘦如柴

~si˩欺侮

dzo 

˩马槽 1004　　˩桥 1139　　~tso˥搭桥

~kʻo˧桥洞

˧架子 1001　　~tsʻɿ˥搭架 1003　　˧雹 16

~dzo˩be˧装模作样

dzər 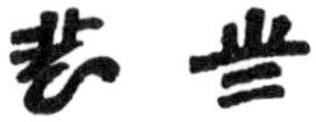

˩抢、劫、匪 529　　dzər˧~pʻv˧pʻv˩抢劫

˩树 170　　~ly˧菓 180

~o˧树干 174　　~ka˥~la˩树枝 175

~kʻɯ˧树根 176　　~kʻv˧~ly˧水菓

~bi˧森林　　˩一棵、株

˩讨厌

˧唱 647、763　　~pɯ˧调子　　~tsʻo˧歌舞、伴歌 651、699

~tɕʻɯ˥随合歌舞

˥抽线 1176

S

S1 

˩ 三 1196 　 tsʰe˩ ~ 十三 　 ~(sɿ˧)ba˩ 三根

~(sɿ˧)kʰv˧ 三个(人) 　 ˩ 骰 1123

~to˥ 掷骰(赌钱) 　 ˩ 拖 589

sɿ˧ ~ tʂʰɛ˧ tʂʰɛ˩ 又拖又拉 　 ˩ 挑选

˩ 犁牛 383 　 ˩ 父 459

~dʐɿ˧ 老师、教员

˧ 羊毛 341 　 ˧ 披毡 801 　 ~pʰɑ˩ ku˧ mu˩ 白毡礼帽 816

~pʰɑ˩ ku˥ dʑi˩ 白毡棚 999 　 ˧ 磨 1081

˧ 智者 519 　 ~lv˧ 磨石 1082

˧ 知道、认识 534 　 ~sɿ˧ 相识、相熟

~sɿ˧ ɕi˧ 熟人 　 ~sɿ˩ 挑选、挑拣

~dv˧ 想 122 　 ˧ 领、率领

˧ 油炸 　 ˧ 涤麻

~pʰe˧ 奴隶主、土司 515 　 ~lv˧ 木料

~bv˧ a˩ pʰv˧ tsʰe˥ 先辈 457 　 ~tʂʰɔ˩ 三星座 1

˧产子(禽畜兽) ˧一幅(麻布)

˥家神1304 ~kʏ˩祭家神 ˥拾捡606,115

˥拭、抹、擦 ˥茅草229

˥古氏族名538 ˥一窝(鸡)

~dʑi˩祖房918 ~lɯ˧sɿ˧神箭1067

˥声哑:kʻo˧~ ~kʏ˧镰刀853

~da˩榨油树217 ~dzɿ˩la˧kʻa˧野荔枝205

Si 

˩葱、蒜、韭 ~kʻa˧梅子208 ~kʻa˧ha˥乾酸梅

˧穷528 pʻi˧~穷人528 ~kʻɯ˩绦线797

˥:~li˩梨 ~kʻua˩脾气坏 ~dɯ˩任性

Sy 

˩样: tʂʻɿ˧~这个样子 tʻɯ˧~那个样子

~be˧样样都 ˩消瘦

˧剐:kʏ˧~

˥杀696 ~sy˧打仗 ~sy˧kʻo˥kʻo˧战争

˥锡140 ~mi˧童奴502

Se 

˩岩羊 398　˩怎么、如何　～sy˩怎么样

～ua˩是如何　～be˧怎么样的

～tɕʻo˧松子 192　˩凉饭

se˧～凉快　˩(做)了：be˧～

～ua˩ma˧kua˧无论如何

˧完　～sɿ˥纸 1047　～pi˩肉桂、香樟 199

～se˩感冒　～se˩mæ˧着凉

～tɕɯ˩火把节

˥、～mi˩野甜菜 268　～pɯ˧红小果　～tɕʻɯ˧mɯ˧kua˩木瓜

Sæ　乍 帮 斤 珏

˩神名 1181　˩桶漏

˧血 149　～pʻe˥血块　～ba˩血管

～bv˩流血　～na˩ku˥血痕、血肿

～dv˧血红　～hy˩ly˥宰杀

～nɯ˧sæ˧lɯ˧lɯ˧血淋淋　˧禽苗

～i˧gv˧dze˩动物　～pi˩巫者(无经书) 1216

～me˧七月　～læ˩桌子 1026

～do˩商谈 700　～bæ˩镰、铁箭头 1064

˥泻679　～zɿ˩痢疾　～fv˥感谢

sa 

˩头发散乱：kv˧～　˩蜂飞散：bæ˧～

˧蒜241　sa˥ba˧大蒜　sa˥me˧二蒜

～pi˧剥蒜　～bu˧捡蒜

～tʂʰɯ˧洗蒜　～ly˧蒜子

˧锁门　˧打伞：～kæ˥

～la˩细筛1040

˥气25　˥滗26　～tʂʰv˥～tʂʰɯ˧呼吸

～da˩喘气　～ba˩气管

˥滋出　˥祭物

～sa˧六礼（人死时将少量米茶送入死者口中）

～ua˧三月　˥砍（树枝）

˥取（挂物）

so 

˩晨曙光44　～ɲi˧明日　～be˧明年

˩学读书225　so˧～学习

˩味浓、够味

˧崴 91　　~ʑə˩林涛声　　˧嗾味

　　˧马嗾　　~lo˧骨头 1142

　　~ɣɯ˧ 商星 10

˥搓 640　　~so˧搓揉　　˥习惯

sər 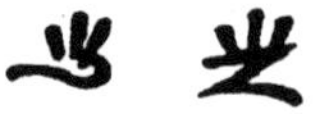

˩：~lər˧萎、(小孩)先天不足

˧木、柴 172　　~da˥砍木料　　~da˥pɯ˥dʑi˩木匠

　　~ɕi˧木偶 1449　　~ʂu˩找柴、砍柴

　　~tsʻər˥砍柴节　　~kʻə˧剁柴节

　　~tʂʻi˧me˧卖柴的　　~tʂʻʐ˧码柴、柴堆

　　~ʂu˩~tʂʻi˧卖柴为生　　~zɿ˩木纹

　　~tʂʻə˧bi˧di˩hy˩蚀木虫 430　　˧喜好、嗜好

　　~dzɿ˩dʐy˩ʂər˥ 树木满山 102

˥肝 733　　~tʂʻə˧猪肝糟　　˥隔好：ə˥po˩sɿ˥

　　˥刮皮　　~uə˥客籍汉人

　　~sər˧刮了又刮

Z

zɿ 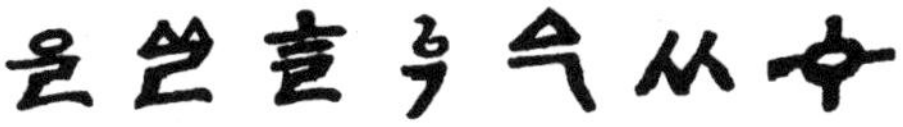

˩仇敌 530　～be˧结冤仇　～dʑi˩na˩狱 971

～ua˧pʰi˩劫寨复仇 995　˩搓 状：kʏ˧～

˩(猫)爬树　˩叫卖

˩侍候　˩嫁娶

˩次：dɯ˧～gu˩dɯ˧～每一次、次次

～zɿ˧pɯ˥毛骨悚然

˧草 228　～lʏ˥草席 800　～dʑi˩草房 974

～bʏ˩tsʰo˧甫楼(装草)　˧山柳 213

～mɯ˥柳菌　˧一世、一生

～ʂə˩长寿　～da˧短命

～ʂə˩ha˥i˧万寿无疆 510　˧晕、昏

～zɿ˧gua˧gua˧晕头转向

˧青稞 248　˧执、握 607、776

˧银领扣：ŋʏ˩～　˧用长：tse˩～

～gʏ˧路 1131　～gʏ˧ɕy˥路途

˥皱　˥苦恼　～zɿ˧ta˥ta˥脸乾皮皱

zɿ

˩：～lɿ˧旋转、来回转　～zɿ˧tsɿ˨紧紧地拴

˧美丽 1190　˧发展 579

zy 

˩星名 6　˩童、孩子

˧：～ly˧纽子　～ly˧ho˥纽扣　～ly˧mia˩纽扣眼

˥：～zy˩小孩　～pu˥怀孕 676

ze 

˩哪、何处：　～bɯ˧去哪儿，　～ɕi˧何处人，

˩后退：mæ˥～

˧多少、几何：～kv˥几个　～ta˩多少；

～gv˧多少，　˧削（铅笔）

˥：～ɕi˧童奴 501

˨哪何　～kv˩哪处　～ɲi˧何日

zæ 

˩笑 648.162　zæ˧～ha˥ha˧欢笑　˩讥笑

～bv˩好笑　˩建、盖（房屋）：

dʑi˩tsɿ˩dæ˩～　起房盖屋

za 

˩星、彗星 5　˩降下来 636　˩跌价

˧鞋 827　~ko˩袜子　~ba˧鞋底

~ha˧鞋帮、鞋垫　~na˩靴子

˧嫩　~nɯ˥~nɯ˥嫩嫩地

~ly˧ho˥鞋带

˥染：dɯ˧~染布

zo 

˩甕 891　~pa˧壁虎

˧男子 450　~mi˥儿女　~ɕi˧孩子

~ɕy˧男人们　~zy˥男孩

~ɕy˧孝子。~ɕi˩mi˥ɕi˩养育儿女

˧小碗：kua˥~　ɚ˧ta˧~小鸡

zər 

˩压 779.1175　zɿ˧~压服

˧铁棍：ha˧~　˧忍不住：~mə˧gv˩

韵

ʑ 

˩右 167　　˩漏 281.893　　˩好吃、美味

~tʰɑ˩顺右手　　~ɕy˩右边

~ʐɯ˧(耕田)右牛　　~lɑ˩右手

~pu˧锦缎 804　　˩蒜 束：sɑ˧~

˩游 街：dʑi˨˩~　　i˧~be˧挺好吃地

i˧~hæ˧hæ˧稀稀拉拉、随随便便

˧山骡 385　　˧釉　　˧有(表示液体存在)

˧有(多数中有少数)　　˧有(柜箱盒中有物)

~i˧距离相差　　~ɯ˧吵、嚷

~ʂæ˨˩犁连绳 850　　~ʂæ˨˩昆明(押赤)

~ʂæ˨˩mu˩南方 161　　~kɑ˧鹦哥 331

~dɑ˩主人 496　　~kɑ˥细叶香木 195

~bi˩江 123　　~bi˩kʰɯ˧江边

~i˧盖处有盖

˥卧、睡 568　　~ŋv˩睡着、瞌睡　　~mu˧梦、做梦

~kv˧睡处、宿舍 ~kʰɯ˩铺盖、被窝

~kʰɯ˩i˥分娩 ~dy˧tʂə˥说梦话

˥图章、印

y 

˩绵羊 362 ~sɿ˧羊毛 341 ~sɿ˧ba˧la˩羊毛衣 808

~(˧) le˧绵羊 ~ʁɯ˧羊皮

˩拿、收、取 606 ˩人生：ɕi˧~

˩祖先 455 ~ma˧lo˩学不下去

~le˥~le˥轻轻地 ~pʰe˧ 岳父 477

~me˧岳母 478 ˩轻

y˧~le˥le˧轻轻易易 ˩阉猪

˧： ~si˧be˧非常地

˥玉石 ~pʰe˥耳环、玉片 ~la˩dʑy˩玉镯头

~y˧妆饰。~y˧ma˥ma˧梳妆打扮

˥被烟晕 ~tɕʰi˥lv˥(女女脸上)有孕气

æ 

˩鸡 292 ~me˧母鸡 293 ~pʰɑ˩公鸡 292

~be˥be˧鸡冠 ~(˧) tsɑ˩ 小鸡

~pʏ˥pʏ˧ 鸡胃 288　~po˥lo˧ 鸡膝 289

~ha˥by˩ 鸡棚　~me˧by˩ 抱母鸡

~lər˥me˧ 初下蛋的母鸡。~kʏ˧ 鸡蛋

~mia˩dzɿ˩ 生鸡眼（夜盲）　˩ 岩 105

~me˧by˩sɿ˥kɯ˥ 孵小鸡。

~bæ˧ 岩蜂 417　~ko˧ 岩洞 106

~bia˩ 岩崩 108　~ua˧tse˥ 劫寨 107

~kɯ˧sɿ˩ 岩坚木 227　~dʑi˩dʐɯ˩ 瀑布 118

˩ 斗、仇杀 688　˩ 掛念

~bɯ˧tʂɿ˥lɯ˩ 蚯蚓　˩ 夹、塞

˧ 欠帐：dʐɯ˧~。˧ 该应该：ʂə˥~ 该说

˥ 拌（凉菜）

a　

˩ 集、聚 686　˩ 亿 1207

˧ 呵 759　~ʂə˩ 筷子 909　~ʂə˩pʏ˥tʏ˧lʏ˩ 筷篓

˥ 鸭 316　~tɯ˩ 公鸭　~me˧ 母鸭

~kʏ˧tɕ'ər˥ 腌鸭蛋。~zo˧ 小鸭

~kɯ˧~la˩ 无名小卒

o 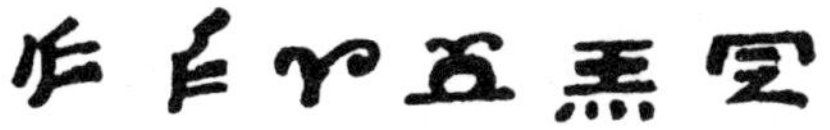

˩鹅317　　˩玉、绿松石136、831　　~zɿ˧玉冠饰831

~me˧谷堆865　　˩湿、冷浸田

~lɯ˧冷浸田　　~dy˩乡下

~me˧pʰi˥扬谷堆　　˩魂1267

~he˧魂魄　　~ʂə˥招魂1268

˩影子，da˧~　　˩（牲畜）吃草

~pʰi˥he˧pʰi˥丧魂落魄

˧骨742　　~tʂʰər˥骨节744　　~kə˥骨架745

~tʂʰər˧骨折743　　~ɕy˩无力

~kʰo˩父族、宗族489　　˧财产、产业358

~by˧分家　　~lo˧kʰo˥百合265

~pɯ˥na˥tʂʰi˩毛骨悚然

˥倾、倒水905　　˥拨（火塘）684

u 

˩奴隶498　　~be˧当奴隶　　~zo˧男奴

~mi˥（dzy˩）女奴　　~pʰu˩奴隶逃跑502

~tsʰy˥ʐua˩奴隶作偿物和牲品501

˩ 謀臣、军师 511　　˩ 汲水

˧ 腫　　˧ 自己　　～tɯ˧ lɯ˩ 自己

～ɕi˧ 自己人　　～ɕi˧ ɯ˧ 亲戚

～tɕʰo˩ ɯ˧ 各自、自己～tsʰɿ˥～dzɿ˧ 自由自在

～tɕʰɿ˧～tsʰa˩ 亲族同根　　˧ 你（同辈）

～ha˧（gɯ˩）你们　　～mɯ˧～dy˩ 本地

˥ 高歌、哼　　～tʰi˧ lo˩ 那边　　～tʰe˩ 那边（更远）

ɣ　　气

˩ 滲透　　˩ 欲想（去）　　˩ 多费（种子）

˩ 伏（天）　　～lo˩ 三伏天

～tsɿ˧ 服侍

˧ 彝 602

˥：～zi˧ 鸟 270　　～zi˧ zo˧ 小鸟　　～zi˧ pɯ˥ 鸟离巢

ə　　升

˩ 昨　　～ȵi˧ 昨天　　～ʂər˥ ȵi˧ 前天

～ʂər˥ tʰi˧ ȵi˧ 倒前天　　～be˧ 去年

～ʂər˥ be˧ 前年　　～ʂər˥ tʰi˧ be˧ 倒前年

～be˧ ʂər˥ be˧ 去時候　　～tsɿ˧ 什么

雲南文庫 · 大家文丛

~ts̩˨˧be˧ 为什么　~s̩˨˥ba˧ty˧ 拜年

~s̩˨˥ 真的　~s̩˨˥gɯ˩ 更真的

~i˧ 现在　~phv˧ 祖父 452

~dzɿ˧ 祖母 453　~phv˧dzɿ˧ 祖先 455

~me˧ 母亲 460　~gv˧ 舅父 473

~pi˧ 姑母 474　~(˧) s̩˩ 父亲 459

~ba˧me˧ 父母亲　~me˧mi˥ 母女 462

~ba˧zo˧ 父子 461　~gv˧zo˧ 表兄弟 492

~pi˧mi˥ 表姐妹 493

˧数(回答声)　~ne˩ 谁　~ze˩ 慢些

~(uə˧)tse˧ 差点儿　~(uə˧)tse˧khv˧ 初始

~bv˩ 兄 467　~bv˩gɯ˧zɿ˧ 兄弟 469

~khə˩zɿ˧ 丈夫 450　~bu˩zo˧ 婴儿 673

~gv˩ 蛰 418　~bu˩ko˥to˧lo˩ 蝌蚪 435

~bu˩khɯ˥lɯ˧ 蟋蟀　~khɯ˩ 燕菁、圆根 262

~uə˩ 姑恶鸟 303　~me˩ 姐、表姐

˥是否　~uə˩ 是不是　~bɯ˧ 是否去

~dzɿ˩ 咱俩 557　~dzɿ˩khv˥ 咱俩个

~po˩奶、奶头 750　~dæ˧蚂蚁 421

~gɯ˩甜荞 256　~kʻa˧苦荞 255

~næ˧阿奶、祖母 453　~næ˧mu˥老奶 453

~lo˧阿老、祖父 452　~lo˧mu˥老头 452

~di˧阿爹(直称) 459　~tsi˧阿姐(直称)

~ko˧阿哥(直称)　~ʑæ˧阿娘(直称)

~bɯ˩岩间回声　~bɯ˩lv˥响回声

~y˩猴子 407

ər 𗀀

˩绳、索 1113　ɕi˧pʻər˩~牛皮绳

˧铜 138　~kʻo˧铜矿　~dzər˧炼铜

~tʂʻər˧铜渣　~bv˧铜锅

~pa˥铜瓢　~pv˥铜瓢

~gv˧dze˩铜具、铜货　˧五谷 245

~lo˧铜镯 1109　~kʻua˥铜钹 1112

æ

˩:~y˥洋芋　~ʐe˩洋人　~ʂy˧tʂʻər˧火柴

˧:~æ˩植物油　~kʻæ˩zɿ˧丈夫

˥燻(眼)：mia˩～

ia 卡 卞

˩烂　ia˧～腐烂　˩古氏族名 539

˩舔　～v˩˩情死 1322

～pe˩正月　～me˥越一面

˩涂泥：dzə˩～

˧旌草、烟 233　～tɯ˩吸烟 657　～kua˥烟斗 1130

～pia˥烟叶、草烟　～dy˩ly˧卷烟

～ko˩家 497　～ɣɯ˥披肩

～ko˩ɕi˧自家人　～da˧皮褡袋 1034

～da˧hæ˧摔跤　～go˩dzə˩羊痫风

～piə˥iə˧大烟　～ɣɯ˥me˧大披肩

～ɣɯ˥pa˥披肩七星　～ɣɯ˥mia˩披肩鬓

～ɣɯ˥ho˥披肩带

˥给、赐 952、1192　～i˩互赠

ia

˩、～tsə˧ 牙子（买卖牲畜的中间人）

˧修斧头　˧硬线

˩跑马，ʐua˧～　　　　～tʂʅ˨˩押金

uæ 

˧左 166　　～tʂv˨˩左边　　～ta˨˩顺左手

～ɣɯ˧左牛

˥秤重　　～kuə˨˩外国

ua 

˩是　　～mv˨˩是的　　～gɯ˨˩me˧ua˨˩是真的

˧五 1198　　～tsʰər˨˩五十　　～(˥)kv˧五个

˧瓦　　～kʰo˧瓦窑

～dʑi˥烧瓦　　～tʂʅ˨˩pia˧砖

～pʰv˧筒瓦　　～me˥板瓦

˥你家　　～ko˨˩你们家　　～me˧五月

～me˨˩tʂʅ˨˩五月芒种

～me˧gv˧ua˧pʰi˧五月端五

uə 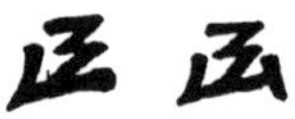

˩鹰 326　　～ta˨˩捕鹰　　～kʰɯ˥用鹰打猎

˧寨部落 992　　～pa˥寨旗 994　　˧坡陀 94

～kv˧寨头　　～mæ˧寨尾

～t'o˩ 寨后　　～kæ˧ 寨前

～kv˧ bu˩ 丽江狮子山

˥ 捞鱼　　～ɭv˧ 圆拢 1172　　～uə˧ 圆形

˩：～ʂɿ˩ 黄鹰　～mia˩ 鹰眼（喻利眼）

纳西文字应用举例

和志武　解译

纳西文字应用举例

一、前言

纳西象形文字的资料，所见到的，大都为东巴教徒写成的经书，称东巴经，故有人称这种文字为东巴文。东巴教徒用文字写经书，盖始於此教门奉为祖师之释理ʂɿ˩ lo˧，生当南宋中期（公元十一世纪中叶），是东巴教发展到新阶段时。在此以前，口说教义行法，多历年所，师徒传授，出口成章，音调抑扬动听，易於记诵，渐成定型的经典语，教门讽诵。此种情况，在纳西东部方言区的宁蒗永宁等地，无文字而流行"达巴"口诵经得到证明。惟东巴道场情节既多，名目亦繁，专凭口说，不免日久歧异，乃有把"如是我闻"

的辞语，用文字记录的要求。释理为此教门的杰出人物，开始用文字来写经书。

释理時期之前已有纳西象形文字。社会发展到一定阶段，由于实际生活要求，经历结绳、刻木，作表达简单意思。之后，创造文字作代表语言的符号；用朴素的方法，把实际生活哉接触和感受的物和事，描绘成文字以表达，构成图画文字。后乃孳乳增多，各为单文及合体为字，各有音读，且形声相益或同音假借，以广应用。其发展过程，由简而繁，以渐完备。

从东巴教经书的具体情况来看，应用文字写书，有两点可以提出。（一）这种象形文字的应用，尚处于较为低级阶段，虽然有的字各具其形、音、义来表达，而各字组合的相互关係，保留较浓厚的图画文字意味；然以经书的形式，横行分格，每格内众字的佈局相关，构成一幅图画，虽没有把文字写全，但口诵经文，就是解说这幅图画。（二）写书用以辅助口诵经文，每格（即每幅）不把口诵的音读写全，只写若干音读以助记忆，且字序与语序不完全一致。从文字代表语言和用字多寡来看，大体可分：以字记忆，启发音读；以字代句，帮助音读；以字代词，逐词标音等。

从上所说，当东巴教在释理应用文字写经书时期，其宗教已有较为定型的经义，口诵成章，其文字已由图画文字进入象形文字，二者结合写成经书，而为撰写经书、宗教演义及应用文字都有所发展，达到新阶段，所以东巴教门奉释理为祖师，从此经历约一千多年相传不绝。宗教徒保持性强，墨守成规，惟世异时移，继续有发展，时有新义及新字，但大体保存其旧，从原来传至现在的经书，略可推知初作经书之大概。

兹作文字应用举例，仅取其一二；以口

诵与书面不同情况分作三类，各举数例详作解说，可供参考。再者，现存东巴教经书约五百多卷（册），教门行法有几十种道场，各道场讽诵经书举例简目，附载译例全文之后。

象形文在东巴经中，如何代表词、语和句子呢？我们初步归纳了八种方法，可供参考，兹愿与同行继续作深入的研究和探讨。

一、一个字读一个音，表示一个单词：

 mɯ˧ 天（圆而覆）

 dy˩ 地（地方载物）

 bi˧ 日（日体实有光）

 le˩ 月（象月缺）

二、数字组成一个会意字，读一个音，表示一个单词：

 tsʰɯ˥ 秋天（从地开花）

 sy˥ 杀（从刀杀人）

 ty˧ 敲（从斧击石）

三、数字组成一个会意字，读几个音，

表示一个词组：

dv˧ pʻər˩ tO˥ ʑər˩
螺 白 柱

白海螺柱子（从海螺嵌柱）。

mɯ˧ tʂ˥ ʂu˧ ʑər˩
天 撑 铁 柱

撑天铁柱（从铁柱撑天，铁、斧同字）。

O˩ hər˩ bu˧ dɯ˩ lv˧ la˧
玉 绿 亮 大 闪闪

亮光闪闪的碧玉（从玉闪光）。

四、数字组成的一个会意字，读几个音，并表示一个短语：

mɯ˧ lɯ˥ tɕʻu˥
天 体 摇

天体摇晃（从天摇晃）。

hæ˧ ʂʅ˩ mɯ˥ tʂʻ˧ tʂʻər˩
金 黄 手 杖 断

断黄金手杖（从金从断手杖）。

sər˧ dv˧ bər˧ bi˩ lv˥
树 桩 牦 皮 套

牦皮套树桩（从牦皮套树桩）。

五、数字组成的一个会意字，读几个音，并表示一个单句：

sər˧ dzʅ˩ dʑi˧ kv˥ zʅ˧
树 生 走 会 时代

树木生长会走路的那时代（从树有脚）。

la˧ kʻæ˥ tʂua˩ nɯ˧ kʻæ˥
虎 射 男 由 射

射虎由男射（从崇则丽恩张弓射虎）。

py˩ nɯ˧ pʻa˩ dzɿ˧ gua˧
东巴 和 巫 商量

东巴和巫者（卜师）商量（从东巴和女巫对口）。

六、几个字合写在一起，近似图形，读好多音，并表示几个句子。

kʻy˥ i˧ mi˧ lv˩ pʻɯ˧ le˧ dv˧，so˩ i˧ bɯ˧ tʂua˩
夜（呀）对偶 诉 又 向 晨（呀）妻 夫

le˧ dzɿ˧ gua˧。
又 商量

夜里伴侣互相谈心，早晨夫妻商量对策。

（字从丽恩和其对偶对口，并假借  mi˧ 火、 lʏ˩ 石作声）

dʑi˧ dɯ˩ gʏ˧ tʂua˥ kʻɯ˧ le˧ pʻu˧，mɯ˥ ʂɿ˩ pʏ˩ kʏ˧
房 大 九 间 门 又 开 竹 黄 箩 头

lʏ˥，kʻɯ˧ tʻo˩ tsɿ˩ le˧ tɕi˧。
盖 门 后 藏 又 放置

开了九间大房门，竹箩把头罩，藏在门背后。（字从房从九、竹箩罩丽恩）

sɿ˧ ba˩ ɕy˥ ʐa˩ pʻæ˧，sɿ˧ ba˩ lɯ˧ ʐa˩ pʻæ˧，
三 股 柏 上 拴 三 股 杉 上 拴

sɿ˧ ba˩ mɯ˧ nɯ˧ lɯ˧ ʐa˩ ʂɿ˩，la˥ tɕʻy˧ dɯ˧
三 股 天 和 地 上 拉 谷 种 好

me˧ tse˧ sy˩ kʏ˩ nɯ˧ kɯ˥ le˧ tɕi˧。三股拴于
的 十 样 里面 由 装 又 放置

柏树，三股拴于杉树，三股拴于天空和地面，好的十样谷种装入皮鼓内。（字从皮鼓装麦、表"十"表好、九股绳分别拴于柏树杉树和上下）

七、有些字只会意，不读音：

mə˧ hɯ˩ du˩ mə˧ hɯ˩。动神异常怨恨。
恨 动神 恨

（字从动神心黑、表 mə˧ 音。"心"读 nɯ˧，"黑"读 na˩，这里不读音，只以"心黑"表示怨恨。）

ko˧ pár˩ dv˧ ko˥ tsɿ˥　藏入鹤翅下。
鹤 白 翅 间 藏

（字从鹤飞，丽恩藏于鹤翅下；但只会意，不读丽恩之声。）

bər˩ ʂua˥ la˩ pár˩ kó˥。宰白脚公牦牛。
牦牛 公 脚 白 宰

（字从刀砍从牦牛；刀读 da˥"砍"，只会意为"宰"，不读"砍"音。）

八、凡象形字，除本意的职能外，均可作同音和近音假借，代表词语：

 假借作Kv˥会，本意为Kv˧蒜。

 假借作p'ə˩白，本意为p'ə˩解开。

 假借作so˩晨，本意为so˧山巅。

 假借作zɿ˧时代，本意为zɿ˧草。

 假借作ho˩混杂（群婚），本意为ho˩肋骨。

 假借作t'v˧出现，本意为t'v˩桶。

 假借作o˩影子，本意为o˩玉（玉花饰）。

 假借作pɯ˧pa˧be˧变化（发生性关係），本意为pa˧蛙。

 假借作iə˥给、赐，本意为iə˩草名。

 假借作k'ə˥熟练，本意为k'ə˥篮子。

如上所述，象形文书写东巴经的情况还是比较原始和复杂的，学会了一个个的象形字，不一定能读经书。因为象形文经书的多数，并非逐词逐句标音，书中的字只起说明主要意义以帮助记忆和帮助音读的作用，所以每页经书虽分段连缀，但字与字间充满了空隙部份，省略了许多音节。故此，没有从

头至尾学过会书，让东巴逐词逐句朗诵，并用音标科学记录下来，就无法通晓全书，并作深入的研究。

根据以上的初步分析，象形文如何书写东巴经，大致可分为以下三种不同情况。

（一）以字记忆，启发音读。虽已脱离惟妙惟肖的具体事物的描绘，但用字少，只以很少几个文字符号，说明主要意义，帮助记忆，启发音读；有的字合写在一起，仍象图形记事；这以几个字往往代表很长一段话，几十个音节。

（二）以字代句，帮助音读。用较多的字代表一句话，说明意义，并帮助音读（不全句每个音节都标音），因此掺有形声字和假借字。这种情况较为普遍，有一定的代表性。

（三）以字代词，逐词标音。即逐字逐句标音。不仅掺用较多的形声字和假借字，并且还掺有标音的格巴文。但是这种经书为数甚少。另外，各种卜书也往往採用逐词标音的方法来书写，便于查阅和流行。

下面将象形文和格巴文书写东巴经的情况，分别举例，详细释译于后。

二　象形文应用举例

本章第一、二种情况的举例，主要依据使用最多的《tsʰo˧ bər˧ tʰv˧·人类迁徙记》一书。（前面归纳象形文代表词语的八种方法，也摘自此书）这本经书的抄本，收集自丽江县黄山公社长水大队长水中村东巴和四泉家，相传为白沙大东巴从知老所写，视为珍本。《tsʰo˧ bər˧ tʰv˧》在东巴经八个大类中都要使用，或以口耳相传，流行较广。解放前国内外都有人曾翻译研究过这部书，如傅懋勣同志的《丽江·麽些象形文"古事记"研究》等。解放后在有关书刊上以传说故事或叙事诗的体裁，先后发表过这部书；丽江纳西族自治县文化馆，也曾详译石印过《崇搬图》，内部发行；云南民族民间文学丽江调查队，以纳西族史诗体裁翻译整理的《创世纪》，先后由云南人民出版社和北京人民文学出版社出版发行，影响较大。

第一种情况

以字记忆　启发音读

先介绍经书的封面：

py˥ba˩，禁水壶，上插柏枝，东巴作法事之用，亦作为画图中的"八宝"。方图顶上和两边的线条，表示彩带。经书封面一般都有"八宝"图案来装饰，

以求美观。

 py˩ 东巴巫师。象人头戴佛冠而坐，口出声以示念经。念经的“念”也读py˩。经书封面左侧，一开始往往先写此字，表示为“东巴的经书”。又，东巴经书从左至右，一律横写。

 py˩又py˩sər˧ 木偶。书名写此字，既标py˩音，亦表示东巴做法事时要用木偶。

 tʂʻə˥ 秽气。象气缭绕。

 gv̩˩ 熊。象熊头，耳黑。假借作tʂʻə˥ gv̩˩“除秽”的gv̩˩音。

《tʂʻə˥gv̩˩·除秽经》係东巴经八大类中的一类。

 tsʻo˩bər˧ 人类迁徙。为tsʻo˩“象”，假借作tsʻo˩“人”。是会意符号，表示迁徙。

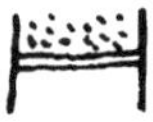 dzo˩ 槽。象牛马就食之槽；这里假

借为 tɕʻər˥ dzo˩"传略"的 dzo˩ 音。

以上表示封面书名的六个字中，有三个假借字，全书名应读为《py˩ gə˧(东巴的)·tɕʻə˥(秽) gv˩(除)·tsʻo˩(人) bər˧(迁) tɕʻi˧(出) tɕʻər˥ dzo˩(传略)》，以译书名应为《东巴经·除秽类·人类迁徙传略》，一般简称《tsʻo˩ bər˧ tɕʻi˧》。

以字记忆，启发音读的原文：

字释：

lɯ˧ 杉，叶长向下。这里要读 lɯ˧(杉) na˩(大) dzər˧(树) kʻɯ˩(下) 大杉树下。此段两个杉字要代表三个"大杉树下"的意思。lɯ˧ na˩ 的 na˩ 在这里意为"大"，不是"黑"。

tsʻɿ˥ 山羊，象其头，颔下垂毛；ノ是会意符号，示 be˩"羊叫"。又读 tsʻɿ˥ tɕʻi˧ 小山羊。此字在本段既表示名词"山羊"，又代表动词(山羊)"叫"，而且要

代表四句话中的七个"(山羊)叫"。

mə˧ 不，象目没将尽。此段三个字，要代表本段九个mə˧"不"。

ʐɿ˩ 草，又读ʐɿ˧hər˩、ʐɿ˧tsʰe˥"青草"。代表本段四句话中的五个ʐɿ˩"草"。

k'ɯ˧ 狗，两耳前倾；丿示lv˩"狗叫"。又读k'ɯ˧ʑi˧(˥)"小狗"。此字在本段既表示名词"狗"，又表示动词"(狗)叫"，而且要代表四句话中的七个"(狗)叫"。

hæ˩ 金，象领扣，其质金，故为金字。这里是转意字，代表修饰动物名词的形容词，冠在山羊、小狗、小鸡三个词的前面，表示"可爱"。如hæ˩tsɿ˥tʻo˧"可爱的小山羊"。

no˧ 又读no˧dʑi˩、no˧ʑi˥ 乳、乳水。示乳，为桶。此字要代表本段四句话中的五个no˧"乳"。

æ˩ 鸡，有冠；丿示tʂʰv˩"(鸡)鸣"。又读

æ˧ tsɿ˩ "小鸡"。此字在本段，既表示"鸡"，又代表(鸡)"鸣"，而且要代表四句话中的七个(鸡)"鸣"。

 pʻər˩ 解结，从线解开。这里在假借作 pʻər˩ "白"。（别的经书中，如白地经书，本段无此假借字）

 tɕʻua˧ 又 tɕʻua˧ pʻər˩ 米、白米，象米粒。此字要代表本段四句话中的五个 tɕʻua˧ "米"。

以上十三个字一段经文，字出现两次，字出现三次，还有一个假借字，共代表了分成三节的二十七句话、一百八十三个音节；所以从字跟词、句之间的关系来看，每一个字平均代表两句话、十四个音节；很显然，这种情况只起到以字记忆、启发音读的作用，并没有能够完整地记录语言。

句读和意译：

lɯ˧ na˩ dzər˧ kʻɯ˩ hæ˩ tsʻɿ˥ tʻo˧ nɯ˧ be˧ dɯ˩ tɕʻɯ˧ hæ˧ hæ˧ .
杉大 树下 金 峰小(助词) 叫 大 这 "海海"

nv˧ be˩ sy˩ be˩ də˩ uə˧ tʂɿ˥？

你 叫 为啥叫 呢 呀 说是

ŋy˧ be˩ ɣɯ˧ mə˧ be˩，

我叫 好 不 叫

ŋy˧ i˧ tɕi˥ dʑy˩ zə˧ hər˩ iə˥，

我 呀 小 时 草 青 给

dɯ˩ ŋə˩ zə˩ mə˧ də˩。

大 时 草 不 得

la˧ lər˧ zə˩ tsʰe˥ hər˩，

大 地 草 叶 青

ze˩ tsʰi˥ ze˩ nv˧ hɯ˧ mə˧ do˩；

哪 丢 哪 埋 去 不 见

zə˩ tsʰi˥ zə˩ le˧ me˩，

草 丢 草 又 寻

ŋy˧ be˩ tɕʰe˧ be˧ be˩ mv˩ tʂɿ˥。

我 叫 那样地 叫 的 说是

大杉树下可爱的小山羊"咩咩"地叫不休。
"你呀为啥这样叫？"

"我叫不是为好玩，
小時给我吃青草，
大了吃不着。
大地青草呀，
不知丢哩到哪儿；
丢草又寻草，
我叫就是为此啊。"

lɯ˧ na˩ dzər˧ kʻɯ˩ hæ˩ kʻɯ˧ ɲi˧ nɯ˧ lv̩˧ dɯ˩ tɕʻi˨˧ tsɿ˨˧ tɕʻə˧。
杉 大 树 下 金 狗 小（助词）吠 大 这"主着"

nɯ˧ lv̩˩ sy˧ lv̩˩ də˩ uə˧ tsɿ˥？
你 吠 为啥 吠 呢 呀 说是

ŋy˧ lv̩˩ ɣɯ˧ mə˧ lv̩˩，
我 吠 好 不 吠

ŋy˧ i˧ tɕi˥ dʑy˩ no˧ dʑi˩ iə˥，
我 呀 小 時 乳 汁 给

dɯ˩ ɲə˩ no˧ mə˧ də˩。
大 時 乳 不 得

dʑi˧ ɣɯ˧ no˥ ɲi˥ tɕi˩，
人 间 乳 汁 甜

ze˩ tsʻi˥ ze˩ ŋv˧ hɯ˧ mə˧ do˩；
哪 丢 哪 哩 去 不 见

no˧ tsʻi˥ no˧ le˧ me˩，
乳 丢 乳 又 寻

ŋy˧ lv˩ tʻe˧ be˧ lv˩ mv˩ tsɿ˥。
我 吠 那样 地 吠 的 说是

大杉树下可爱的小狗"汪汪"地叫不休。

"你呀为何这样叫？"

"我叫不是为好玩，

小时给我吃奶汁，

大了吃不着。

人间甜奶汁，

不知丢哩到哪儿；

丢奶又找奶，

我叫就是为此啊。"

lɯ˧ na˩ dzər˧ kʻi˩ hæ˩ æ˥ tsər˩ nɯ˧ tʂy˩ dɯ˩ tʂʻɿ˧ o˧ o˧。
杉 大 树 下 金 鸡 小（助词） 啼 大 这 "喔喔"

ŋv˧ tʂy˩ sy˩ tʂy˩ də˩ uə˧ tsɿ˥？
你 啼 为啥 啼 呢 呀 说是

ŋy˧ tɕy˩ ʐɯ˧ mə˧ tɕy˩，

我啼 好 不 啼

ŋy˧ i˧ tɕi˥ dʑy˩ tɕʰua˧ pʰər˩ lə˥，

我呀 小 时 米 白 给

dɯ˩ ɲə˩ tɕʰua˧ mə˧ də˩。

大 时 米 不 得

bə˧ mɯ˧ tɕʰɿ˩ tɕʰua˧ pʰər˩，

村 庄 五谷 米 白

ze˩ tsʰɿ˥ ze˩ n̩y˧ hɯ˧ mə˧ do˩；

哪 丢 哪 埋 去 不 见

tɕʰua˧ tsʰɿ˥ tɕʰua˧ le˧ me˩，

米 丢 米 又 寻

ŋy˧ tɕy˩ tʰe˧be˧ tɕy˩ my˩ tsɿ˥。”

我 啼 那样地 啼 是的 说

大杉树下可爱的小鸡"喔喔"地叫不休。

"你呀为何这样叫？"

"我叫不是为好玩，

小时给我吃白米，

大了吃不着。
村庄谷米呀，
不知丢哩到哪儿
丢米又找米，
我叫就是为此呀。”

第一种情况，再举一例：

字释：

 so˧ 巅，如山顶折木，这里假借为mɯ˧ sɿ˥“晨”的sɿ˥音。

 ȵi˧ 日，日体实有光。这里应读为ȵi˧ ȵi˧“第二天”。

 ɣɯ˧hɯ˨ 斑鸠，胸有斑点。

 kʻo˨ 栅，藤绕木条为栅。这里应读为kʻo˨ ky˥ lɣ˧“园子里头”。又斑鸠坐栅为dɯ˨“停”。

 lɯ˧sɿ˧ 箭；这里取意为da˧“射中”。

 合体字：为 tso˧dze˧lɯ˩ɣɯ˧"崇则丽恩"，字从人，长咀示"象"表 tso˧ 音，角示"牛"表 ɣɯ˧ 音，相传为洪水滔天后仅存之人类始祖。，应读 kʰæ˩lɯ˧kʰæ˩tso˧"弓箭"；又读 kʰæ˩"射"；还引申为 lar˩lar˧"瞄准"。

 合体字：为 tsʰe˩hɯ˨bu˧ba˨mi˩"衬恒布白命"，即崇则丽恩之妻； tsʰe˩kʰo˨ 织布梭子； ɣɯ˧da˨ 织布；梭子触手肘的触应读为 dzɿ˨。

111　sɿ˨ 三，连读变声调。

　sɿ˩˩ly˧ 三粒（颗），其字形与上例的  tsʰua˧"米"基本相同。

ZS　tʂɿ˨ 桶；这里假借为 tʂɿ˧（找）到或（找）出。

以上十个字的这段经文，虽然用了两个假借字，但仍像一幅记事图形符号；这十个字要代表十三句话，七十九个音节，平均一点三个字代表一句话，一个字代表八个音节左右；就以从字与词、句的关系来看，仍然只起到"以字记忆，启发音读"的作用，没有完整准确地记录语言。

句读和意译：

ɲi˧ ɲi˧ la˧ mɯ˧ sɿ˥，
第二天 的 早晨

ɣɯ˧hɯ˩ dzɿ˩ mə˧ kʏ˥，
斑鸠 停 不 会

lɯ˥ ɣɯ˧ kʻo˩ kʏ˥ lʏ˧ i˧ le˧ dzɿ˩ tsʻɿ˩。
丽 恩 园子 里头（连词）又 停 来

tsʻo˩ dze˧ lɯ˥ ɣɯ˧ ɣɯ˧，
崇 则 丽 恩 恩

kʻæ˥ lɯ˧ kʻæ˥ tso˧ pu˥，
射 弓 射 具 带

kʻæ˥ bɯ˧ so˧ lər˥ lər˧，
射 想要 三 瞄准

mə˧ bɯ˧ so˧ lər˥ lər˧；
不 想要 三 瞄准

tsʻe˥ hɯ˩ bu˧ bə˩ mi˥，
衬 恒 布 白 命

ɣɯ˧ da˩ ne˩ tɯ˧ tɯ˧，
布 织 着 正在

tsʻe˥ kʻo˩ ʑɿ˩ nɯ˧ la˧ mɤ˥ tʻɤ˧ i˧ so˧ dʑɿ˩ ne˩，
梭子 董（助词） 手 拐肘 （连词） 三 触 着

kʻæ˥ nɯ˧ lər˥ ta˥ ta˧，
射 和 瞄 连同（一齐）

ɣɯ˧ hɯ˩ lo˧ ŋə˩ dər˧ le˧ hə˩，
斑鸠 胸 上 射中 去了

sɿ˥ ly˧ dzy˩ pʻy˥ tʻe˩ nɯ˧ tʻɤ˩。
三 粒 剩下 那 从 出

第二天早上，
斑鸠不会停，
停到丽恩园子里头来。
崇则丽恩呀，
带上弓和箭，
想射瞄三次，
犹豫了三下；
衬恒布白命，

正织布当儿，
黄梭狠触丽恩手拐肘，
说时迟，那时快，
刚好射中斑鸠胸脯上
找出剩下三颗糧。

第二种情况

以字代句　帮助音读

象形文在东巴经中具体应用的第二种情况，继续摘引《tsʰo˩bə˧tʏ˧·人类迁徙记》一书中的四个段落，加以详释和句译。

字释：

 同前，丽恩口出声，表示"说"。

 iə˩ 一种丛草，象其叶，羊喜吃；这里假借为iə˥"给"，并代表两句话中的两个"给"。

 "dʐɯ˧la˩ə˩py˧ 祖老阿普天神，为崇则丽恩之岳父。字从老翁坐形、（la˧虎）声；﹨是附加符号，表示ʂə˥"说"。

 mi˥ 女；這里不读mi˥声，只用作人称代词thɯ˧"她"，即衬恒布白命。

 同前，此次不读本字之音，只用作代表人称代词ny˩或nɯ˧"你"，即崇则丽恩。以下四个字，均只会意，不读声。

 sy˥ 锡，象锡块；这里假借为sy˩"什么"、"哪样"，代表两句话中的sy˩dʐy˩də˩？"有什么样的"。

 tʂʰɿ˧ 刺，象荆刺；这里假借为tʂʰɿ˧"种族"、"父族"和tsʰa˩"亲族"、"母族"。以下两字均同。

 mɯ˧ 天，圆而覆。

 gy˧ 九。

 lv˩ 个、尊。字从人持棍，以示 mɯ˧ tv˧“开天”。 gv˧ lv˩ mɯ˧ tv˧ 即“开天九尊男神”，又读 pv˧ la˩ gv˥ be˧ gɯ˧“天神九弟兄”、mɯ˧ zɿ˥ gv˥ zɿ˧。

 dy˩ 地，地方载物。

 ʂər˧ 七。

 lv˩ 个、尊。字从人持棍，以示 dy˩ kʰɯ˧“辟地”。 ʂər˧ lv˩ dy˩ kʰɯ˧ 即“辟地七尊女神”，又读 la˧ mi˥ ʂər˧ me˧ he˩“地神七姐妹”、dy˩ zɿ˧ ʂər˧ zɿ˧。

 gv˧ tsʰər˩ gv˧ bu˩ lo˥“翻越九十九座山”，合体字：示翻越走路，与 bu˩“山坡”写在一起，表示 bu˩ lo˥“翻山”。 gv˧ tsʰər˩，九十；“十”作 ✕ tsʰe˩，“二十”读 ɲi˧ tsʰər˩，三十至九十的“十”读 tsʰər˩，均係音变。

 ʂər˧ tsʰər˩ ʂər˧ bu˩ lo˥“翻越七十七座山”，合体字：与见上条，为 ʂər˧ tsʰər˩ 七十。

 ɡɑ˧ 上，隆起在上。这里假借为ɡɑ˧dɯ˩"尊敬"的ɡɑ˧。

 sɿ˧ɡɯ˧ 狮子，头颈长毛。sɿ˧ɡɯ˧係借自藏语。这里应读dʏ˧pɑr˩sɿ˧ɡɯ˧"白海螺狮子"。

 tsʰo˩ 象，长鼻大耳。这里应读tsʰo˩dzɨ˧kɑ˧dɯ˩"力大金象"。

 dʑɑ˧kɑ˩nɑ˧pʏ˩ 从高那布大力士，从人张开手脚·(nɑ˩大)声。

 会体字：同前，这里只会意不读声。 dʑi˩水，象泉源出水，这里应读ʂɨ˧bi˩江； kʰɯ˧咀， ʂɨ˧bi˩kʰɯ˧ŋɑ˩tso˩"江水套入咀"。 dʑʏ˩山，从山有草，这里应读ŋʏ˧lʏ˧雪山；把山写斜，放在丽恩身旁，应读ŋʏ˧lʏ˧hu˥ŋɑ˩kʰɯ˥"雪山吞下肚"。

 同前，这里代表mɑ˧tʰɑ˥"不可能"和mɑ˧kʏ˥"不会"。以下三个字皆同。

 会体字：同前，只会意不读声。

o˧骨，象骨头。 kʰæ˧咬（骨头），从咀咬骨。

 sɿ˩ 三。这里分别代表两句中的“三”：o˧ sɿ˥ tʂʰər˧ 三节骨头，by˩ sɿ˩ py˧ 三升炒面。

 by˩ 面粉，从升盛面。这里又代表 py˧ 升子。

 sy˥ 杀，从刀杀人；又引申为 ʂʅ˧“死”。

 同前，假借作 sy˥“杀”，代表另一句话中的 sy˥“杀”。

 ty˧ 敲、打，从斧击石；又引申为 go˩“碎”。

以上共三十九个字的这段经文，从字和词、句之间的关系来看，不仅说明意义，并帮助音读，起着“以字代句”的作用，所以在三十九个字中，字的重复出现比较突出：字重复出现了六次，字出现四次，字出现三次，字出现两次（假借不同意思的两个词）。既然字要代表词、句，只用象形、象

事和会意字已不适应，所以在本段就用了三个形声字，三个假借字。本段三十九个字共代表了二十八句话、一百八十个音节，平均每一点三个字代表一句话，每一个字代表四个音节左右。

句读和意译：

tsʰo˩ dze˧ lɯ˥ ɣɯ˧ le˧ ʂə˥ me˧。
崇 则 丽 恩 又 说 道

“dzɿ˧ la˩ dzɿ˧ ə˩ pʰv̩˧，
祖 老 祖 阿 普

ŋy˧ ɲi˧ ŋy˧ iə˥ lu˧ uə˧ tsɿ˥！”
我 要 我 给 来 呀 说是

dzɿ˧ la˩ ə˩ pʰv̩˧ le˧ ʂə˥ me˧：
祖 老 阿 普 又 说 道

tʰɯ˧ i˧ nv̩˩ ɲi˧ nv̩˩ mə˧ iə˥，
她 呀 你 要 你 不 给

dzɿ˩ ʂu˩ bu˩ ʂu˩ tsʰɿ˩ dɯ˧ ɲi˧，
伴侣 找 配偶 找 来 一 天

nɯ˧ tɕʰy˧ sy˩ dʑy˩ də˩?

你 种族 什么 有 呢

nɯ˧ tsʰa˩ sy˩ dʑy˩ də˩ uə˧ tsɿ˥?"

你 亲族 什么 有 呢 呀 说是

tsʰo˩ dze˧ lɯ˥ ɣɯ˧ le˧ ʂə˥ me˧.

崇 则 丽 恩 又 说 道

"ŋə˧ i˧ gv˧ lv˩ mɯ˧ tv˧ tɕʰy˧,

我 呀 九 位 天 开 种族

ʂər˧ lv˩ dy˩ kʰɯ˧ tɕʰy˧;

七 尊 地 辟 种族

gv˧ tsʰər˩ gv˧ bu˩ lo˥,

九 十 九 山 翻

gv˧ gə˩ dɯ˩ gə˧ tɕʰy˧;

九 尊 敬 的 种族

ʂər˧ tsʰər˩ ʂər˧ bu˩ lo˥,

七 十 七 山 翻

ʂər˧ gə˩ dɯ˩ me˧ tɕʰy˧;

七 尊 敬 的 种族

dv˧ pʻər˩ si˧ gɯ˧ tɕʻy˧，
海螺 白 狮子 种族

tsʻo˩ dʑi˧ ka˧ dɯ˩ tɕʻy˧，
象 力 大 种族

dʑə˧ ka˩ na˧ pv˩ tɕʻy˧；
从 高 那 布 种族

ŋv˧ lv˧ hu˥ ŋə˩ kʻɯ˥，
雪 山 胃 里 装

dʑi˧ le˧ gɯ˧ mə˧ tʻa˥ me˧ tɕʻy˧；
吃 了 饱 不 可以 的 种族

i˧ bi˩ kʻɯ˧ ŋə˩ tso˩，
江 口 里 套

tʻɯ˩ le˧ no˧ mə˧ kv˥ me˧ tɕʻy˧；
喝 了 感觉 不 会 的 种族

o˧ sɿ˥ tɕʻər˧ dɯ˧ kʻæ˧ be˧ æ˩ mə˧ kv˥ me˧ tɕʻy˧，
骨 三 节 一 咬 地 卡 不 会 的 种族

by˩ sɿ˩ py˧ dɯ˧ ma˥ be˧ pʻa˧ mə˧ kv˥ me˧ tɕʻy˧；
面粉 三 升 一 口 地 呛 不 会 的 种族

sy˥ tʂʻɿ˧ ky˥ nɯ˧ sy˥，

杀 却有 会（助词） 杀

sy˥ le˧ ʂɿ˧ mə˧ tʻa˥ me˧ tʂʻy˧；

杀 了 死 不 得 的 种族

ty˧ tʂʻɿ˧ ky˥ nɯ˧ ty˧，

敲 却有 会（助词） 敲

ty˧ le˧ go˩ mə˧ tʻa˥ me˧ tʂʻy˧。”

敲 了 碎 不 得 的 种族

崇则丽恩又问道：

“祖老阿普呀，

我要的给我来吧！”

祖老阿普回答说：

“她呀，你很想要不能给！

你来结伴配缘的今天，

你是什么样的种族呢？

你有什么样的亲族呢？”

崇则丽恩回答道：

“我呀，是开天九弟兄的后代，

是辟地七姐妹的后代；
跨过九十九座山，
被九十九个山寨尊敬的种族；
翻越七十七座坡，
被七十七个村落称赞的种族。
我的祖先呀，
像海螺白狮那样雄威，
像肥壮金象那样高大，
像从高那布那样力大无比；
垩山吞下肚而吃不饱，
江水灌入口而不解渴；
一口咬下三根骨头哽不住，
一咽嚥下三升炒面不会呛。
我的种族呀，
纵有会害的人来谋害，
根本不可能杀死；
纵有会打的人来打击，
终究没有被打碎呵！”

字释：

 同前

 同前

 同前，代表两句话中的祖老阿普。

 hua˧ pʻər˩ 白鹇，黑头羽冠。

 dzər˩ 树。这里应读 dzər˩ kv˧ "树上"。

 zɿ˧ 柳，象其叶；这里假借作 zɿ˥ "捕"，代表两句话中的 zɿ˥ "捕"。

 ho˩ 肋骨；这里假借为两句话的 ho˩ "迟"。

 tʻo˧ 松，如针叶；这里应读为 tʻo˧ tɕʻu˥ "松林间"。

 y˩ 绵羊，歧角；此次应读 y˧ pʻər˩ "白绵羊"。

 lv˥、lv˥ be˧ 牧、放牧，俩恩持棍放牧。

 同前；此字在这里不读本字之音，而代表 nv˩ "你"。

 bu˩ 猪，长咀有鬃；这里假借作 bu˩"配偶"，又代表 dzɿ˩"伴侣"；应读 dzɿ˩ʂu˩ bu˩ʂu˩"寻找伴侣和配偶"。

 pʏ˧ 价，即身价、聘礼。字从 （py˧ 升）装 （ha˧ly˧ 粮）；又作 ʐua˩ 量（粮）、偿还。这里应读 dzɿ˩pʏ˧bu˩pʏ˧"配偶身价"。

 同前，这里假借作 sy˩"什么"。

 同前，这里不读音，只会意，表示和丽恩在对话。

以上十五个字一段经文，其中有两个字重复出现两次，有假借字五个，占三分之一，共代表十句话，六十四个音节，平均一点五个字代表一句话，一个字代表四点二个音节。

句读和意译：

tsʻo˩ dze˧ lɯ˥ ɣɯ˧ le˧ ʂə˥ me˧：

崇 则 丽 恩 又 说 道

"dzɿ˧la˩ dzɿ˧ ə˩ pʏ˧，

祖 老 祖 阿 普

mɯ˧ mi˧ mɯ˧ iə˥ lu˧ uə˧ tsɿ˥ ”。
我要 我 给 来 呀 说是

dzɿ˧ la˩ ə˩ pʻv˧ le˧ ʂə˥ me˧：
祖 老 阿 普 又 说 道

“dzər˩ kv˧ hua˧ pʻər˩ zɿ˥，
树 上 鹇 白 捕

zɿ˥ be˧ nv˩ ho˩ se˩；
狩猎 你 迟 了

tʻo˧ tɕu˥ y˧ pʻər˩ lv˥，
松林 间 绵羊 间 牧

lv˥ be˧ nv˩ ho˩ se˩。
放牧 你 迟 了

nv˩ i˧ dzɿ˩ ʂu˩ bu˩ ʂu˩ tsʻɿ˩ dɯ˧ mi˧，
你 呀 伴侣·找 配偶 找 来 一 天

dzɿ˩ pʻv˧ bu˩ pʻv˧ sy˩ pu˥ tsʻɿ˩ da˩ tsɿ˥？”
伴侣 价 配偶 价 什么 带 来 呢 说是

崇则丽恩又说道：

“祖老阿普呀，

我要的给我来吧！"
祖老阿普回答说：
"你想捕获树上的白鹏，
狩猎来的太迟了；
你想放养松林的白羊，
放牧来的太晚了。
你来寻找伴侣和配偶的今天，
带来些什么聘礼做身价呢？"

字释：

 同前；这里应读mɯ˧ʂua˩"高天"。

 Kɯ˩星，象星饰，三为多数。这里应读Kɯ˩tsʼɿ˧tsʼɿ˧"星密饰"。

 合体字： gu˩揹(动)、背子(名)，象丽恩揹形。 ŋv˩银，象耳环，其质银，故为"银"字。，同前。 应读ŋv˧gu˩

hæ˧gu˩"金银背子"。

 同前

 tʻa˥ 塔；这里假借作 tʻa˥"可以"、"可能"。

 mə˧tʻa˥ 即"不能"。

 dy˩ 地，此处应读 dy˧dɯ˩"大地"。

↓↓↓ zʅ˩ 草，丛生，以三为多，和前面↓同；这里应读 zʅ˩tsʻɿ˧tsʻɿ˧"布满草"。 合写在一起，读 dy˧dɯ˩ zʅ˩ tsʻɿ˧tsʻɿ˧"大地布满草"。

 ho˩ 赶，从人持棍。

 ɣɯ˧ 牛，钩角。

 同前

以上十二个字一般经文中，字重复出现两次，有一个假借字，共代表四句话，三十三个音节；平均三个字代表一句话，每个字代表二点七个音节。

句读和意译：

"mɯ˧ ʂua˩ kɯ˩ tsʻɿ˧tsʻɿ˧，
天 高 星 密 布

ŋv˧ gu˩ hæ˧ gu˩ pu˥ mə˧ tʻa˥；
银 背 金 背 带 不 能

dy˧ dɯ˩ zə˩ tsʻɿ˧ tsʻɿ˧，
地 大 草 佈 满

ɣɯ˧ y˩ ho˩ pu˥ lɯ˧ mə˧ tʻa˥ uə˧ tsɿ˥。
牛 羊 赶 着 来 不 能 呀 说是

崇则丽恩回答说：
“天高星密佈，
不能背着金银来；
地大路遥远，
不能赶着牛羊来。

字释：

 tsʻər˥ 砍伐，从丽恩持斧。

 ɕi˩ 森林，被砍之木。两字合写起来

 为 ɕi˩tsʻər˥“砍伐森林”。

 同前

 bər˩ 烧，从火烧木，ʅʅʅ示火焰。

 lər˥ 种子，常与tɕʰua˧“米”混用。

 pv̩˧ 雌，象雌阴；这里假借作pv̩˥“播”。

lər˥pv̩˥即“播种”。

 lər˥ʂɿ˥ 拣种，而是拿箩拾粮。

 se˩ 岩羊，捲角；这里读se˧hɯ˩“壮岩羊”。

 ɲi˧鱼；这里读ɲi˧hɯ˩“肥鱼”。

 同前

 la˧ɲi˥ 虎乳，从虎出乳。

 sɿ˩ 三；这里应读sɿ˥tɕə˧“三滴”。

以上十二个字这段经文中，有一个假借字，共代表了十四句话，七十六个音节；平均每字代表一句话，六点三个音节。

句读和意译：

ə˥ ɲi˧ la˧ ʂər˥ɲi˧，

昨天 也 前天

dæ˩ be˧ gv˧ ɕi˩ tsʰər˥，

能干 地 九 林 砍

ɕi˩ tsʻər˥ ɕi˩ le˧ bər˩，

林 砍 林 又 烧

ɕi˩ bər˩ lər˥ le˧ pʻv̩˥，

林 烧 种 又 播

lər˥ pʻv̩˥ lər˥ le˧ sɿ˥，

种 播 种 又 拣

dzɿ˩ pʻv̩˧ ʐua˩ se˩ tsɿ˥.

伴侣 价 赔 了 说是

bu˩ pʻv̩˧ ʐua˩ se˩ tsɿ˥。

配偶 价 偿还 了 说是

æ˧ lo˩ se˧ hɯ˩ y˩，

岩 间 岩羊 壮 拿

æ˩ ȵə˩ mə˧ do˥ ʂɿ˧；

岩 间 不 跌 死

dʑi˩ lo˩ ȵi˧ hɯ˩ y˩，

水 里 鱼 肥 拿

dʑi˩ ȵə˩ mə˧ tʂʻər˥ ʂɿ˧；

水 中 不 淹 死

la˧ ȵi˥ sɿ˥ tʻə˧ tʂʻa˩，

虎 乳 三 滴 挤

la˧ nɯ˧ mə˧ tsʻa˥ ʂɿ˧，

虎（助词）不 咬 死

dzɿ˩ pʻʏ˧ bu˩ pʻʏ˧ ʐua˩ mə˧ tʻa˥ sɿ˧ la˥ uə˧ tsɿ˥”?!

伴侣 价 配偶 价 偿还 不 可以 还 吗 呀 说是

在以往的日子里，

我呀，曾干 砍了九片森林，

砍完又烧山，

烧完又播种，

播完又收获，

伴侣聘礼已送够，

配偶身价已赎完。

高岩猎岩羊，

没跌死岩间；

深水捉肥鱼，

没淹死河底；

挤三滴虎乳，

没被虎咬死；

所有这一切，

还不能做我伴侣的聘礼吗？

还不能抵结配偶的身价吗？！”

第三种情况

以字代词 逐词标音

本节第一个例文，出自《mu˥ dzər˧ ə˥ le˩ dzɯ˧·挽歌》一书，具体摘录于一九三四年方国瑜先生向东巴和忠道先生学来的原记录稿。丽江县文化馆也于一九六四年内部石印过这本书，可供参考。

字释：

sɿ˩ 鬼名，从鬼黑尾杀；假借作 sɿ˧ lo˩ 的 sɿ˧ 音。

lo˩ 山谷，从谷有水。

sɿ˧lo˩“苏罗”係地名，在今四川木里县无量河边，汉文献中作“鼠羅”。

sɿ˥ 茅草，从草⊡（sɿ˩骰）声；假借作sɿ˧音。

se˩ 岩羊，捲角；假借作se˨音。

zo˩ 甕；假借作zo˧“男”。

sɿ˧se˨zo˧“苏色若”，係男性人名。此人名有不同之称，东巴和芳先生称为mɯ˧tɕʰy˧lua˧a˨zo˧“美曲畏阿若”，特此说明。

ʐy˥ 抖，从人擅动；假借作ʐy˧“自己”。

mu˥ 牛蝇；假借作mu˥“老”。

同上

mə˧ 不，日没将尽。

no˧ 乳，从乳从白“卞”。（卞本意为pʰər˩“解开”，经常假借作pʰər˩“白”）此次假借作no˧“知”、“觉”。

全句标音：sɿ˧lo˩sɿ˧se˦zo˧，ɕy˧mu˥ɕy˧mə˧no˧。意为：苏罗地方有个"黄色者"，自己是了自己还不知道。

 sər˧ 木，象树木。

 ʂɿ˧ 肉，象肉块；假借作ʂɿ˩"黄"。

 lo˧pe˩ 木盆，从盆 （pe˧内）声。

 da˥ 砍，从刀砍物。

 同上文；假借作sɿ˧音。

 dʑi˩ 水，象原泉出水。

sɿ˧dʑi˩即"无量河"。

 kv˧ 蒜，象蒜头；假借作kv˧"上游"。

sɿ˧dʑi˩kv˧即"无量河上游"。

此次省略了一个助词nɯ˧。

 dzɿ˩ 坐、住，象人坐。

 hæ˩ 金，象领扣，其质金，故为"金"字。

 zɿ˧ 柳，细叶；假借作zɿ˩"淘"。

hæ˩zɿ˩即"淘金"。

 le˧ 獐，长耳、咀吐牙；假借作le˧"又"。

 ɯ˥ 标音的哥巴字。

 kʻɯ˧ 狗，两耳前倾；假借作kʻɯ˥"去"。

le˧ ɯ˥ kʻɯ˥即"又去"。

全句标音：sər˧ ʂʅ˩ lo˧ pe˩ da˥，sɿ˧ dʑi˩ ky˧ nɯ˧ dzɿ˩，hæ˩ zɿ˩ le˧ ɯ˥ kʻɯ˥。意为：砍下黄木圆盔，住在无量河上游，又去淘洗沙金。

字释：

 同上文；假借作ʐy˧"自己"。

 o˩ 玉，象玉花首饰，亦作绿松石解。假借作o˩"影子"。

 同上文。

 ȵɑ˩ 又读 miɑ˩ 眼睛；假借作ȵɑ˩"里"。dʑi˩ ȵɑ˩即"水里"。

 kʻæ˥ 射，张弓射箭；假借作kʻæ˥"照"。

 同上文；此次代表两个ʐy˧字。

 同上文；假借作 o˩“影子”。

 同上文；假借作 le˧“又”。

 do˩ 见，从目有所见。

全句标音：ɲy˧ o˩ dʑi˩ ɲa˩ kʻæ˥，ɲy˧ o˩ ɲy˧ le˧ do˩。意为：自己的影子照进水中，自己又看见了自己的形貌。

 be˧ 做，从锄挖土；假借作 be˧。

 pi˩ 膠，象膠状；假借作 bi˩，pi˩、bi˩ 近音；又读 be˧ be˩。

be˧ bi˩ 即“面颊”。

 ɕi˩ 稻，实有细芒；假借作 ɕi˧“颊毛”。

 同上。

 pʻər˩ 解开，从线解开；假借作 pʻər˩“白”。

 同上文；代表两个 ɲy˧“自己”。

 同上文；假借作 mu˥“老”。

 同上文；假借作 le˧“又”。

 同上文；假借作 no˧“知”、“觉”。

全句标音：be˧ bi˩ ɕi˧ ɕi˧ pʻər˩，ɲy˧ mu˥

ʥy˧ le˧ no˧。意为：颊毛已经斑白，自己才感到自己老了。

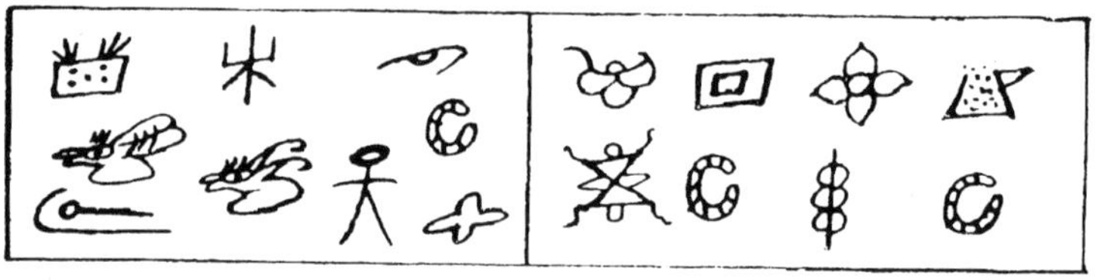

字释：

 同上文；假借作sɿ˧音。

 lo˩ 黑麂，宽耳；假借作lo˩音。

 同上文。sɿ˧lo˩地名。

 sɿ˧ 标音的哥巴字。

 同上文；假借作se˨。

 zo˧ 男，象人站立。

sɿ˧se˨zo˧ 係男性人名。

 同上文；代表此句两个mə˧"不"字。

 ʥy˩ 手镯；假借作ʥy˧"有"，代表此句两个ʥy˧"有"字。

 sy˥ 银，象银块；假借作sy˩"样"。

全句标音：sɿ˧lo˩sɿ˧se˨zo˧，mə˧ ʥy˧

sy˩ mə˧ dʑy˧。意为：苏罗地方的苏色若，没有哪一样他没有，样样都有。

 ŋv˩ 银，象耳环，其质银，故为银字。

 同上文。

 ta˥ 匣，象木匣。

此字后省略了一个形容词 ʂər˥"满"。

 同上文；假借作 dʑy˧"有"。

 同上文。

 tɕʰu˩ 珠，象宝珠串。

 py˧ 升子，从升装粟；这里应读 py˧ ʂər˥"升子装满"。

 同上文；假借作 dʑy˧"有"。

全句标音：ŋv˧ hæ˩ ta˥ ʂər˥ dʑy˧，o˧ tɕʰu˩ py˧ ʂər˥ dʑy˧。意为：有装满匣子的金银，有装满升子的玉珠。

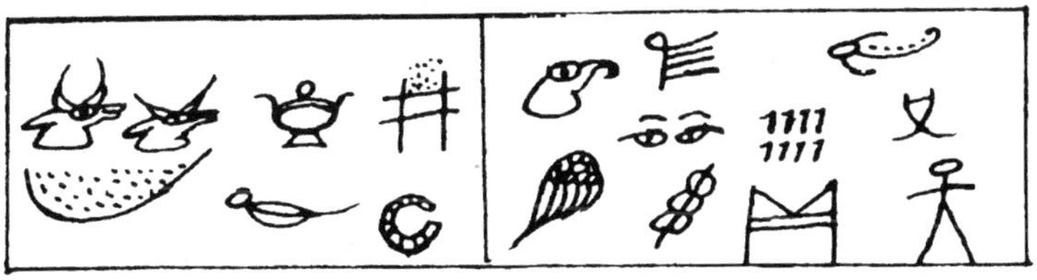

 ɣɯ˧ 牛，勾角。

 y˩ 羊，歧角。

 by˩ʂər˥ 满圈，从圈，点点示满。

此处省略了一个表示动词的dʐy˩"有"字。

 ha˧ 饭，从碗盛饭。

 同上文；假借作dʐi˩。

ha˧dʐi˩即"粮食"。

 gu˩ʂər˥满仓，从仓满粮。

 同上文；假借作dʐy˧"有"。

全句标音：ɣɯ˧y˩by˩ʂər˥dʐy˩，ha˧dʐi˩gu˩ʂər˥dʐy˧。意为：有满圈的牛羊，有满仓的粮食。

 kə˥ 鹰，钩咀。

 dv˧ 翅，象鸟翼。

kə˥dv˧即"鹰翅"；鹰翅插在腰间，以示富豪和威武。

 ho˩ 肋，象排骨。

 ɲə˩ 眼；假借作ɲə˩"间"。

ho˩ ȵə˩ 即"肋间"(腰间)。

 同上文；假借作 tʂʻu˥"插"。

 ho˥ 八。

 uə˧ 坡陀，截山之半取义。

ho˥ uə˧ 即"八个山寨"。

 zæ˩ 笑，张口笑出声；假借作 zæ˩"建立"。

 me˧ 雌阴；假借作 me˧"的"。

 同上文。

全句标音：kə˥ dv̩˧ ho˩ ȵə˩ tʂʻu˥，ho˥ uə˧ zæ˩ me˧ zo˧。意为：鹰翅插上腰间，曾建下八个山寨。

字释：

 iə˧ ko˩ 家，从屋 (iə˩ 草名)、(ko˩ 针)作声。

 by˩ 粉；假借作 by˩ 音。

 ty˧ 击，从斧击砧；假借作 ty˥ 音。

by˩ty˥ 即"外面"。

 dʑi˧ 走，人走于道；此处应读 kʰɯ˥ 即"走出去"。

 ɣɯ˧ 牛，从牛出气；气读 sa˥。

 y˩ 羊，从羊出气。

ɣɯ˧y˩sa˥ 即牛羊喷出之气。

此处省略了一个助词 nɯ˧。

 dʑi˧ 酒药、麯，象其块；假借作 dʑi˥"喷热"或"熏热"。

 dʑi˧ 衣，从人穿衣。

 mu˩ 簸箕；假借作 mu˩"穿"。

此字之前省略了一个 le˧"又"。

 同上文。mə˧ 字后面省略了一个 dər˧，mə˧dər˧ 即"不必"或"不需"。

全句标音：iə˧ko˩by˩ty˥kʰɯ˥，ɣɯ˧y˩sa˥ nɯ˧dʑi˥，dʑi˧le˧mu˩mə˧dər˧。意为：从家里走出去（外面），被牛羊喷出之气所熏热，不

需要再穿衣裳了。

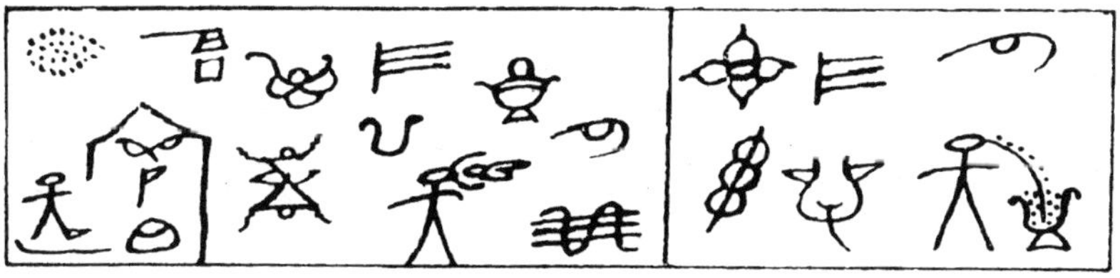

字释：

 同上文；假借作 by˩ 音。

 同上文；假借作 ty˩ 音。

by˩ ty˥ 即"外面"。

 同上文；此处只会意"走"，不读其声。

 同上文。

 tɕi˥ 奶渣，象奶渣坨；假借作 tɕi˧"到"。

ia˧ ko˩ tɕi˧ 即"走回到家"。

 同上文。

 同上文。

 sa˥ 气，从口（小口省）出气。

此处省略了一个助词 nɯ˧。

 p'v˧ 雄，象雄阴；假借作 p'v˥"喷"。

 同上文。

此次省略了一个le˧"又"。

 dzɿ˧ 吃，从人张口吃肉。

 同上文。

 tər˥ 编，编篾之形。假借作dər˧音，tər˥ dər˧近音。

mə˧ dər˧ 即"不必"、"不需"。

全句标音：by˩ ty˥ iə˧ ko˩ tɕʰi˧，gv˧ hæ˩ sa˥ nɯ˧ pʰi˥，ha˧ le˧ dzɿ˧ mə˧ dər˧。意为：从外面走回到家中，被金气银气所喷，不需要再吃饭了。

 同上文。

 同上文。

 同上文。

o˧ tɕʰu˩ sa˥ 即"宝珠之气"。

 nɯ˧ 心，从心，旁有肺。假借作助词nɯ˧。此字后省略了一个动词pʰi˥"喷"。

 zɿ˧ tʂʰɯ˩ 喝酒，从人用虹管饮酒。

此处省略了一个le˧"又"。

 同上文。

此处省略了一个dæ˩字。

mə˧ dæ˩即“不必”、“不需”。

全句标音：o˧tʂʰu˩ sa˥ nɯ˧ pʏ˥，ʐʅ˧ le˧ tɯ˩ mə˧ dæ˩。意为：被玉气和珠气的喷醉，不必再喝酒了。

以上一百零四个字的这段经文，实际代表了二十五句话、一百二十五个音节；因文中省略了十七个字，所以只能说已基本上达到逐词标音。在这一百零四个字中，为了更好地标音，掺用了标音的哥巴字两个；特别是使用了占全文一半多的假借字五十三个。由此看来，同音和近音假借是象形文记录语言的一种重要方法。次之，为了逐词标音，增加了字的重复出现的次数，如本段经文中，重复五次的有两个字，重复四次的两个，重复三次的五个。

句读和意译：

sɿ˧ lo˩ sɿ˧ se˩ zo˧， "苏 罗""苏 色 若"	苏罗苏色哥，
ŋy˧ mu˥ ŋy˧ mə˧ no˧。 自己 老 自己 不 觉	老了不觉老。
sɑ˧ʂɿ˩ lo˧ pe˩ da˥， 木 黄 圆 盆 砍	砍下黄木盆，
sɿ˧ dʑi˩ ky˧ nɯ˧ dzɿ˩， 无量河 上游（助）坐	无量河上游，
hæ˩ zɿ˩ le˧ u˥ kʰɯ˥。 金 淘 又 去	河边去淘金。
ŋy˧ o˩ dʑi˩ ŋə˩ kʰæ˥， 自己 影 水 中 照	身影水中照，
ŋy˧ o˩ ŋy˧ le˧ do˩； 自己 影 自己 又 见	又望见自己；
be˧ bi˩ ɕi˧ ɕi˧ pʰɑ˩， 面 颊 毛 白	颊毛白花花，
ŋy˧ mu˥ ŋy˧ le˧ no˧。 自己 老 自己 又 老	才知自己老。

sɿ˧ lo˨˩ sɿ˧ se˧˥ zo˧，
"苏 罗""苏 色 若"　　苏罗苏色哥，

mə˧ dʑy˧ sy˨˩ mə˧ dʑy˧：
不 有 样 不 有　　样样他都有：

ŋɣ˧ hæ˨˩ ta˥ ʂər˥ dʑy˧，
银 金 匣 满 有　　金银装满匣，

o˧ tɕʰu˨˩ py˧ ʂər˥ dʑy˧；
玉 珠 升 满 有　　玉珠拿升量；

ɣɯ˧ y˨˩ by˨˩ ʂər˥ dʑy˨˩，
牛 羊 圈 满 有　　牛羊关满圈，

ha˧ dʑi˨˩ gu˨˩ ʂər˥ dʑy˧。
粮 食 仓 满 有　　粮食堆满仓。

kə˥ dɣ˧ ho˨˩ ɲə˨˩ tɕʰu˥，
鹰 翅 肋 间 插　　鹰翅插腰间，

ho˥ uə˧ zæ˨˩ me˧ zo˧。
八 庄 建 的 男　　建下八个庄。

iə˧ ko˩ by˩ ty˥ kʰɯ˥，
家 外面 去　　从家走出外，

ʐɯ˧ y˩ sa˥ nɯ˧ dʑi˥，
牛 羊 气（助）熏　　牛羊气来熏，

dʑi˧ le˧ mu˩ mə˧ dər˧。
衣 又 穿 不 必　　不必穿衣裳。

by˩ ty˥ iə˧ ko˩ tʰv˧，
外面 家 到　　从外回到家，

ŋv˧ hæ˩ sa˥ nɯ˧ pʰv˥，
银 金 气（助）喷　　金银气来喷，

ha˧ le˧ dzɿ˧ mə˧ dər˧。
饭 又 吃 不 需　　不需再吃饭。

o˧ tɕʰu˩ sa˥ nɯ˧ pʰv˥，
玉 珠 气（助）喷　　珠玉气来吹，

ʐɿ˧ le˧ tʰɯ˩ mə˧ dæ˩。
酒 又 喝 不 必　　不需再喝酒。

象形文书写东巴经的第三种情况，即以字代词，逐词标音的情况，再举《tsɿ˧py˥iə˩ py˥·送情死者》一书中的一节，加以详细注释和翻译，可供参考。该书係丽江坝区长水中村东巴和四象等人于二十年代所创作，流行于丽江坝区，其他地区无此书。现根据丽江五台中和村东巴和芳先生的重抄本来注释。

字释：

 zo˧ 男，从人站立；代表两个zo˧。

 ɕi˩ 稻，实有细芒；假借作ɕi˩"养育"。

 ə˧ 阿，从口出ə声，亲属称谓的词头，有的地区读a。

 sɿ˩ 父，从人半(sɚ˧ 木)声。

ə˧sɿ˩ 即父亲。

 同上文。

 pʻi˩ 腿，象腿肉；假借作pʻi˥"逃亡"。

 hɯ˧ 牙齿；假借作hɯ˧"去"。

 se˩ 岩羊，卷角；假借作se˩"了"。

 tsɪ˥ 标音的哥巴字，代表"说是"。

 同上文。

 ʂu˩ 铁，原意斧，其质铁，故转意为"铁"。这里假借作ʂu˩"寻找"。

 lɯ˥ 牛虱；假借作lɯ˧"会来"。

 tso˩ 壁虎；假借作tso˧"可能"。

 ua˧ 五；假借作ua˩"是"。

全句标音：zo˧ɕi˩zo˧ə˧sɪ˩，zo˧pʻi˥hɯ˧se˩tsɪ˥，zo˧ʂu˩lɯ˧tso˧ua˩。意为：养育男儿的父亲，说是男儿逃亡，又会来寻找男儿。

字释：

 mi˥ 女，从人女冠。

 同上文；假借作 ɕi˩ "抚养"。

 同上文。

此次省略了一个词头 ə˩。

 me˧ 雌、母，象雌阴。

ə˩me˧ 即"母亲"。

 同上文。

 同上文；假借作 pi˥ "私奔"。

 同上文；假借作 hɯ˧ "去"。

 iə˩ 草名，象其叶，羊喜吃；假借作 iə˧ "呀"。

 ʂə˥ 标音的哥巴字，表示"说"。

 同上文。

 le˧ 獐，宽耳，咀吐牙；假借作 le˧ "又"。

 同上文；假借作 me˩ "寻问"。

 tso˧，标音的哥巴文，表示"可能"。

 同上文；假借作"是"。

全句标音：mi˥ɕi˩mi˥ə˩me˧，mi˥pʻi˥ hɯ˧iə˧ʂə˥，mi˥le˧me˩tso˧ua˩。意为：抚养女儿的母亲，说是女儿私奔，又会来寻访女儿。

字释：

 ʐɿ˩ 蛇；假借作ʐɿ˧"路"。

 pʻər˩ 解开，从线解开；假借作pʻər˩"白"。

ʐɿ˧pʻər˩即"大路"。（大路呈灰白色）

 tʻv̩˥ 奶渣，象其形；假借作tʻv̩˥"步"。

 kʻo˧ 角，角在头顶；假借作kʻo˧"远"。

 y˩ 羊，歧角；假借作y˥，语尾词。

 同上文；假借作iə˩"情死"。

 ko˩ 高原，从山有草P（ko˩针）声。

iə˩ko˩又读ŋv˧lv˧iə˩ʂə˥ko˩，即"情死之山"或"雪山情死处"。

 mə˧ 不，日没将尽。

 tɕʏ˩ 桶，从桶双耳；假借作 tɕʏ˧“到”。

 nɯ˧ 标音的哥巴字，表示助词。

 同上文；代表本句中的两个 zo˧。

 同上文；假借作 ʂu˩“我”。

 同上文；假借作 le˧“又”。

 do˩ 见，从目有所见。

 同上文；代表本句中的两个 mi˥。

 同上文；假借作 ʂu˩“我”。

 同上文；假借作 le˧“又”。

 mæ˧ 尾；假借作 mæ˧“着”。

 同上文；假借作 le˧“又”。

 同上文。

 同上文；假借作 lɯ˥“若”。

 dʑy˩ 手镯；假借作 dʑy˧“消”。

 pʰi˩ 腿，象腿肉；假借作 pʰi˥ 助词。

全句标音：tʂʅ˧ pʰər˩ tɕʏ˥ kʰo˧ y˥，ia˩ kʰo˩ mə˧ tɕʏ˧ nɯ˧，zo˧ ʂu˩ zo˧ le˧ do˩，mi˥ ʂu˩ mi˥ le˧ mæ˧， le˧ do˩ lɯ˥ dʑy˧ pʻi˥。意为：大路很遥远呀，还不到情死之山，男儿如被找见，女儿如被寻到，假若真的被找见。

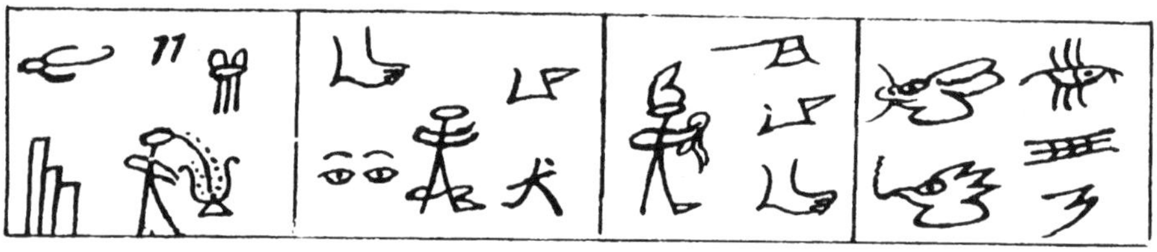

字释：

 同上文；假借作ə˥。

 dzɿ˧ 围墙，象围墙高矮连接筑之。假借作dzɿ˩。

ə˥dzɿ˩ 即"咱俩个"。

 ȵi˧ 二。

 kv˧ 蒜，象蒜头；假借作kv˥"个"。

 tʻɯ˩ 饮酒，从人以虹管饮酒。假借作tʻɯ˧"哪"（感叹词）。

 kʻɯ˧ 脚。

 ȵə˩ 眼；假借作ȵə˩"上"。

kʻɯ˧ȵə˩ 即"脚上"。

 ʂu˩py˧kʻɯ˥ 上脚镣，从人套镣。

 py˧ 升，从升有提耳；假借作ʂu˩py˧的py˧。

 kʻɯ˥ 标音的哥巴字；标ʂu˩py˧kʻɯ˥ 的kʻɯ˥音。

 la˩ŋa˩ʂu˩py˧kʻɯ˥手上带铁铐，从妇人带手铐。

 同上文，标注ʂu˩py˧ 的ʂu˩音。

 同上文；假借作ʂu˩py˧的py˧。

 同上文；假借ʂu˩py˧kʻɯ˥ 的kʻɯ˥。

 同上文；假借作le˧tɕy˩ 的le˧。

 tɕy˩ 啼，从鸡出声；假借作tɕy˩。
le˧tɕy˩即“转回”。

 同上文；假借作lɯ˧“要来”。

 dər˧ 织，象织稠；假借作dər˧“需要”。

 se˩ 标音的哥巴字，代表se˩“了”。

全句标音：ə˥ dzɿ˩ŋi˧kʻv˥tɯ˧，kʻɯ˧ŋa˩ʂu˩py˧kʻɯ˥，la˩ŋa˩ʂu˩py˧kʻɯ˥，le˧tɕy˩lɯ˧dər˧se˩。

意为：咱们俩个哪，脚上带着脚镣，手上套着手铐，又要转回来了。

字释：

 同上文。

 nɯ˧ 心，旁有肺；假借作nɯ˧助词。

 kʻua˩ 坏，从碗▲（kʻua˩坏）声。

 同上文；假借作 ia˧“呀”。

 tʂʅ˧ 拴，从绳束物；假借作tʂʅ˥“说是”。

 同上文。

 同上文；假借作nɯ˧ 助词。

 sɿ˧ 恐，从人散发抖身。

 同上文；假借作 se˩“了”。

上 同上文。

 kua˩ 灶，三石垒于架；假借作 kua˩“诉讼”。

 同上文；假借作ɕi˧"人"。

 sɿ˧pʻe˧奴隶主、官吏，从统治者坐形丰(sər˧木)声。

kua˩ɕi˧sɿ˧pʻe˧即"诉讼官"，指旧衙门中的县长。

 kʻæ˩秋千，象其架；假借作kʻæ˧"面前"。此次省略了一个连词lɯ˥。

 同上文；假借作tʻv˧"到"。

全句标音：zo˧nɯ˧ kʻua˩ lə˧tsɿ˥，mi˥nɯ˧ si˧se˩ʂə˥，kua˩ɕi˧sɿ˧pʻe˧kʻæ˧lɯ˥tʻv˧。意为：说是男的坏呀，说是女的恶呀，抓到衙门诉讼官面前。

字释：

 同上文；假借作kua˩"诉讼"。

 同上文；假借作ɕi˧"人"。

 同上文。

 gə˩ 上，隆起在上；假借作 gə˧"的"。

 sɿ˩ 骰；假借作 sɿ˥。

 na˩ 黑，係藏文借字。

sɿ˥na˩ 青黑。

 lv˧ 石。

 piə˥ 贝；假借作 piə˧"块"。

lv˧piə˧ 即"盖沿石"。

 同上文；假借作 kv˧"上"。

 mɯ˧ 天，圆而覆；假借作 mɯ˧。

 bə˧ 脚板。

mɯ˧bə˧ 脚底板。

 同上文；假借作 le˧"又"。

 kɯ˥ 穿山甲；假借作 kə˥。

 pv˧ 雄，象雄阴；假借作 pv˧。

kə˥pv˧ 倒翻。

全句标音：kua˩ ɕi˧ sɿ˧ pe˨ gə˧，sɿ˥ na˩ lv˧ piə˧ kv˧，mɯ˧ bə˧ le˧ kə˥ pv˧。意为：衙门诉

讼官的大堂前，在青黑盖沿在上，脚底板又翻倒过来。

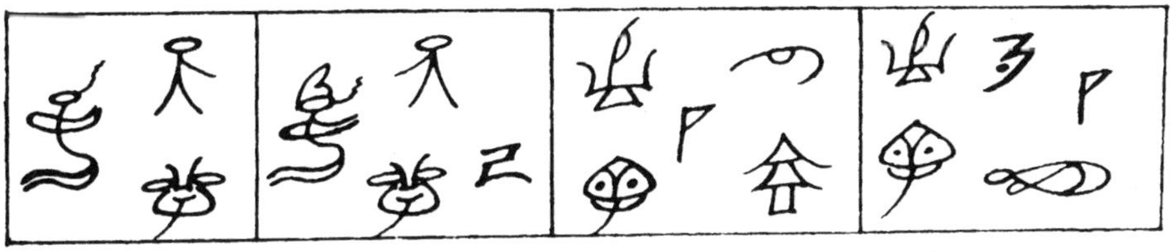

字释：

 ts'ɿ˥ 跪，男人跪形，男读 zo˧。

 uæ˧ 左，从人伸左手。

 同上文；假借作助词 nɯ˧。

 ts'ɿ˥ 跪，女人跪形，女读 mi˥。

 i˩ 右，从人伸右手。

 同上文；假借作助词 nɯ˧。

 ts'ɿ˥ 标音的哥巴字，代表"跪"。

 tɯ˩ 喝，吸管插入碗；假借作 tɯ˧"那"。

 pa˧ 蛙，象蛙头；假借作 pa˥"境地"。

 ko˩ 针，有穿线之眼；假借作 ko˥"经受"。

 同上文。

 t'a˥ 塔，宝塔形；假借作 t'a˩(不)要。

 同上文；假借作 tɯ˧ "那"。

 同上文；假借作 pa˥ "境地"。

 lɯ˥ 标音的哥巴字，代表"假若"。

 同上文；假借作 ko˥ "经受"。

 同上文；假借作 pʻi˥ 助词。

全句标音：zo˧ i˧ uæ˧ nɯ˧ tsʻɿ˥，mi˥ i˧ i˩ nɯ˧ tsʻɿ˩，tɯ˧ pa˥ ko˥ mə˧ tʻa˩，tɯ˧ pa˥ lɯ˥ ko˥ pʻi˥；意为：男的跪在左边，女的跪在右边，不要经受那种境地了，假若经受了那种境地；

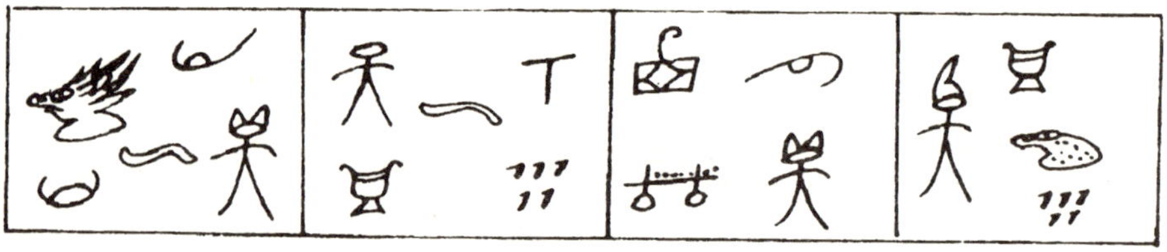

字释：

 tsʻua˥ 鹿，又角。

 同上文。

 pi˩ 膠，象膠块。

 同上文，字异写。

 tse˩ 鬼名，从人又头；假借作 tse˩ "用"。

 同上文。

 tɕər˧˥ 杯；假借作tɕər˨˩ 助词。

 同上文；假借作pi˨˩“痛”。

 tso˧ 标音的哥巴字，代表“可能”。

 同上文；假借作ua˨˩“是”。

 dzə˨˩ 秤锤，假借作dzə˧ma˨˩的dzə˧。

 dzə˧ma˨˩戥子；又代表tə˧“戥星”。

 同上文。

 同上文；假借作tse˨˩“用”。

 同上文。

 同上文；假借作tɕər˨˩ 助词。

此处省略了一个tə˧“痛苦”字。

 同上文；假借作tso˧“可能”。

 同上文；假借作ua˨˩“是”。

全句标音：tɕʰua˧ kʰo˧ pi˨˩ mə˧ tse˨˩，zo˧ tɕər˨˩ pi˨˩ tso˧ ua˨˩；dzə˧ ma˨˩ tə˧ mə˧ tse˨˩，mi˥ tɕər˨˩ tə˧ tso˧ ua˨˩。意为：鹿角不熬胶，男儿会熬痛；戥子不点星，女儿会熬煎。

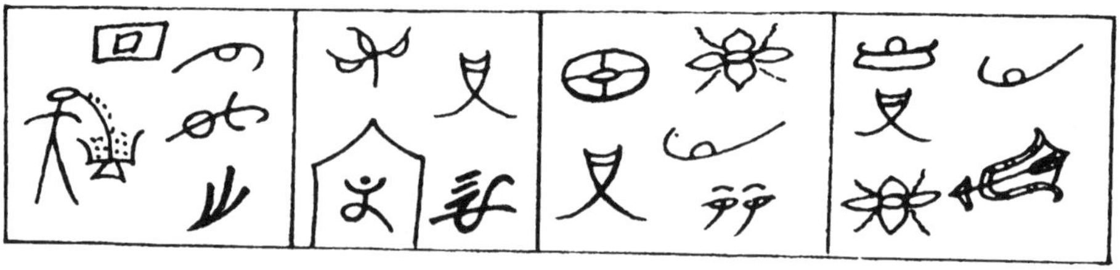

字释：

 同上文；假借作 tɯ˧ "那"。

 ta˥ 匣；假借作 ta˥ "只"。

 同上文。

 za˩ 彗星；假借作 za˩。

mə˧za˩ 即"不止"。

 gə˧ 标音的哥巴字，代表"的"。

 zɿ˧ 柳，细叶；假借作 zɿ˩ "仇"。

 dʑi˩na˩ 大房，从房 文（借藏文 丌 字加 •，读 na˩，表示"大"）声。

zɿ˩dʑi˩na˩ 即"监狱"，原意为关押仇人的大黑房。

 同上文；假借作 me˧ 助词。

 lo˩ 标音的哥巴字，代表"里头"。

 ȵi˧ 日，日体实有光。

 同上文；假借作me˧。

ȵi˧me˧即"太阳"。

 o˩玉，象玉花首饰；假借作o˩"光、影"。

 同上文。

 同上文。

mə˧do˩即"看不见"。

 he˧月，象月缺。

 同上文。

he˧me˧即"月亮"。

 同上文；假借作o˩"光、影"。

 同上文。

 k'æ˥射，张弓射箭；假借作k'æ˥"照"。

全句标音：tɯ˧ta˥mə˧za˩gə˧，zɿ˩dʑi˩na˩me˧lo˩，ȵi˧me˧o˩mə˧do˩，he˧me˧o˩mə˧k'æ˥。意为：还不止仅仅是那样，在大黑牢房里头，看不见太阳的光芒，照不着月亮的影子。

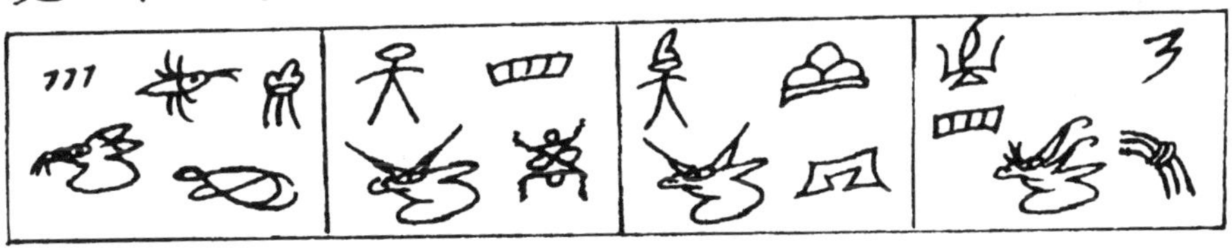

字释：

 ʂɿ˩ 三，音变读ʂɿ˧。

 kʏ˥ 年、岁，即鼠字，鼠为十二生肖之首，故用为年字。kʏ˥音变读kʏ˧。

 同上文；假借作ɬɯ˥"假若"。

 ku˩ 薑；假借作ku˥"丢"。

 同上文；假借作pʰi˥助词。

 同上文。

 同上文；假借作ʏ˩"生"。

 tʂʰɿ˨˩ 土，象土块；假借作tʂʰɿ˧。

 ʂɿ˩ 黄，本金字，金为黄色，故转意为黄。假借作ʂɿ˩。

tʂʰɿ˧ ʂɿ˩ 即"青春"，借自汉语"正時"。

此处省略了一个助词gə˧。

 同上文。

 同上文；假借作ʏ˩"生"。

此处省略了一个tʂʰɿ˧字。

 同上文；假借作lʏ˧。

tɕʰə˨˩lv˧˦ 即"青春"，借自汉语"正隆"。

 同上文；假借作 gə˧ 助词。

 同上文；假借作 tɯ˧ "那"。

 同上文；假借作 tɕʰə˨˩ "时光"。

 同上文；假借作 se˧ "完"。

 se˩ 标音的哥巴字，代表"了"。

 同上文；假借作 tʂə˨˩ "说是"。

全句标音：s1˧ kʰv˧ lɯ˧ ku˧ pʰi˧，zo˧ y˩ tɕʰə˨˩ ʐɿ˩ gə˧，mi˧ y˩ tɕʰə˨˩ lv˧ gə˧，tɯ˧ tɕʰə˨˩ se˧ se˩ tʂə˨˩。意为：假若丢了三年，男儿一生的青春时光，女儿一生的青春隆期，就此完结了。

以上一百七十一个字的这段经文，实际代表了三十七句话、一百八十七个音节；因文中有四个字读双音节，有三个字同时代表两个音，所以全段只省略了七个字，几乎达到了逐词标音。为了便于逐词标音，使用同音和近音假借的字特别多，达一百零五个字，约占百分之六十；同时掺用了标音哥巴字十三个。由此证明，纳西象形文书写东巴经的重要方法之一，就是同音假借。

句读和意译：

zo˧ ɕi˩ zo˧ ə˧ sɿ˩，
儿 养 儿 父亲　　　　养儿的生父，

zo˧ pʻi˥ hɯ˧ se˩ tsɿ˥，
儿 丢失 去 了 说是　　　　说是儿逃亡，

zo˧ ʂu˩ lɯ˧ tso˧ ua˩。
儿 找 来 会 是　　　　又会来寻找。

mi˥ ɕi˩ mi˥ ə˩ me˧，
女 养 女 母亲　　　　育女的亲娘，

mi˥ pʻi˥ hɯ˧ iə˧ ʂə˥，
女 丢失 去 了 说是　　　　说是女情死，

mi˥ le˧ me˩ tso˧ ua˩。
女 又 寻 会 是　　　　又会来寻访。

ʐɿ˧ pʻər˩ tʻv˥ kʻo˧ y˥，
路 大 步 远 呀　　　　大路遥远呀，

iə˩ ko˩ mə˧ tʻv˧ nɯ˧；
情死 山 不 到 （助）　　　　还未到情山；

zo˧ ʂu˩ zo˧ le˧ do˩， 儿 找 儿 又 见	找男如找到，
mi˥ ʂu˩ mi˥ le˧ mæ˧， 女 找 女 又 到	寻女如寻着，
le˧ do˩ lɯ˥ dʑy˧ pi˥； 又 见 着 有（的话）	假若被找见；
ə˥ dʐʐ˩ ȵi˧ kʏ˥ tɯ˧， 咱俩 两 个 那	咱们俩个那，
kʰɯ˧ ŋə˩ ʂu˩ py˧ kʰɯ˥， 脚 上 铁镣 上	双脚上铁镣，
la˩ ŋə˩ ʂu˧ ər˩ tsɿ˥， 手 上 铁链 套	双手套手铐，
le˧ tʂʏ˩ lɯ˧ dər˧ se˩。 回转 来 要 了	又要转回来。
zo˧ nɯ˧ kʰua˩ iə˧ tsɿ˥， 男（助）坏 呀 说是	说是男的坏，
mi˥ nɯ˧ si˧ se˩ ʂə˥， 女（助）恶 了 说是	说是女的恶，

kua˩ ɕi˧ sɿ˧ p'e˧ kæ˧ lɯ˥ t'v˧;

诉讼人 官 前 若 到　　　　抓到衙门大官前;

kua˩ ɕi˧ sɿ˧ p'e˧ gə˧,

诉讼 人 官 的　　　　衙门大官的,

sɿ˥ na˩ lv˧ piə˧ kv˧;

青 黑 盖沿石 上　　　　大堂青石上,

mɯ˧ bə˧ le˧ kə˥ p'v˧,

脚板 又 翻转　　　　又翻转脚板,

zo˧ i˧ uæ˧ nɯ˧ ts'ɿ˥,

男 呀 左 由 跪　　　　男的跪左边,

mi˥ i˧ i˩ nɯ˧ ts'ɿ˥,

女 呀 右 由 跪　　　　女的跪右边,

t'ɯ˧ pa˥ ko˥ mə˧ t'a˩。

那 境地 过 不 要　　　　别过那境地。

t'ɯ˧ pa˥ lɯ˥ ko˥ p'i˥,

那 境地 若 过(的话)　　　　若经那折磨,

ts'ua˥ ko˧ pi˩ mə˧ tse˩,

鹿 角 胶 不 用　　　　鹿角不熬胶,

zo˧ tɕər˩ pi˩ tso˧ ua˩；
男 对 痛 会 是　　　　男儿会煎熬；

dʑə˧ ma˩ tə˧ mə˧ tse˩，
戳 子 星点 不 用　　　　戳子不点星

mi˥ tɕər˩ tə˧ tso˧ ua˩。
女 对 苦 会 是　　　　女儿会碎心。

tʰɯ˧ ta˥ mə˧ za˩ gə˧，
那 只 不 止 的　　　　还不止此呀，

zɿ˩ dʑi˩ na˩ me˧ lo˩，
仇 房 黑 大 里　　　　衙门大黑牢，

ɲi˧ me˧ o˩ mə˧ do˩，
太阳 光 不 见　　　　昼不见阳光，

he˧ me˧ o˩ mə˧ kʰæ˥，
月亮 影 不 照　　　　夜不照月影，

sɿ˥ kʏ˧ lɯ˥ ku˥ pi˥；
三 年 若 丢（的话）　　　　若关三五年，

zo˧ y˩ tɕʰɿ˥ ʂɿ˩ gə˧，
男 生 正 時 的　　　　小伙青春期，

mi˥ y˩ tʂʅ˥ ɭv̩˧ gə˧，

女 生 正 隆 的　　　　姑娘好時光，

tiɯ˧ tʂʅ˥ se˧ se˩ tsʅ˥。

那 阵子 完 了 说是　　　　就此完结了。

附　卜书摘译

象形文书写东巴经的第三种情况，即以字代词，逐词标音，再举《pi˧ ʂu˩ tsɿ˩·寻人卜书》中的一段（一课），加以注释和说明，可供参考。

字释：

 字头，不读音；每本经书开头，一般都写此字头；一般卜书每段（课）开头亦写此字头。

 ɣɯ˧ 牛，即十二生肖之“丑”。

 dʐ˩ 時。“日”为，如日光四射；“時”为，象日光照临，以日光移动定時。

 dʑi˧ 走，从人走（dʑi˧酒药）声，是形声字。

 mə˧ 不，日没将尽。

 hɯ˧ 牙齿，又作；假借作hɯ˩。

mə˧hɯ˩即"很"。

 同上文。

 bæ˩ 扫谷板；假借作bæ˩。

mə˧bæ˩即"不高兴"。

mə˧hɯ˩mə˧bæ˩即"很不高兴"，固定词组。

 uə˧ 庄、寨，截山（）之半取义；假借作uə˩。

 kv˧ 蛋；假借作gv˧。

uə˩gv˧即"似乎"、"好象是"。

句读和意译：

ɣɯ˧ dʑə˧˩ dʑi˧，
丑 时 走　　丑时走出（的那个人），

mə˧hɯ˩mə˧bæ˩uə˩gv˧。
很 不高兴 似乎　　似乎很不高兴。

字释：

 ə˩ 阿，从口出ə声，亲属称谓的词头。

 合体字： pʏ˧˩ 祖父；ㄅ tɕʰər˥ 代、辈。 ə˩ pʏ˧˩ tɕʰər˥ 祖父辈。

 同上文。

 ŋʏ˧ 超荐（动词）、ŋʏ˧˩ 神主木偶（名词）。人死后东巴作 ɕi˧ ŋʏ˧ 道场时，要用松枝半木偶，象征死者。

 tsʼɿ˩ 鬼，从人披头散发。

 ɯ˩ 谋臣，字源难解；假借作 ɯ˧ "自己"。

 ʂu˩ 铁，本意斧，其质铁，故转意为铁。假借作 ʂu˩ "找、缠身"。

 kʏ˧ 蒜头；假借作 kʏ˧ "会"。

 ɣɯ˧ dzɿ˩ tɯ˧ 纳西"巴格十课"中的东北隅，

(牛位、艮位)。从牛ɣɯ˧、从生丢dzɿ˩。

 ta˥ 匣;假借作ta˥"只"。

 同上文;假借作ʂu˩"找"。

 dər˧ 纸,象纸捆;假借作dər˧"需"。

 tsʻe˩ 十。

 ɲi˧ 二。

 ha˥ 夜,从月倒影。

 kʏ˧ 蛋;假借作gʏ˧"过了"。

 le˧ 标音的哥巴字,代表"又"。

 mi˧ 火;假借作mi˧"听"。

 同上文;假借作kʏ˥"会"。

句读和意译:

ə˩pʻʏ˧tɕʻər˥ mə˧ɲʏ˥tsɿ˩ u˧ʂu˩kʏ˥,
祖父 辈 不 超荐 鬼 自己 找 会

ɣɯ˧dzɿ˩tɯ˧ ta˥ ʂu˩ dər˧,
东北角 只 找 需

tsʻe˩ɲi˧ha˥gʏ˧ le˧mi˧kʏ˥。
十 二 天 过 又 听 会

祖父辈不超荐的鬼会缠自己，
要到东北角去寻找，
过十二天后又会听到消息。

三　哥巴文应用举例

哥巴文是一种标音文字（音节或音缀文字）。在使用时每个字代表一个音节，在这一点上它比象形文进了一步。但哥巴文字形任性不固定，写法因人而异；其次一音用数字和近音字可通用，所以带来了哥巴字的一字多音、多形和一音数字等复杂现象，因此还不能完整系统和准确地记录语言。

哥巴文经书的书写从左至右；每句后面一般用一竖线隔开，也有用一小圆圈的，近似汉文的标点符号。每页经书写四至六行不等，一律横写。经书大小及所用的纸张，与象形文经书相同。

下面例文摘引自《du˩tuɯ˦·通神经》一书，係丽江坝区长水中村东巴和洞泉先生之抄本。

原经书封面

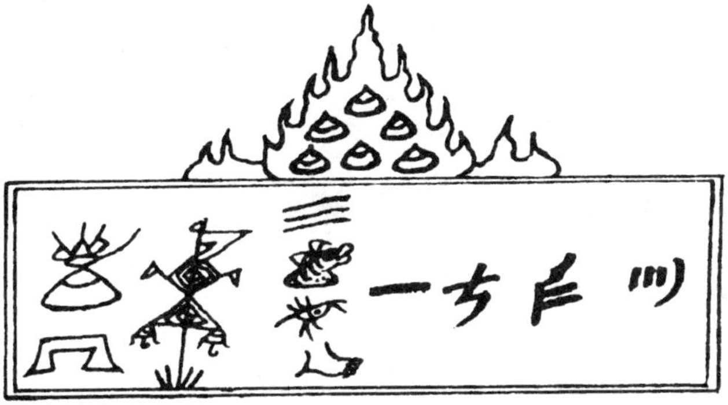

 lo˩ by˧ tʂʰʅ˩ 宝物，从宝物内光。书名方圈顶上一般以画各种宝物作装饰。

 py˩ 东巴巫师，从人坐戴佛冠、口出声示唸经。

 gə˩ 上，隆起在上；假借作gə˧"的"。

 hər˧ la˧ lɯ˩ dzər˩ 祭风神树，东巴作祭风道场时用之。此处只会意，不读音。

 hər˧ 风。

 la˧ 虎，虎头斑纹；假借作la˧ lɯ˩的la˧音。

 lɯ˥ 牛虱；假借作la˧ lɯ˩的lɯ˩音。

 K'ɯ˧ 脚；假借作 K'ɯ˥。

hər˧la˧lɯ˩K'ɯ˥ 即"祭风道场"。

以下为哥巴字：

 du˩ 阳神；du˩ 和 se˩ 阴神在东巴经中被称为万物之神。

 tɯ˧ 起身。

 o˩ 是；口语"是"读 ua˩。

 me˥ 的（语尾助词）。

连读和意译：

《py˩gə˧ hər˧la˧lɯ˩K'ɯ˥ du˩tɯ˧ o˩me˥》
东巴 的 祭风道场 阳神起 是的

《东巴经·祭风道场·迎接阳神》

简称：

《du˩tɯ˧·迎神经》

经文译例

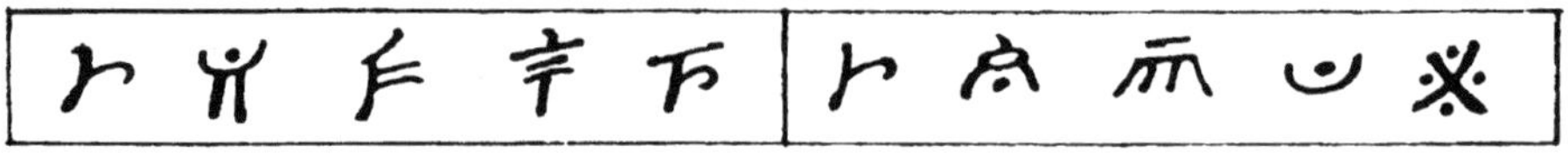

bər˩ nɯ˧ mə˧ t'æ˥ sɿ˧, bər˩ k'o˧ kæ˧ nɯ˧ ts'ər˥。
牦牛（助）不 撞 还 牦牛 角 前 （助）砍

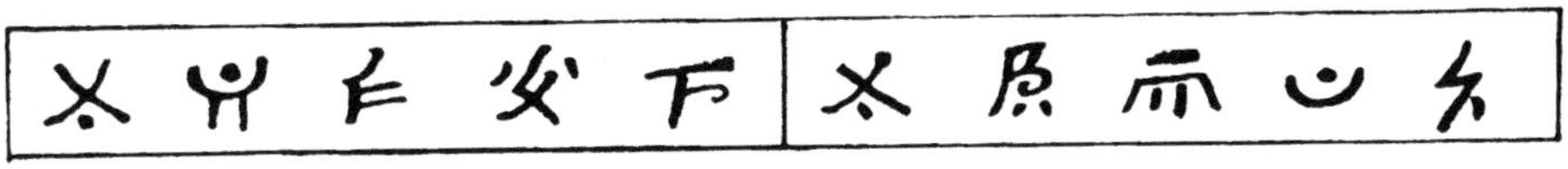

la˧ nɯ˧ mə˧ tsʰa˥ sɿ˧, la˧ dzæ˩ kæ˧ nɯ˧ tʂʰər˧.

虎 （助） 不 咬 还 虎 牙 前 （助） 断

bu˩ gv˧ dzæ˩ nɯ˧ mə˧ pe˥ sɿ˧,

猪 熊 牙 （助） 不 挑 还

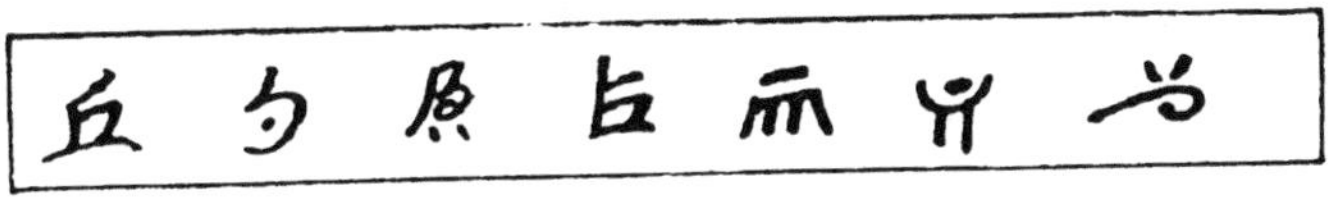

bu˩ gv˧ dzæ˧ pʰər˩ kæ˧ nɯ˧ la˥.

猪 熊 牙 白 前 （助） 打

gv˧ bɯ˧ zɿ˩ nɯ˧ mə˧ mæ˧ sɿ˧,

冤 仇 （助） 不 斗着 还

zɿ˩ la˩ ʂər˩ me˧ kæ˧ nɯ˧ tsʰər˥.

仇 手 长 的 前 （助） 割

译文：

还没被牦撞，应先砍牦角。

还没被虎咬，应先断虎牙。

没被猪熊獠牙挑，应先敲断猪熊牙。

没被仇人斗冤前，应先砍掉仇手长。

hɯ˩ mə˧ lɯ˧ nɯ˧ ku˥ dʑi˩ kæ˧ nɯ˧ tʻv˩，

雨 不 来 （助） 毡 房 前 （助） 搭

dʑi˩ mə˧ i˩ nɯ˧ dʐo˩ pa˩ kæ˧ nɯ˧ tso˥，

水 不 发 （助） 桥 宽 前 （助） 修

hər˧ mə˧ tʻv˧ nɯ˧ bu˩ ʂua˩ kæ˧ nɯ˧ ta˩。

风 不 到 （助） 墙 高 前 （助） 拦

未下雨前应先搭毡棚，

未发洪水应先修大桥，

未到狂风应先筑高墙。

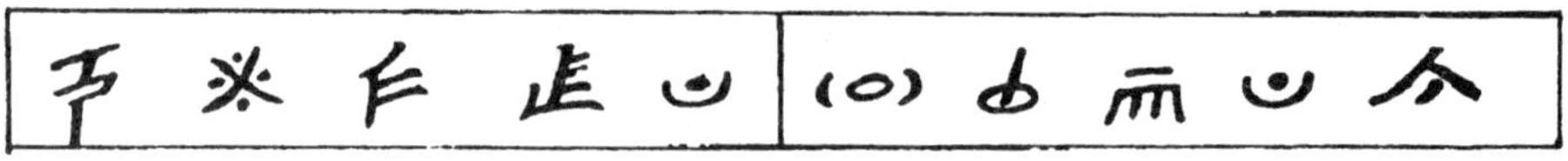

gu˩ tsʻər˧ mə˧ tʻv˧ nɯ˧，py˩ ɕy˧ kæ˧ nɯ˧ be˧。

疾 病 不 生 （助） 念 经 前 （助） 做

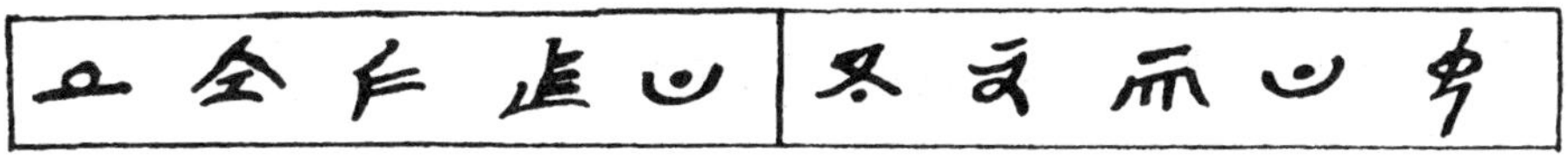

dzɿ˧ dzo˧ mə˧ tʂʰɿ˧ nɯ˧，dzɿ˧ mɯ˥ kʰæ˧ nɯ˧ tɕʰər˩。

祸 害 不 出 (助) 官 老 前 (助) 请使

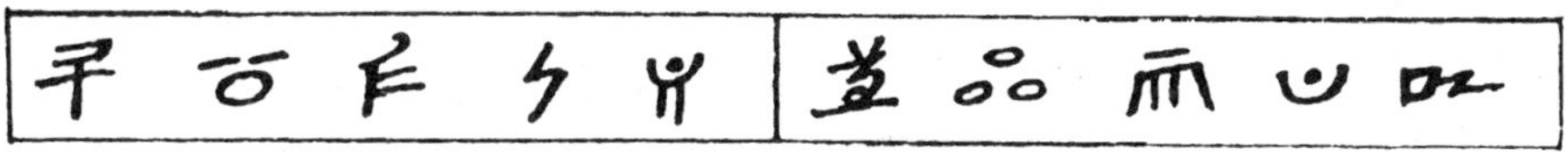

dv˩ da˩ mə˧ dɯ˧ nɯ˧，tɕʰər˧ ʒɯ˧ kʰæ˧ nɯ˧ tʂɯ˩。

毒 蛊 不 得 (助) 药 前 (助) 吃

还未得疾病，应先把经念。

还未出祸害，应先求官老。

还未染蛊毒，应先服良药。

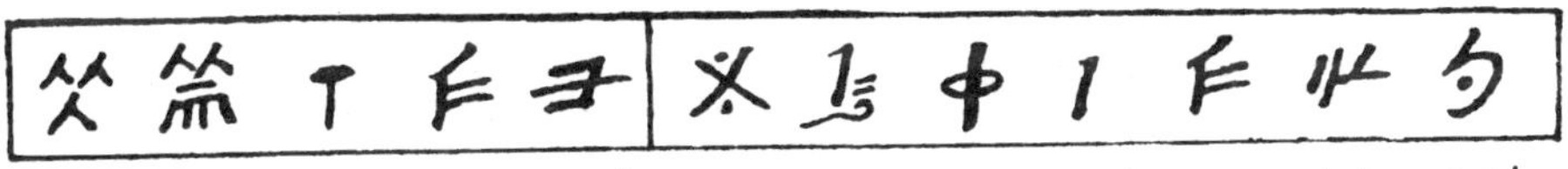

kʰua˥ gæ˩ tɕʰɯ˥ mə˧ bɯ˩，ʈər˧ kʰv˧ ly˧ kʰv˧ mə˧ i˧ gv˩。

盔 甲 连 不 断 刀 尖 矛 尖 不 刺 了

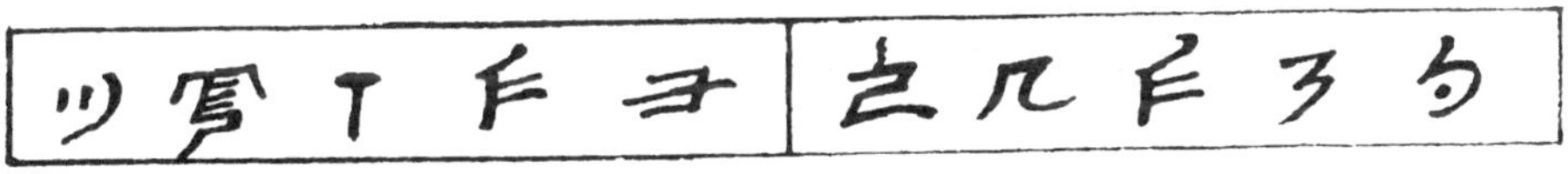

dʑi˧ be˧ tɕʰɯ˥ mə˧ bɯ˩，tsʰɿ˧ har˧ mə˧ se˩ gv˩。

衣 薄 连 不 断 冬 风 不 袭 了

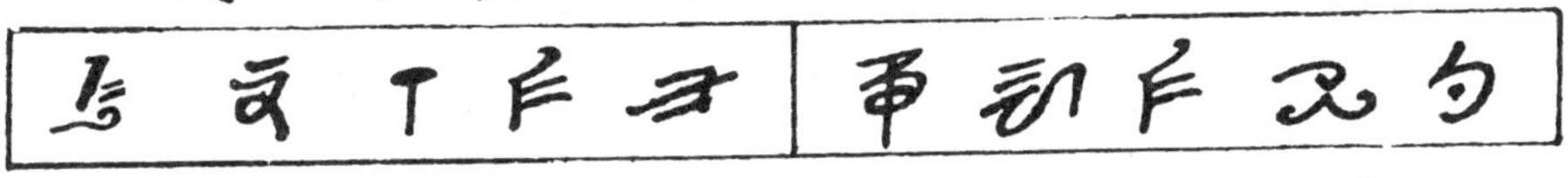

kɯ˧ mɯ˩ tɕʰɯ˥ mə˧ bɯ˩，ʈɯ˧ hɯ˩ mə˧ i˩ gv˩。

帽 子 连 不 断 夏 雨 不 漏 了

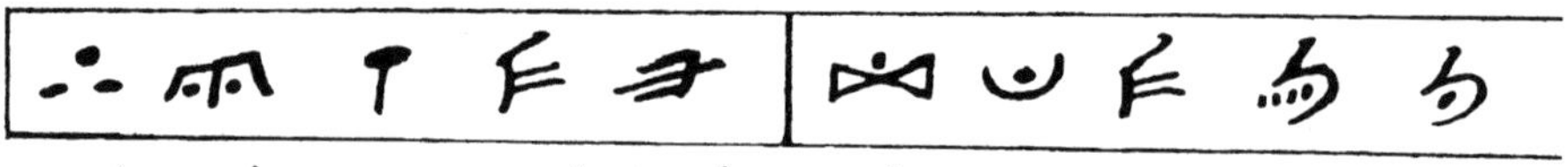

za˧ na˩ tɕʰu˥ mə˧ bɯ˩, tɕʰi˧ nɯ˧ mə˧ gv˩ gv˩.

靴 黑 连 不 断 刺（助）不 戳 了

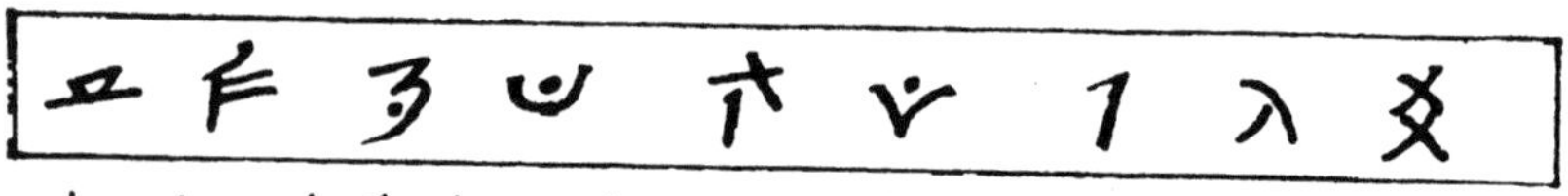

dʐər˩ mə˧ lɯ˧ nɯ˧ gv˧ dʐy˩ kv˧ le˧ dy˥.

匪 不 来（助）九 山 上 又 追

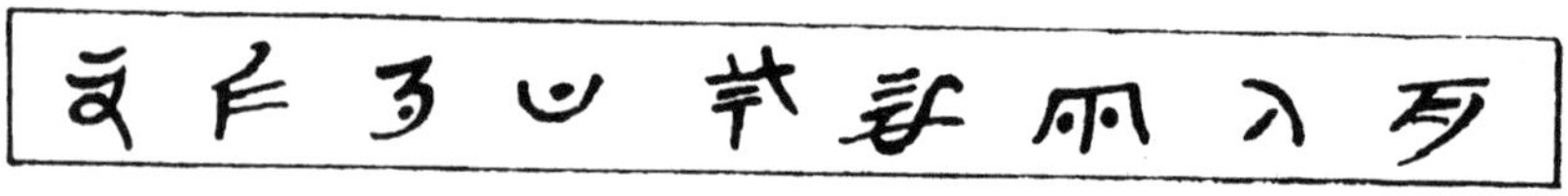

mu˩ mə˧ lɯ˧ nɯ˧ ʂər˧ lo˩ na˩ le˧ ha˥

兵 不 来（助）七 谷 深 又 宿

盔甲不离身，矛尖刀尖不伤身。

经常穿薄衣，冬风不会袭。

经常戴笠帽，夏雨不会淋。

经常穿黑靴，荆刺不戳脚。

土匪没来九山先放哨，

乱兵未到七谷先巡宵。

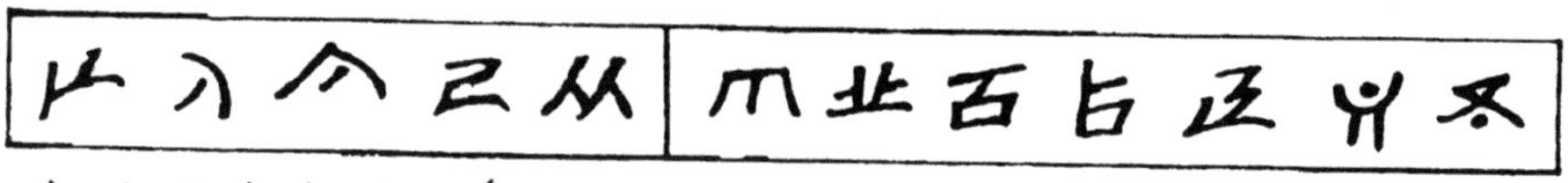

be˧ le˧ be˧ tsɯ˩ zɯ˧, ka˥ tse˧ lv˧ pʰər˩ ua˧ nɯ˧ dzɯ˧.

劳动 又 做 来 男 “高增” 石 白 村（助）住

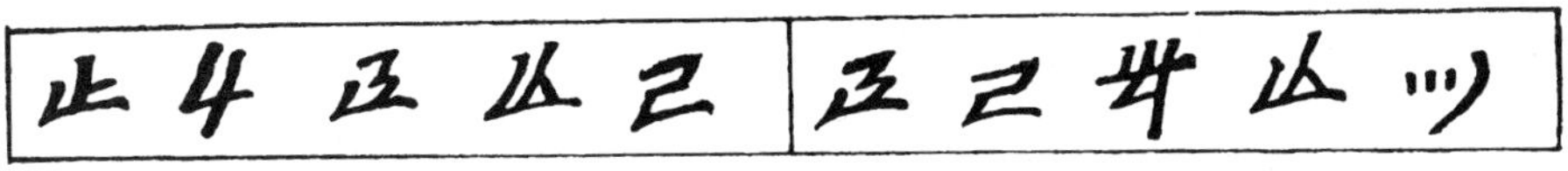

tʂʅ˥˧ ʂʅ˩ uɑ˧ ʂuɑ˩ tsʅ˥˧, uɑ˧ tsʅ˥˧ so˧ ʂuɑ˩ me˧。

土 黄 瓦 高 建 瓦 建 高山 高 的

勤劳的古人，住在高增白石村；

筑黄土高墙，建下大山寨。

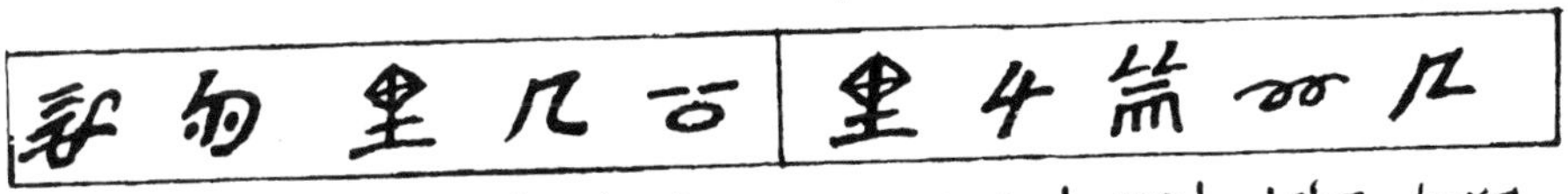

lo˧ nɑ˩ mɯ˥ hər˩ dɑ˥, mɯ˥ ʂʅ˩ gæ˩ tsʻe˥ tər˥,

谷 深 竹 青 砍 竹 黄 篾 笆 编

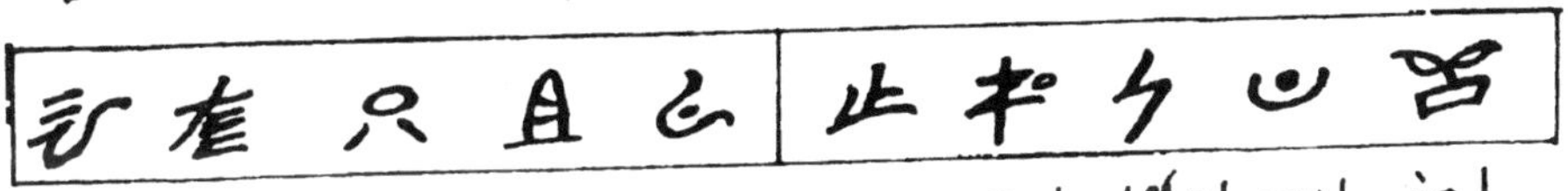

dʑi˩ ho˩ pʻu˥ ɲɑ˩ tɑ˩, tʂʅ˥˧ ʂʅ˩ tʂʻər˧ nɯ˧ iə˩,

房 肋 边 上 挡 土 黄 泥（助）糊

tsʅ˧ hər˧ mɑ˧ se˩ gɣ˩。

冬 风 不 袭 了

砍深谷青竹，编黄竹篾笆，

挡在房墙边，黄泥糊篾墙，

冬风不袭了。

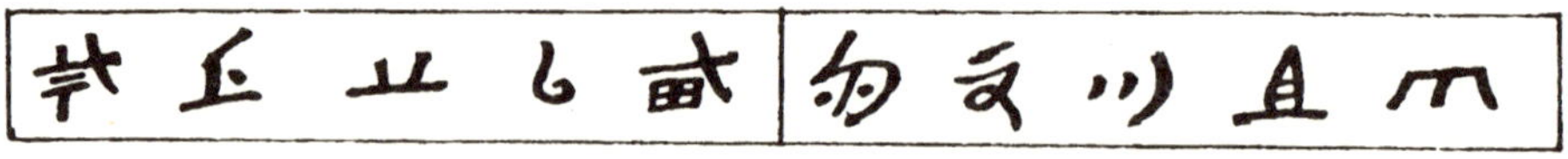

ʂər˧ ɕi˧ gɯ˧ pʰər˨˩ kʰə˧, na˨˩ mo˧ dʑi˨˩ ŋə˨˩ ka˥,

七 百 板 白 剖 大 地 房 上 盖

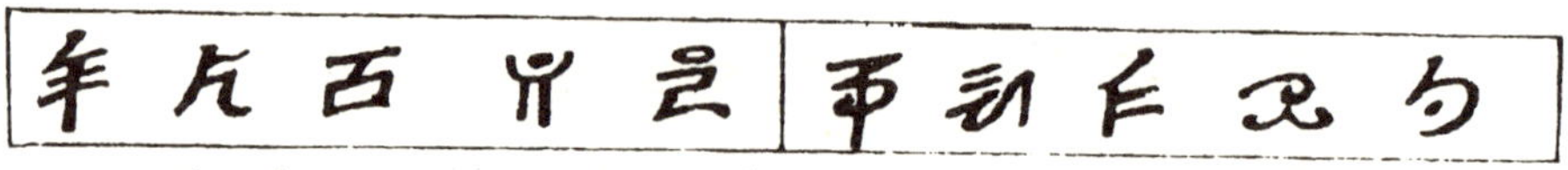

sɿ˨˩ dʑɯ˧ lv˧ nɯ˧ zər˨˩, ʐɯ˧ hɯ˨˩ mə˧ i˨˩ gv˨˩。

三 节 石 (助) 压 夏 雨 不 漏 了

剖七百杉板，盖在房顶上，

压三节石头，夏雨不漏了。

æ˧ ʂua˨˩ kʰæ˧ ʂɿ˥ tʰv˥, dər˧ ɣɯ˧ kv˧ ŋə˨˩ ko˧.

岩 高 沟 新 开 田 好 上 里 浇

dər˧ ɣɯ˧ ba˨˩ pʰv˥ ba˨˩ ɣɯ˧ du˧。

田 好 庄稼 种 庄稼 好 会

高岩开新沟，引水灌田地，

田地庄稼会丰收。

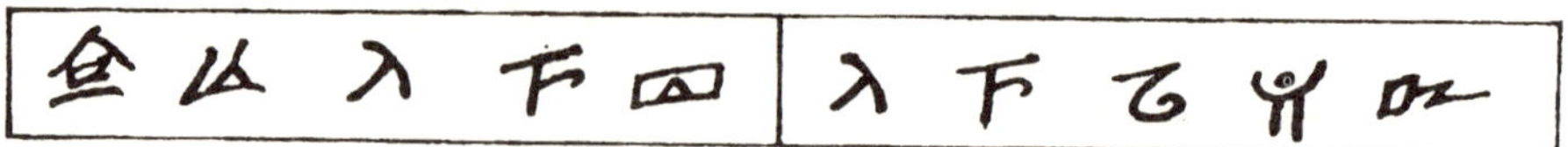

ko˧ ʂua˨˩ le˥ sɿ˧ pi˥, le˥ sɿ˧ bv˧ nɯ˧ tʰɯ˨˩

山 高 獐 毛 掉 獐 毛 羊 (助) 吃

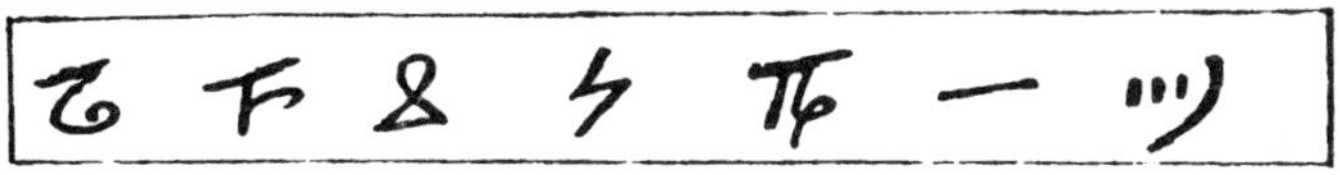

by˧ sɿ˧ to˧ dɯ˩ dzɿ˩ du˧ me˧ 。

羊 毛 丛 大 长 会 的

高山掉獐毛，獐毛被羊吃，

羊毛丛大长的好。

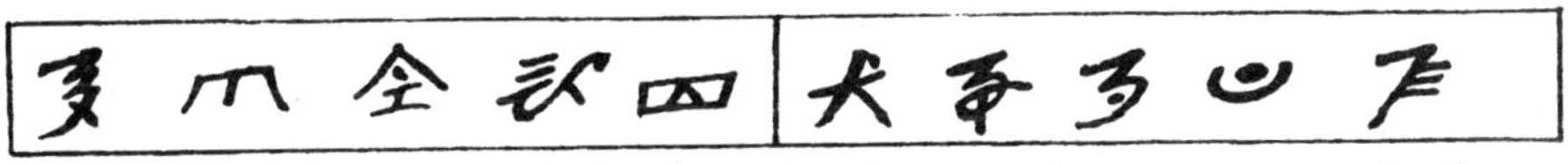

ə˩ ko˥ hy˧ tʂʅ˧ pʻi˥，kʻɯ˧ ne˩ lɯ˥ nɯ˧ ʂu˩，

岩 间 兽 路 掉 狗 和 猎神（助）找

ʂu˩ le˧ dɯ˧ du˧ me˧。

找 又 得 会 的

岩间留兽路，猎犬去寻找，

会找着野兽。

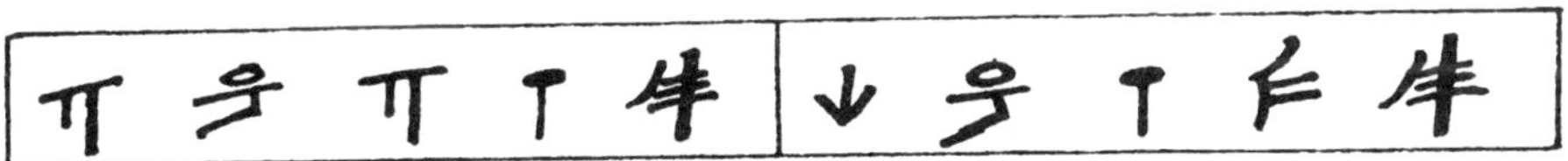

tɕʻi˧ dər˧ tɕʻi˧ tɕʻu˥ tʻa˥，sər˧ dər˧ tɕʻu˥ mə˧ tʻa˥.

这 短 这 接 可以 木 短 接 不 可以

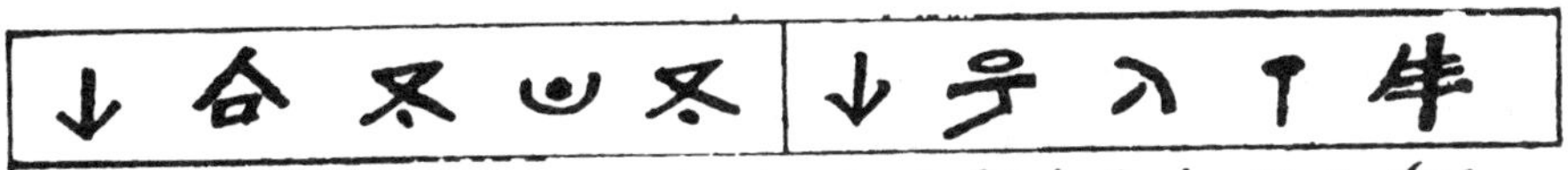

sər˧ ko˩ dzɿ˧ nɯ˧ dzɿ˧，sər˧ dər˧ le˧ tɕʻu˥ tʻa˥。

木 心 蛀 （助） 蛀 木 短 又 接 可以

短物可连接，短木不能接；
楔子入木心，短木又可接。

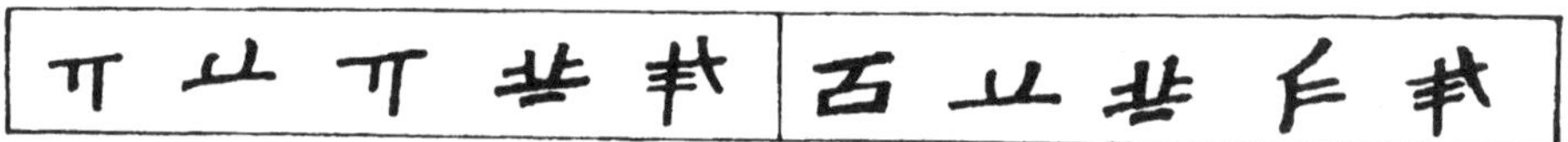

tʂʰɿ˧ gɯ˧ tʂʰɿ˧ tse˥ tʰa˥, lv˧ gɯ˧ tse˥ mə˧ tʰa˥;
这 裂 这 砌 可以 石 裂 砌 不 可以

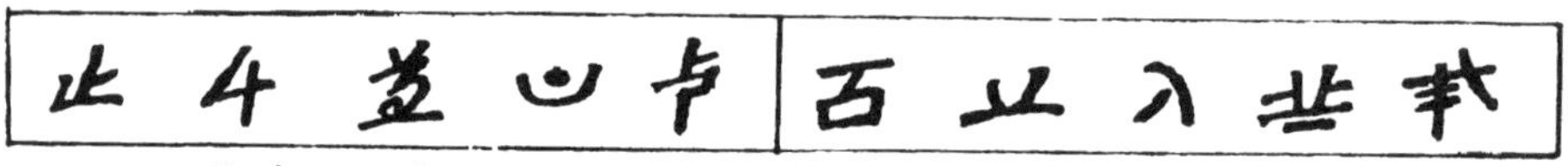

tʂʰɿ˥ ʂɿ˩ tʂʰə˧ nɯ˧ iə˩, lv˧ gɯ˧ le˧ tse˥ tʰa˥.
土 黄 泥浆 (助) 抹 石 裂 又 砌 可以

物裂可粘合，裂石不能粘；
黄泥糊裂口，裂石又可砌。

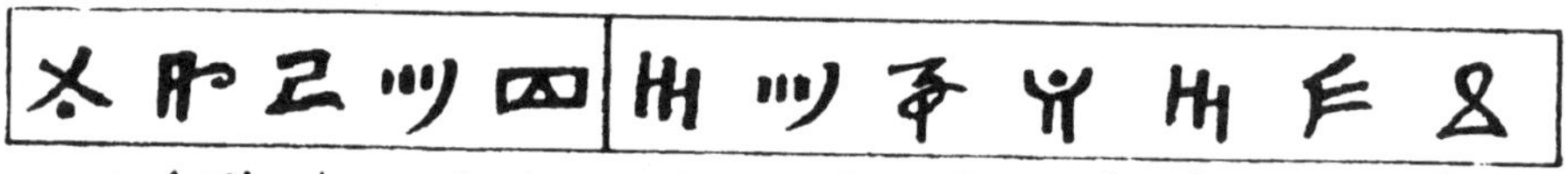

la˧ lər˧ tsʰɿ˥ me˧ pʰi˥, kʰv˧ me˧ ne˩ nɯ˧ kʰv˧ mə˧ do˩;
大 地 山羊 母 丢失 偷 者 谁 (助) 偷 不 见

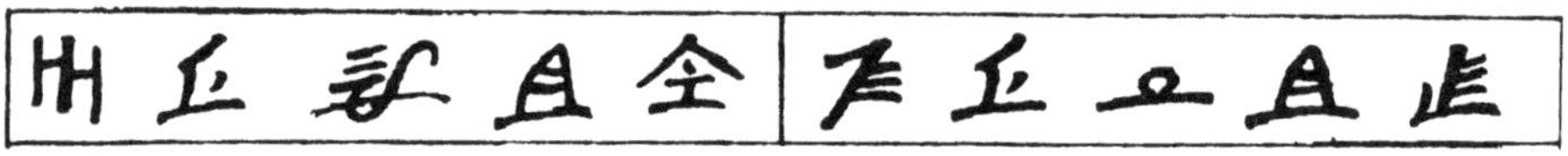

kʰv˧ ɕi˧ lo˩ dʐə˩ hy˥, ʂu˩ ɕi˧ dʐy˧ dʐə˩ tʰv˩,
偷 人 谷 里 站 寻 人 坡 上 到

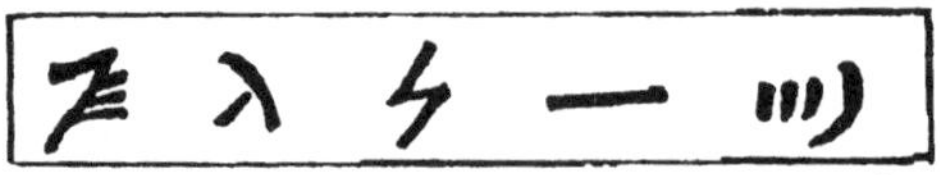

ʂu˩ le˧ dɯ˧ dɯ˧ me˧.
找 又 得 会 的

大地丢山羊，未知盗者是谁人？
偷着躲山谷，寻着到山顶，
又会找得着。

哥巴文应用例文，再举东巴经祭风经类《py˩ ly˧ k'u˧·开坛经》中的一节；经书原文摘自丽江坝区文笔村东巴商尼才的写本。

da˧ le˩ ə˥ sa˩ mi˥，

“达勒”阿萨命

ə˥ ɲy˧ ə˥ o˩ le˧ mi˩ be˧，

阿奴阿沃又名做

la˧ ba˩ la˧ tv˩ tʂ'i˧。

“石鼓”“拉都”类

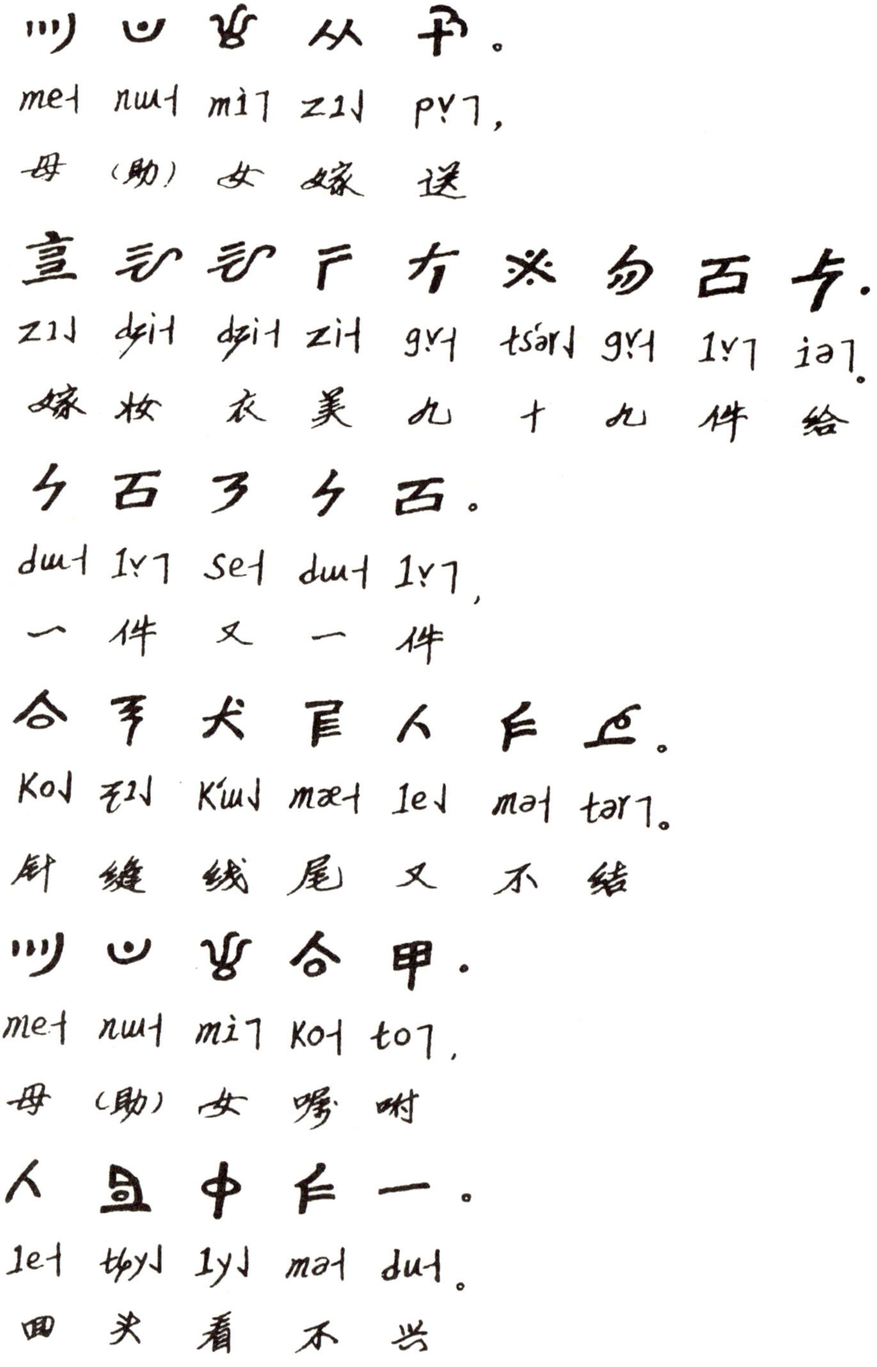
me˧ nɯ˧ mi˥ zɿ˩ pv̩˥,
母 (助) 女 嫁 送
zɿ˩ dʑi˧ dʑi˧ zi˧ gv̩˧ tsʻər˩ gv̩˧ lv̩˥ iə˥。
嫁妆 衣 美 九 十 九 件 给
dɯ˧ lv̩˥ se˧ dɯ˧ lv̩˥,
一 件 又 一 件
kʻo˩ tʂɿ˩ kʻɯ˩ mæ˧ le˩ mə˧ tər˥。
针 缝 线 尾 又 不 结
me˧ nɯ˧ mi˥ kʻo˧ to˥,
母 (助) 女 嘱 咐
le˧ tʂʻy˩ ly˩ mə˧ dɯ˧。
回 头 看 不 得

me˧ ko˩ mi˥ gə˩ i˧,

母 心 女 上 有

mi˥ ko˩ me˧ gə˩ i˧,

女 心 母 上 有

mə˧ ly˩ mə˧ tʰa˥ tʰa˧。

不 看 不 行 行

la˧ ba˩ la˧ ʂɿ˥ bu˩ lɯ˥ tʰv˧,

"石 鼓" 拉 什 坡 (地名) 到

le˧ tɕʰy˩ dɯ˧ ly˩ ne˩.

回 头 一 看 着

tɕi˩ ne˩ hər˧ nɯ˧ pɯ˧ pa˧ be˧,

云 和 风 (助) 变 化 做

da˧ le˩ kʻɯ˧ tʂʻʅ˧ æ˩ nɯ˧ dʐʅ˩ le˧ hə˩。

"达 勤" 肯 赤 岩 (助) 坐 又 去了

译文：

达勤村的阿萨命姑娘，
别名又叫阿妞阿沃，
原来许给了石鼓拉都村。
母亲送女儿出嫁，
嫁妆给了九十九件新衣裳。
一件又一件，
缝衣不结线疙瘩。
母亲嘱咐女儿说：
出嫁离家时不兴回头看呵！
可是母亲的心留在女儿身上，
女儿的苦楚印在母亲心坎里，
不回头看些一下实在不行啊！
当她走到石鼓拉什坡时，

又回过头来看了一下：
狂风和乌云突然间变化，
把她搬到达勤肯赤岩间去了。

四　应用文举例

书信译例　是丽江五台中和村东巴和芳老先生於一九六四年给译者的信。此信采用了象形文和哥巴文混合使用的方式，并逐字逐句标音，所以，新借用了两个汉字，如：先、文；同时新创了两个字：、眛。现将全信翻译如下，略表对和芳老师的悼念之情。

mi˩	tsʻɿ˩	ɕo˩	uæ˥	ɲi˥	hə˧	dɯ˧	la˩
民	族	学	院	您	们	大	伙

be˧	la˧	la˩	iə˥	tso˧	mv˧	ho˩	tʂɿ˥	v˧
都	健	康	(助)	想	念	和	志	武

siæ˧ se˧ ŋɯ˦ he˧ mi˩ le˧ u˦ hɯ˧

先 生 您们 下边 又 回 去

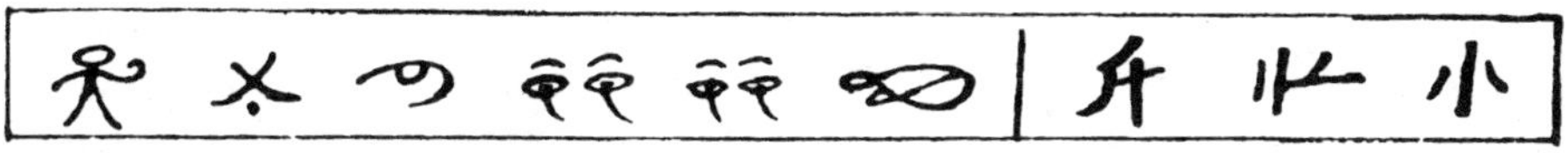

ŋə˩ la˧ mə˧ do˧ do˩ pi˦ ə˩ i˧ ɲɯ˦

我 也 不 见 面 （助） 现 在 呢

ŋə˩ tɯ˧ ɬuə˦ me˧ gə˧ ɲi˧ tsəɹ˩ tʂʰuə˦ ɲi˧

我 从 四 月 的 二 十 六 日

ɬɯ˦ se˩ ɣe˩ huə˦ kuæ˧ lo˩ le˧ kɯ˧ tso˩

以 后 文 化 馆 里 又 工 作

ne˩ se˩ gə˩ ba˩ ʂu˧ ʂu˩ gə˧ sɿ˩ ɕi˧

着 了 哥 巴 纯 粹 的 三 百

tsʰæ˧ dʑy˧ i˧ ŋə˧ nɯ˧ pəɹ˦ y˦ mi˩ ʂi˦

册 有 （的） 我 （助） 写 后 下面 寄

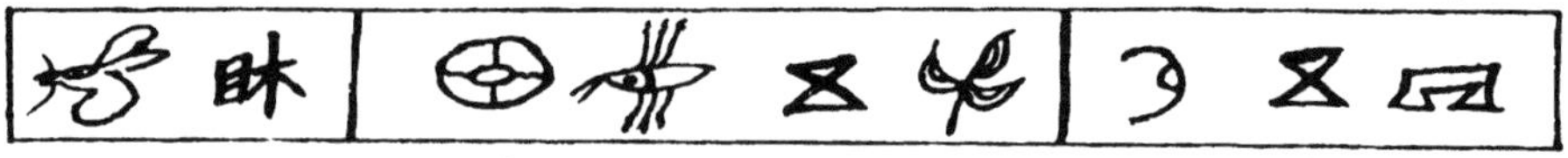

le˧ lə˩ pʰi˥ ʂɯ˥ tʻa˥ ɳv˥ mə˧ tʻa˥ gə˧

又 来 寄 若 可以（的话） 不 可以 的

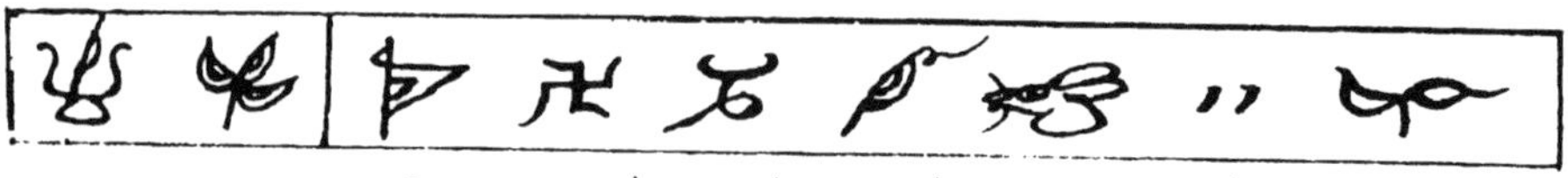

tʻɯ˧ ɳv˥ tʻe˧ ʐɯ˧ gə˧ ŋə˩ le˧ pʰi˥ iə˥

那（的话） 书 信 我 上 又 寄 给

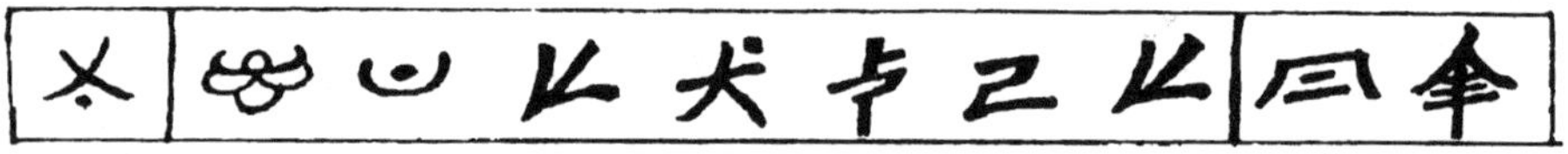

la˩ ɡv˥ nɯ˧ gə˩ kʻɯ˥ iə˥ tsʻɿ˩ gə˧ tʻe˧ ʐɯ˧

吧 您（助） 上面 寄 给 来 的 书 信

la˧ tsie˩ dɯ˧ se˩ mɯ˧ me˧ ŋə˧ nɯ˧ pʻu˥ ne˩

也 接 得 了 （本 来） 我（助） 快些

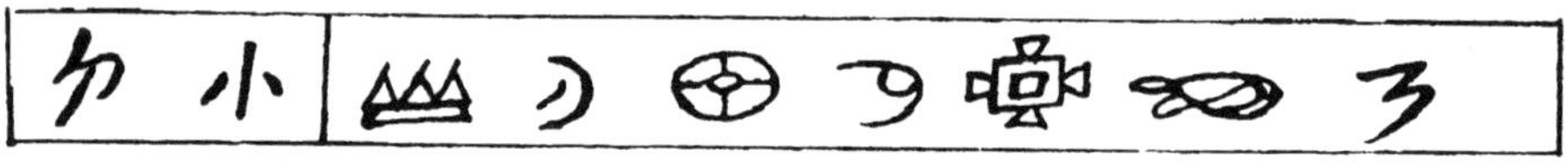

be˧ ɳv˩ mi˩ le˧ pʰi˥ mə˧ dʑæ˩ pi˥ se˩

地（连） 下面 又 寄 不 成（助） 了

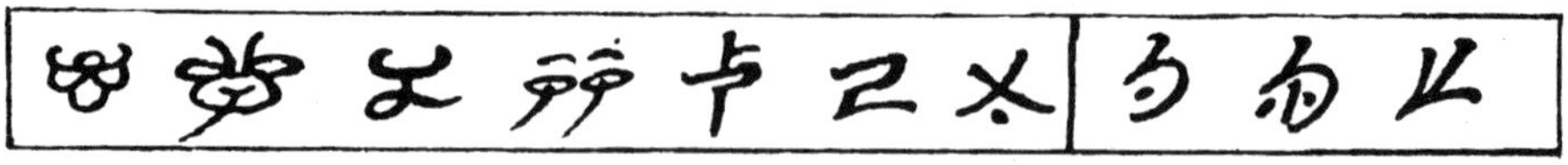

ɡv˥ nɯ˧ ŋə˩ ly˩ iə˥ tsʻɿ˩ la˧ gɤ˧ na˧ gə˧

您（助） 我 看（给） 来 也 好 好 的

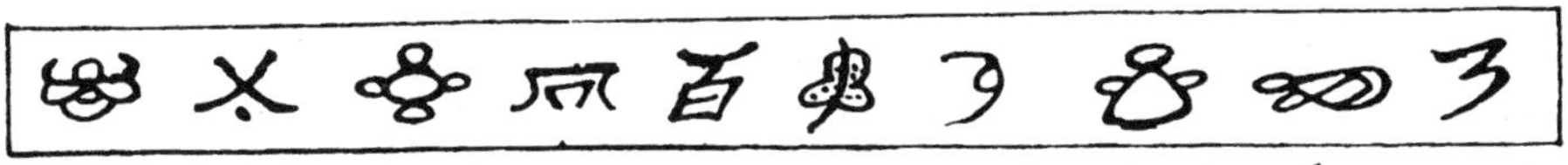

ŋv˥ la˧ dɯ˧ tɕua˧ hu˧ ne˩ mə˧ dɯ˧ pʻi˥ se˩

您 也 一 招 呼 着 不 得 (助) 了

ə˩ i˧ nv˥ tʂʻɿ˧ zɿ˩ ɭɯ˥ se˩ kʻo˧ la˧

现在 呢 这 次 以后 消息 也

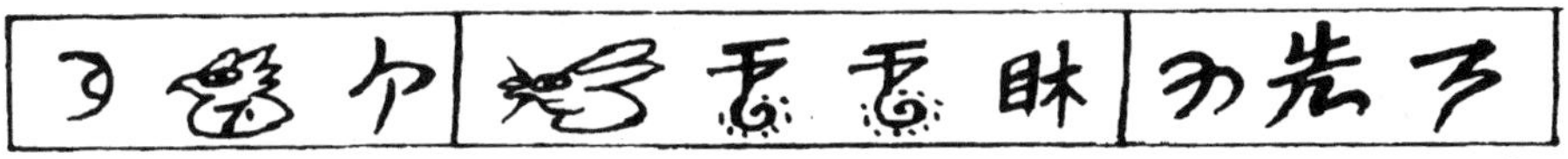

mə˧ ɡə˩ be˧ le˧ no˧ no˧ lə˩ fv˥ siæ˧ se˧

不 停 地 又 互 传 来 傅 先 生

tʻɯ˧ la˩ tɕʻy˩ la˧ ŋv˥ nɯ˧ tʻe˩ dɯ˧ mi˥ do˧

他们 伙 向 也 您 (助) 前 一 向 候

ne˩ iə˥ tʻe˧ ʐɯ˧ la˧ mə˧ kʻɯ˥ se˩ zɿ˧

着 给 书 信 也 不 寄 了 寿

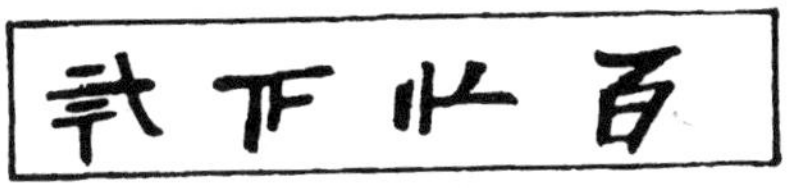

ʂər˩ ha˥ i˧ ho˥

长 天 有 祝

意译：

民族学院您们大伙儿，想必健康吧！

和志武先生，您们转回下边去时，我也未能见面。现在我呢，从四月二十六日起，又在文化馆开始工作了。纯粹的哥巴文书，约有三百本，由我抄写又寄下来，假若可以寄的话。如果那样不行，请写信告诉给我。您写上来给我的信，本来早已接到，但是我不能很快地回信给你；您来看望我时，也没有能好好地招待一番。现在从这以后，经常地互相通信吧。傅先生，以及向他的同事们，请你代为问好，也不另写信了。

祝健康长寿

献给毛主席的锦旗

公元一九五一年十月一日，中华人民共和国成立二周年国庆大典，云南省推派少数民族代表团赴首都北京参加盛大节日的庆祝活动，我（瑜）以纳西族代表的身份到京。在节日前夕，毛主席在怀仁堂举行国宴亲自主持，接见少数民族代表。在先恭制一幅锦旗献礼，毛主席接受后，悬於怀仁堂大厅，这是我应用纳西象形文字最隆重、记忆最深刻的一次。

锦旗原文

"献给

各族人民的伟大领袖毛主席

我们永远跟着您走

纳西族代表方国瑜敬献”

〔附记：这时尚未确定纳西族名称，故原件族名依旧写着麽些族〕

献辞逐字之形、音、义解说如下：

1.  ŋə˩ 我；从人（人）伸手自指。ŋə˩有连词音变，如ŋə˧ŋə˧“我的”，ŋə˧gɯ˩“我们”。

2.  gɯ˧ 裂；从板裂缝。假借为gɯ˩“们”。

gə˧gɯ˩ 我们（排除式），ə˥gɯ˩ 咱们（包括式），此处用的是ŋə˧gɯ˩。

3.  zɿ˧ 草，象草束。假借作zɿ˧ 一生、一世。

4.  be˧ 做，从锄锄地。假借作be˧。

zɿ˧be˧ 意为一生始终、世世代代，与"永远"之意相同。

5.  ŋv˩ 银，象耳环，其质银，引申为银字。假借作 ŋv˥"您"。

第二人称通用读 nv˩（nɯ˩），尊辈称 ŋv˥，平辈称 ɯ˧，下辈称 nv˩。

6.  gu˩ 负，从人背负；引申着背后、追随、跟着。

7.  dʑi˧ 走，从人项一足在路上。

8.  bə˧ 脚板。假借作 bə˩"要去"。

全句连读和意译：

ŋə˧ gɯ˩　zɿ˧ be˧　ŋv˥ gu˩　dʑi˧ bə˩。

我们　永远（都）　您后　走要去

我们永远都要跟着您走下去。

附　东巴经书简目

此简目係方国瑜先生於一九三四年春回丽江考察時，同周汝诚、杨品超二位一起収集记录，是由丽江坝区本吕村（今祥云）东巴和忠道先生讲述和抄写的。据和忠道经书讲，此目录只作为举例，並不完全。

解放后，经过到丽江、中甸、维西等地调查，东巴唸经行法的道场及经书类别和目录，各地不尽相同，有待今后作深入的、全面的调查收集和比较研究，然后编写一个比较详尽的书目。今附此简目，仅供同好研究之参考。

总目　十六类

共　三百九十四种（册）

一、		mɯ˧ py˩	祭天经	8
二、	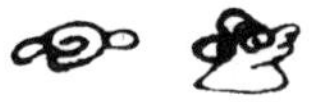	tʂʻə˥ gv˩	解秽经	19
三、		ʂɿ˧ gv˩	祭龙经（祭山神龙王）	19
四、		hər˧ la˧ lɯ˩ kʻɯ˥	祭风经（超度枉死经）	56
五、		to˥ kʻɯ˥	替生（消灾）经	39
六、		zɿ˧ tʂʻu˥ py˩	求寿经	55
七、		dər˧ tʻv˥	赶瘟经	19
八、		ʂɿ˧ kʻɯ˧ tar˥ py˩	解死厄经	13
九、		ʂɿ˩ lo˧ gv˥	祭释理经（东巴祖师）	40
十、		bæ˧ mi˧ tʂɿ˥	燃灯经	11
十一、		la˧ mu˧ gv˥	祭老姆女神经	30
十二、		zɿ˧ me˥（ɕi˧ kʻæ˧）	开路经（开丧）	29

十三、 ɕi˧ŋʏ˥ 蔫死经 26

十四、 ga˧ŋʏ˥ 祭军将经 7

十五、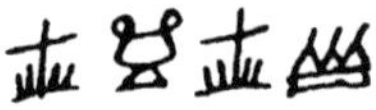 py˩zo˧py˩mi˥ 零杂经 10

十六、 tso˥la˧ "左拉"卜经 13

分　目

一、 mɯ˧py˩ 祭天经

1.  mɯ˧tɕʻə˥py˩
祭天解秽经

2.  mɯ˧mu˧dʑi˧tsʻo˩bər˧sa˥
祭天献牲、叙人类迁徙经

3.  mɯ˧ku˥hy˥
祭天救生经

4.  mɯ˧ha˧ʂʅ˩dzæ˧dzər˥
祭天献饭、祝福经

5.  sʅ˥kʻy˩
祭家神经

6.  sʅ˥ha˧ʂʅ˩
祭家神献饭经

7.  no˧bʏ˩

祭畜神经

8. 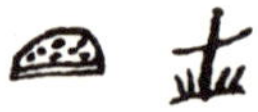 o˩py˩

祭谷神经

二、 tʂʰə˧gʏ˩ 解秽经

1.  ʐʅ˩tɯ˩ko˧o˧

开坛通神献米经

2.  du˩se˩tʂʰə˧ʂu˧

祭男女神除秽经

3.  pʏ˧la˩tʂʰu˧pa˧dʑi˧

通神烧天香经

4.  py˩lɯ˧kʰu˧

开场点鬼经

5. 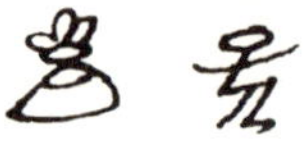 du˩tɯ˧

庆祝经

6  dʑər˩tsæ˧

求灵丢经

7.  tʂə˩gv˩tsʰo˩baɹ˧tv˧

除秽经 人类迁徙记

8. 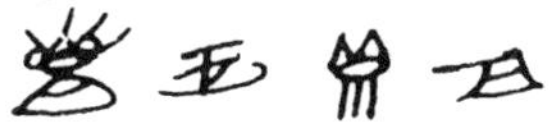 py˩pʰa˩kv˥ʂu˩

寻卜书经

9.  tʂə˥dzɿ˧mi˥

开导秽鬼经

10.  lɯ˧sɿ˧tv˧

神箭来历经

11.  ti˧ba˧ʂɿ˥lo˧tʂər˥dzo˩

"丁巴什罗"传略

12.  tsʰo˩dze˧lɯ˥ɣɯ˧tʂər˥dzo˩

"崇则丽恩"传略

13.  ka˧le˩tsʰy˥tʂər˥dzo˩

"高勒趣"传略

14.  so˧ʂua˩dzæ˧na˩

举火行香经

15.  pa˩lər˧gæ˩so˧

三牲行香经

16. 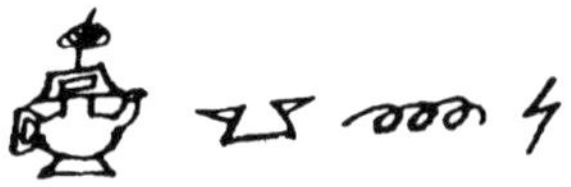 py˧ba˩tʏ˧tɕʰə˥tɕʰər˧

净水壶来历·洗秽经

17.  tso˧ti˧ia˧ma˩sa˥

迎"左体"神经

18.  le˩tɕʰə˥pʰi˥

送"冷牟"鬼经

19.  py˩mæ˥tər˥

解秽结尾经

三、 ʂɿ˩gʏ˩ 祭龙经

1.  kʰu˧gæ˧pʏ˥

送阁神经

2.  mu˧ʐɯ˩sy˥

杀"猛厄"鬼经

3.  ʂɿ˩tʏ˧pɯ˥

山神龙王来历经

4.  sɿ˩ tʂʰər˧ kʰɯ˥

点龙王药经

5.  ȵi˧ bv˧ la˩ do˧ sa˥

祭"尼布老多"经

6.  pʰv˧ tʂʰɿ˧ uə˧ lu˥ tʂʰər˥ dzo˩

"卜赤瓦卢"传略

7.  do˧ sa˩ ŋə˧ tʰv˥ tʂʰər˥ dzo˩

"多萨欧吐"传略

8.  me˩ se˧ tʰv˧ dɯ˩ tʂʰər˥ dzo˩

"梅生都底"传略

9.  mɯ˧ lɯ˥ du˩ dzɿ˧ tʂʰər˥ dzo˩

"牡俪动祖"传略

10.  tsʰo˩ dze˧ lɯ˥ ʥɯ˧ tʂʰər˥ dzo˩

"崇则俪恩"传略

11.  kʰa˧ le˩ tsʰy˥ tʂʰər˥ dzo˩

"高勤趣" 传略

12.  du˩ gə˧ i˧ gv˩ kɯ˩ kʰɯ˥ tʂʰər˥ dzo˩

动家"衣古根空"传略

13.  mɯ˧ lɯ˥ he˩ dzɿ˧ tɕʻə˥ dzo˩

"牡酮恒主"传略

14.  pə˧ tɕʻy˩ sɿ˩ æ˩

鹏龙战经

15  dʑi˩ bə˧ dʑi˩ sa˥

求雨经

16.  sɿ˩ tʻa˥ tsɿ˥

建龙塔经

17.  ka˧ le˩ tsʻy˥ o˩ ʂə˥

"高勒趣"招魂经

18.  sɿ˩ tsɿ˧ tɕʻi˧

送山神龙王经

19.  sa˩ da˥ li˧ to˧ pi˥

送龙王面偶经

四、 har˧ la˧ lɯ˩ kʻɯ˥ 祭风经

1. 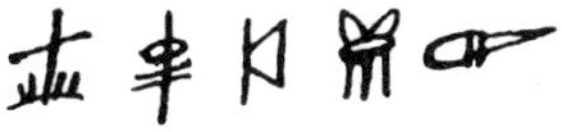 py˩ly˧ kʻɯ˧ ky˧ tʂʻɯ˥

开坊点鬼经上册

2.  py˩ly˧ kʻɯ˧ mæ˥ tʂʻɯ˥

开坊点鬼经下册

3.  kʻa˧ ʐər˧ sa˥

请四头神经

4.  y˩ tsɿ˧

迎祖经

5.  o˩ ʂər˥

召长魂经

6.  du˩ ŋv˥ ky˧ tʂʻɯ˥

祭"牡丽动祖"经上册

7.  du˩ ŋv˥ mæ˥ tʂʻɯ˥

祭"牡丽动祖"经下册

8.  ʂy˧ ʐər˧ tsɿ˧

迎五方神经

9.  ia˧ ma˩ sa˥ y˩ mu˧ dʐi˧

迎"尤麻"献牲经

10.  mə˧ py˩ dzi˧ zɿ˩ sa˥ kʏ˧ tʂu˥

迺"美布精如"神上册

11.  mə˧ py˩ dzi˧ zɿ˩ sa˥ ly˥ tʂu˥

迺"美布精如"神中册

12.  mə˧ py˩ dzi˧ zɿ˩ sa˥ mæ˥ tʂu˥

迺"美布精如"神下册

13.  p'ər˩ sa˥ dʑər˩ sa˥

迺"盘"神和威灵神经

14. 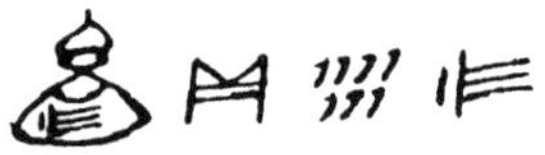 sa˩ i˧ uə˧ de˧ sa˥

迺"萨依五德"神经

15.  kɯ˩ k'u˥ sa˥

迺九头神经

16. 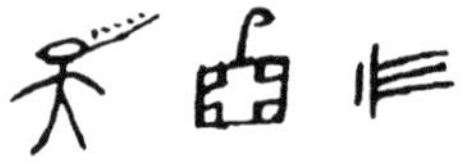 lər˩ dʑə˧ sa˥

迺"来玖"神

17. 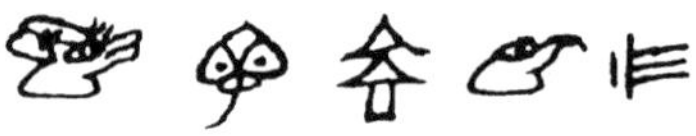 lo˩ pa˥ t'a˧ kə˩ sa˥

迺"罗巴塔苟"神经

18. 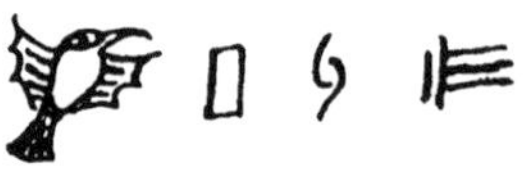 to˧ kə˩ sa˥

迺"东格"神经

19.  iə˧ ma˩ sa˥

迎"尤麻"神经

20.  ʂʅ˥ lo˧ sa˥

迎"什罗"祖师经

21.  lo˩ gə˩ y˩

缉顽鬼经

22.  ku˥ dʑi˩ tɕʰv˩

设鬼毡棚经

23.  tər˩ kʰv˩ o˩ ʂər˥

招恶鬼经

24.  tsʰɿ˧ kʰv˩ o˩ ʂər˥

招缢鬼经

25. 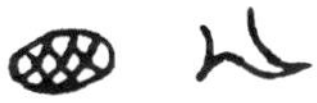 mu˧ kʰɯ˥

施牲经

26.  lv˧ bər˧ lv˧ za˩ kʰv˧ tʂu˥ mæ˥ tʂʰu˥

牧奴迁徙记上下册

27.  tsʰɿ˩ ha˧ iə˥

施鬼食经

28.  kʻə˥kʻə˥to˩dzy˧
"扣扣多居"经

29.  dy˩dzɯ˧ʐua˩
偿"毒"鬼债经

30.  ze˩me˥pʻy˧tsʻɿ˧kʻy˧tɕʻɯ˥
飞鬼结巢经上册

31.  ze˩me˥pʻy˧tsʻɿ˧ly˥tɕʻɯ˥
飞鬼结巢经中册

32.  ze˩me˥pʻy˧tsʻɿ˧mæ˥tɕʻɯ˥
飞鬼结巢经下册

33.  iə˧ma˩ze˩dər˩tsʻər˥
"尤麻"砍鬼树经

34.  tər˩dzɯ˧ʐua˩
偿恶鬼债经

35. 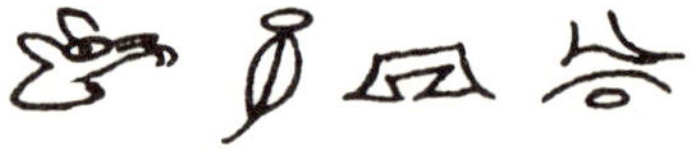 kʻy˥dʑi˧gə˩zər˩
解脱年灾经

36.  sɿ˧dzɿ˧hɯ˩dzɿ˧
送鬼往乐园经

37.  tsɿ˧ o˧ ze˩ o˧ by˧

缢鬼飞鬼分产经

38.  ts'ɿ˧ bar˩ ts'ər˥

砍缢索经

39. 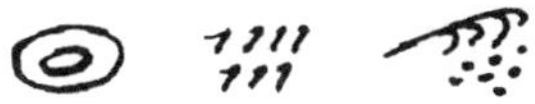 ma˩ de˧ no˥

七神女驱鬼经

40. 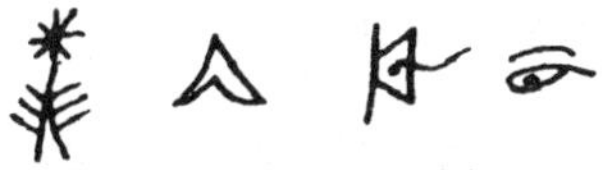 tv˩ ts'ɿ˥ k'u˧ p'u˧

竖幡开门经

41. 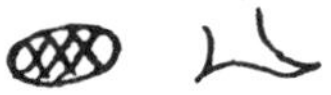 mu˧ k'u˥

放牲经

42.  mu˥ dzɿ˧ mi˥

劝引鬼经

43.  ts'ər˥ du˧

永诀经

44.  tse˩ dɯ˩ py˩ kv˧ tɕ'u˥

大祭"争"鬼经上册

45.  tse˩ dɯ˩ py˩ ly˥ tɕ'u˥

大祭"争"鬼经中册

46. 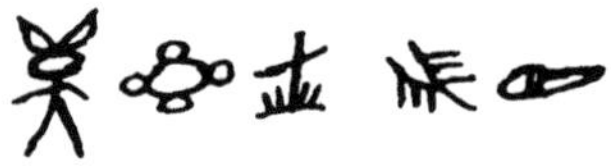 tse˩dɯ˩py˩mæ˥tʂu˥

大祭"争"鬼经下册

47.  ta˧kɯ˩dʑi˩pʏ˥

放生解厄经

48.  tsʻɿ˧gu˩tsæ˥

鬼马经

49.  tʻʏ˥kʏ˧

逐鬼经上册

50. 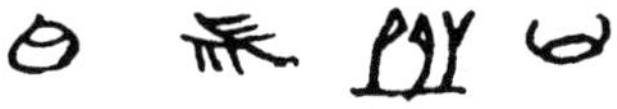 tʻʏ˥mæ˥ dæ˩kʻo˧

逐鬼经下册（附送食素鬼）

51.  py˩mæ˥tər˥

祭风结尾经

52.  sɿ˧bʏ˧y˩pʏ˥

送祖经

53.  be˩mu˩sɿ˧

送神兵经

54.  he˩pʏ˥

送神经

55.  har˧mæ˥tsʼər˥

再祭遗漏之鬼经

56. 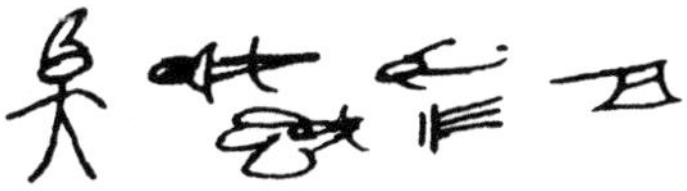 da˧le˩ə˥sa˩mi˥ʂu˥

祭"达勒阿萨命"女神

五.  to˥kʼɯ˥ 替生(消灾)经

1.  kʼɯ˥dzo˩

消灾开场经

2.  mu˩ɕi˧ə˧pa˩tʏ˧

"牡欣"老人经

3.  zɿ˩y˩

擒仇经

4.  y˩tsɿ˧

接祖经

5.  tsʼo˩bar˧tʏ˧

人类迁徙经

6.  sa˧la˩gv̩˥

祭"萨牢"老人经

7.  ga˧la˩mu˧dzi˧

献神将牲经

8.  mɯ˥tʂʅ˩iə˧ma˩sa˥

迎"勐时尤麻"神经

9.  pa˧u˧lə˧ma˩sa˥

迎"巴吾尤麻"神经

10.  ga˧la˩ha˧tʂʅ˩

献神将饭经

11.  kʻa˧tʂʻər˧sa˥

神将药品经

12.  pa˥ma˩tʻv̩˧

祝福抹油经

13.  uə˧kə˩sa˥

迎"乌苟"神经

14.  so˧na˥gv̩˥gu˧tʻv̩˧pɯ˥

九头魔来历经

15. 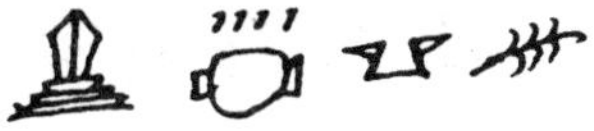 dʑy˩ na˥ ʂʅ˥ lo˧ lu˥ pʻa˧ tʻv̩˧ pɯ˥

"什罗"大山四面鬼之由来经

16.  to˥ mɯ˧ kʻɯ˥ ɣɯ˧ kʻo˥

宰牛替死经

17.  pʻv̩˧ so˧ lo˥

消男灾经

18.  mu˩ so˧ lo˥

消女灾经

19.  du˩ æ˩ sɿ˩ æ˩ tɕʻər˥ dzo˩

"动""苏"战争传略

20.  ha˧ æ˩ sər˧ æ˩ tɕʻər˥ dzo˩

"哈""斯"争斗事略

21.  iə˩ la˥ di˧ do˧ tɕʻər˥ dzo˩

"优老丁多"传略

22.  mɯ˧ zo˧ gv̩˧ kʻv˥ tɕʻər˥ dzo˩

九天子传略

23. 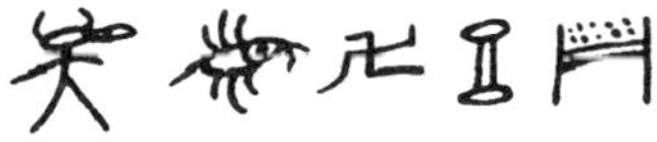 tsʻo˩ dze˧ lɯ˥ ɣɯ˧ tɕʻər˥ dzo˩

“崇则丽恩”传略

24. 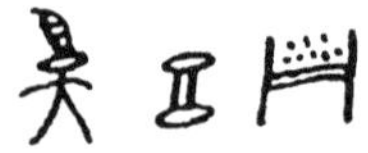 ka˧le˩tsʏ˥ʨər˥dzo˩

“高勒趣”传略

25.  he˩mi˥tsʻɿ˩mi˥ʨər˥dzo˩

神女鬼女传略

26.  uə˧kə˩uə˧ma˩æ˩

“阿華”“阿毛”战经

27.  ga˧pa˩dʑi˥ga˧pa˩la˥

烧“高巴”、送“高巴”经

28.  kʻy˥gə˩zər˩

压年灾经

29. 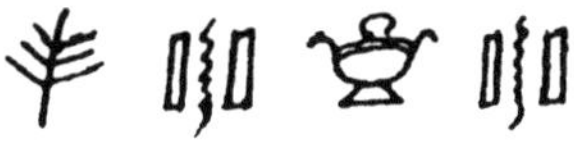 sər˧gɯ˧ha˧gɯ˧

献偶替灾经

30.  kʻa˧lɯ˥pʻi˥

送“考利”经

31.  ʨə˧dy˩pʻi˥

送“周毒”经

32.  zɿ˩y˩zɿ˩tər˥zɿ˩zər˩

擒敌囚敌压敌经

33.  pa˧kə˩kʰɯ˧du˧by˧

“巴格”卜课分依经

34.  to˥ʐua˧py˥

消灾送鬼马经

35.  to˥tʰy˥to˥kʰo˧

消灾送鬼历程经

36. 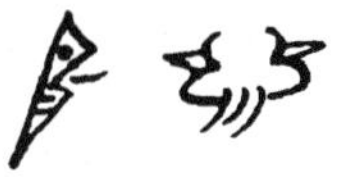 do˩py˥

送孽鬼经

37.  to˥kʰɯ˥py˩mæ˥tər˥

消灾结尾经

38.  kɯ˩kʰɯ˥to˧ma˧pi˥

送九头神面偶经

39.  uə˧kə˩py˧la˩py˥

送“何草”菩萨经

六、 zɿ˧ tʂʰɯ˥ py˩ 求寿经

1.  kɯ˥ dʑi˩ tsʰɿ˩

搭毡房经

2.  zɿ˩ tɯ˩ ko˥ o˥

开坛通神献米经

3.  kʰɯ˧ tsʰɿ˥ le˩ tʂʰə˥ zər˩

建坊压魔经

4.  mɯ˧ zo˧ kʰo˧ lo˧ kʰo˧ ɕi˧ tʂʰə˥ py˩

上界"可罗可欧"其人

解秽经

5.  tsʰɿ˥ ha˧ iə˥

施鬼食经

6.  kɯ˩ py˩

祭二十八星宿经

7.  tɕʰɯ˥ pa˧ dɯ˩ dʑi˥

烧大天香经

云南文库·大家文丛

8.  tv˩ tsɿ˥

求寿烧蜡经

9.  dʑi˧ sa˥ tsɿ˧ py˧ ba˩ ua˥ ly˧ tv˧

庆请五方净水经

10.  ʑi˧ to˧ pʰi˥

求寿送龙王面偶经

11.  i˧ do˧ sa˥ pʰv˧ la˩ du˩ tsɿ˧

迎神咒、大迎神经

12. 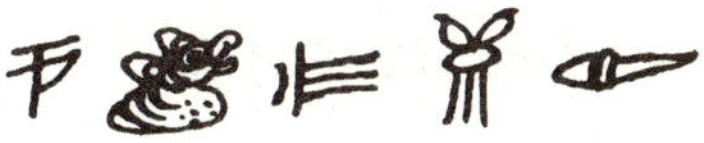 pʰv˧ la˩ sa˥ kv˧ tɕu˥

天神经上册

13.  pʰv˧ la˩ sa˥ ly˥ tɕu˥

天神经中册

14.  pʰv˧ la˩ sa˥ mæ˥ tɕu˥

天神经下册

15.  hæ˩ i˧ ba˧ da˩ dzər˩ tv˧ zɿ˧ ʂər˩ me˥

"海英宝达"树下求长寿经

16.  tse˥ tse˧ hæ˩ lv˧ me˧ tv˧ zɿ˧ ʂər˩ me˥

"增增"大金石旁求寿

17. 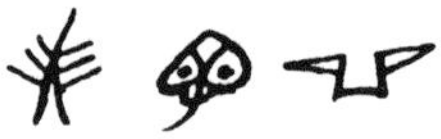 dzər˩ pa˥ tʰy˧

揉福寿枝经

18.  tsʰɿ˥ i˧ la˧ mu˧ tsʰe˩ ʂɿ˥ ky˧ sa˥

迎十三尊翠英老姆

神经

19.  ho˩ tʰy˧ pɯ˥

"河"神由来经

20.  da˧ mu˧ lɯ˧ sɿ˧ tʰy˧

女神箭来历经

21. 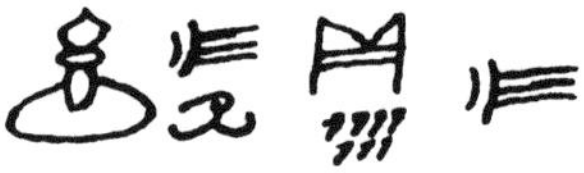 sa˩ i˧ ua˧ de˧ sa˥

迎"萨依瓦德"神经

22.  ɕy˧ tʂʰər˧ sa˥

迎五方神巫经

23.  ho˩ mu˧ dzi˧

献"河"牲经

24.  ga˧ la˩ y˩ tsɿ˧

接原始祖经

25.  ho˩ha˧ʂɿ˩

祭"河"献饭

26.  tsʻo˧mu˩tʻv˧

跳神法规经

27.  nɯ˩mu˧tɕʻə˥ʂu˥

牺牲除秽经

28.  pa˧uə˧iə˧ma˩sa˥

求寿通"宝龙"尤麻神经

29.  kʻɯ˩kʻu˥sa˥

求寿通九头神经

30.  ə˧mi˩y˧le˩ y˩ɕə˥

"阿米永楞"祭羊卜徵兆经

31.  na˧tsʻə˧ɕə˩

"纳采"卜兆经

32.  zɿ˧tɕʻu˥py˩iə˧ma˩sa˥

求寿祭"尤麻"神经

33.  iə˧ma˩tɕʻu˥pa˧dʑi˥

祭"尤麻"烧天香经

34.  zɿ˩uə˧py˩

破敌垒经

35. 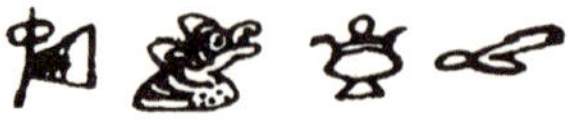 ga˧la˩ha˧ʂɿ˩

向神将熟献经

36.  kʻa˧tɕʻər˧sa˥

求寿神将药品经

37.  tsʻo˩dze˧lɯ˥ɣɯ˧tɕʻər˥tɕʻər˥dzo˩

"崇则丽恩"代节略

38.  zɿ˧tɕʻu˥py˩tsʻo˩bər˧sa˥

求寿人类迁徙经

39.  ɣɯ˧do˧la˧mu˧tɕʻu˥pa˧dʑi˥

祭"恩多"老姆神烧天香经

40.  mə˧py˩dzi˧zɿ˩sa˥

迎"麦布精入"神经

41.  ga˧tʂʻɿ˧pɯ˥

神将来历经

42. 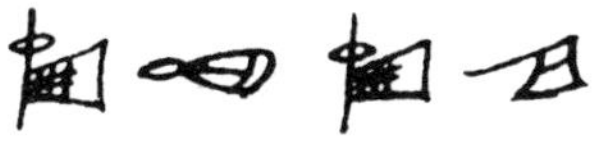 ga˧ pʻi˥ ga˧ ʂu˩

失将寻将经

43.  ga˧ tʂʻər˧ kʻɯ˥

为神将点药经

44.  dʐər˧ dɯ˩ tsæ˥

求大圣灵经

45.  gə˩ ba˩ dʐər˧ bu˩ iə˥

给弟子圣灵经

46.  ə˧ mi˩ dʐər˩ tsæ˥

"阿明"求圣灵经

47.  du˩ gv˥ zɿ˧ ʂər˩ me˥

祭"功"神求长寿经

48.  tsʻɿ˥ lɯ˧ gɯ˩ da˥

蝙蝠传讯经

49.  tɕʻə˥ zər˩ gv˥ sər˧ le˧ dʑi˩ pa˥ tʻv˧

压核建柏树云梯经

50. 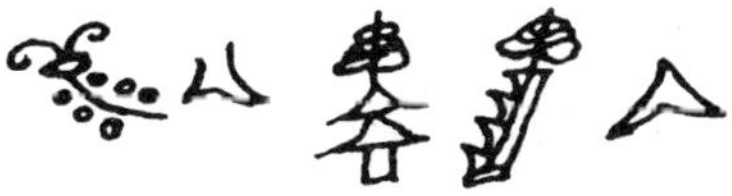 ho˩ kʻɯ˧ gv˥ tʻa˥ gv˥ le˧ dʑi˩ tsʻɿ˥

向"河"神建柏塔柏梯
求福经

51.  y˩ pv̩˥ ta˧ so˧ iə˥
送祖赐与续命缕经

52.  tv̩˩ pv̩˥
求寿送幡经

53.  ʂɿ˥ lo˧ na˧ tsa˩ tsʻɿ˥
建"什罗"柏塔经

54. 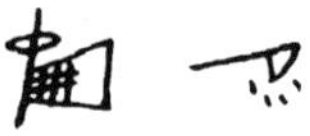 ga˧ be˧
祭十六神将经

55.  zɿ˧ tʂu˥ py˩ pv̩˧ la˩ pv̩˥
求寿福送神经

七、 dər˧ tv̩˥ 赶瘟疫经

1.  dər˧ tʂʻə˥ ʂu˥
赶瘟除秽经

2. 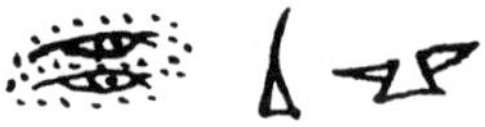 dər˧ tɕʻi˩ tv̩˧

十八鬼王来历经

3.  dər˧tʰv̩˥zɿ˩y˩

赶瘟擒敌经

4.  dər˧tsʰɿ˩tʰv̩˧pɯ˥

瘟魔来历经

5.  mɯ˧lɯ˥du˩dzɿ˧tɕər˥dzo˩

"牡丽动祖"赶瘟节略

6.  iə˩la˥di˧do˧tɕər˥dzo˩

"由拉丁多"赶瘟节略

7.  tsʰo˩dze˧lɯ˥ɣɯ˧tɕər˥dzo˩

"崇则丽恩"赶瘟节略

8.  ka˧le˩tsʰy˥tɕər˥dzo˩

"高勒趣"赶瘟节略

9. 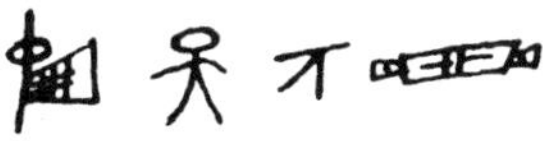 ga˧zo˧dʑər˩tsæ˥

神将求圣灵经

10.  dər˧lv̩˥pʰər˩

赶瘟解结经

11.  dər˧tsʰɿ˩dy˥

驱瘟魔经

12.  ko˩kæ˧y˩mu˧kɯ˥

献羊牲替灾经

13.  tʏ˥py˩

拒瘟抵灾经

14.  dər˧ko˩ky˧tɕu˥

解瘟真经上册

15. 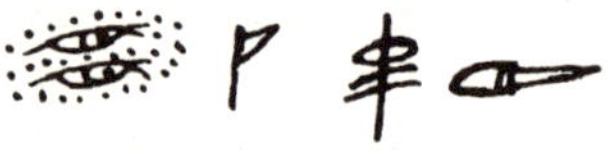 dər˧ko˩ly˥tɕu˥

解瘟真经中册

16.  dər˧ko˩mæ˥tɕu˥

解瘟真经下册

17.  dʑər˩ka˧tɕi˧

请威灵经

18.  kʏ˧pʏ˩dər˧y˩

骷髅降瘟魔经

19.  ga˧zo˧o˩ʂər˥y˧pər˩pʏ˥

送神将和神祖经

八. 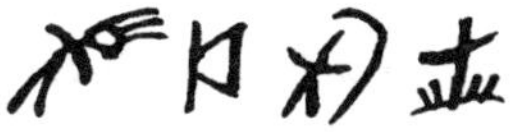 ʂɿ˨˧ kʰɯ˧ tər˥ py˩

解死厄经

1.  tər˥ py˩ ka˧ le˩ tsʰy˥ o˩ ʂər˥

解死厄"高勒趣"招父魂经

2.  tsʰy˥ zɿ˧ lu˥ zɿ˧ tɕər˥ dzo˩

"趣"子四弟兄传略

3. 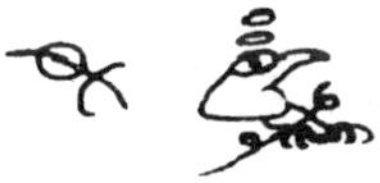 za˩ tɕa˩

解煞神纠缠经

4.  mu˧ ɣu˩ sy˥

杀"猛厄"鬼经。

5.  sɿ˩ tɕa˩

解龙王纠缠经

6.  du˧ si˥ so˧

慰亡偶经

7.  ŋy˥ dzo˩ tɕu˥ dzo˩

祭亡人宗仪经

8.  ʂɿ˧kʻa˧tʂə˩

解厄除死经

9.  ər˧dzɿ˧mi˥

供飯·飲食来历经

10.  ho˩dʐua˧ʂɿ˩

存殁安乱经

11.  si˧dzɿ˧hɯ˩dzɿ˧

解脱苦海就乐园经

12.  ʂɿ˧kʻɯ˧ua˧bə˩tɕy˩tər˥

关都五方死门经

13. 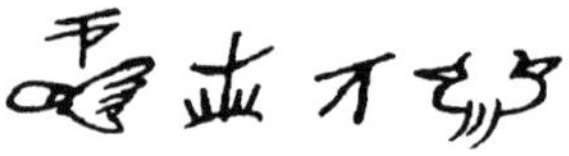 pʻv˧la˩py˩dʐər˧pʻv˥

祭神送灵经

九.  ʂɿ˥lo˧dv˥

祭释理（东巴祖师）经

1.  ʂɿ˥lo˧gu˧mu˧tʻv˧

"释理"身体来由经

2. 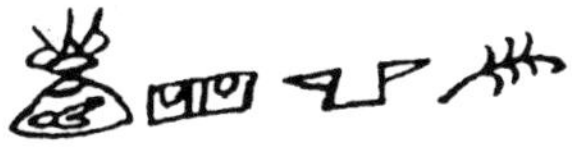 ʂɿ˥˥lo˧tv̩˧pɯ˥

"释理"处来历经

3.  bu˩˨zɿ˩o˩ʂər˥

奉命招魂经

4.  tʂʻu˥pa˧dʑi˥

烧天香经

5.  tv̩˩tsʻɿ˥

建神幡经

6. 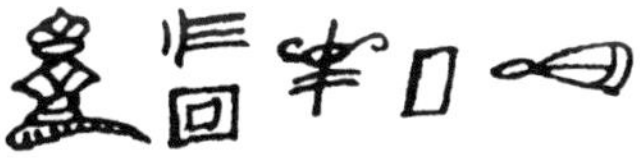 sa˧˩da˥li˧to˧pʻi˥

送龙王面偶经

7.  tsʻɿ˩mi˥kv̩˧sɿ˧ma˩o˧tər˥pʻər˩

解女魔首领纠缠经

8.  dv̩˩py˩tɕʻi˩tv̩˧

十八鬼王驱"毒"鬼经

9.  mi˧uə˧tsʻɿ˩tv̩˧pɯ˥

火狱鬼由来经

10.  dv̩˩tsʻɿ˩tv̩˧pɯ˥

"毒"鬼由来经

11.  lo˩ so˧ kʻu˧ pʻu˧

开八方门经

12.  dʑu˧ kʻo˥ mu˧ ku˩

宰牛献牲经

13. 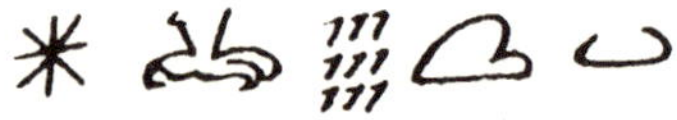 ty˧ tɕy˩ gv˧ bu˩ pʻy˩

破九山探鬼经

14.  mi˧ ua˧ tsʻɿ˩ dʑu˧ ʐua˩

偿火狱鬼债经

15.  dv˩ tsʻɿ˩ dʑu˧ ʐua˩

偿"毒"鬼债经

16.  ti˥ tsʻæ˥ kv˧ ly˥ mæ˥ tɕu˥

"替竹"经上中下三册

17.  le˩ tɕʻə˥ pʻi˥

祭"释理"送"楞车"鬼经

18.  mi˧ ua˧ tsʻe˩ ho˥ dy˩ pʻi˥

送十八火狱鬼地经

19.  ʂɿ˥ lo˧ lo˩ he˧ ʂu˩

找"释理"魂经

20.  dy˩hɯ˥na˩py˩

破"毒"海经

21.  dy˩uə˧py˩

破"毒"垒经

22. 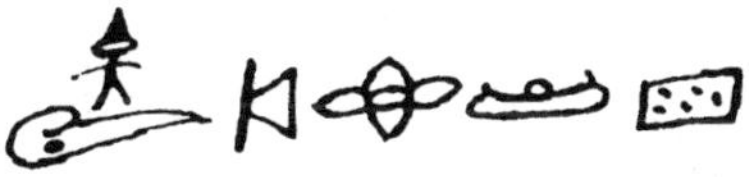 dy˩hɯ˥na˩kʰɯ˧o˩he˧sɿ˨˩

"毒"海边领魂经

23. 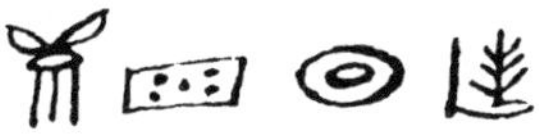 kʏ˥sɿ˧ma˩ŋʏ˥

祭女魔王经

24.  dy˩py˩ py˩mæ˥tar˥

祭"毒"鬼结尾经

25.  ʂɿ˥lo˧tɕʰə˥ʂu˥

"释理"除秽经

26.  ʂɿ˥lo˧he˩zɿ˧kʰa˧lo˩pʰi˥

开"释理"神路鉴经

27.  le˩tɕʰə˥dzɿ˩

驱"勤本"鬼经

28.  bu˩na˩lo˥

越畏嶺经

29.  tʂʻɣ˥ sɿ˧ da˩ dzər˩ tʻɣ˧

鳖口剑树来历经

30.  kʻo˧ lɣ˥ tʻɣ˧

神座来历经

31.  he˩ dʑɿ˧ pʻi˩ kʻɣ˧ ly˥ mæ˥ tʂʻu˥

开神路上中下三册

32.  ta˧ gɣ˧ kʻɯ˧ pʻɯ˧

开鬼狱门经

33. 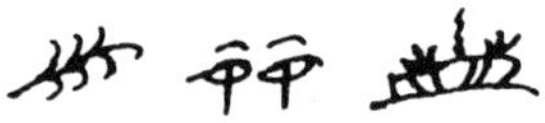 pɯ˧ do˧ dy˩

"本朵"道经

34.  ɕy˩ so˧ dy˩

"许朔"道经

35.  i˧ da˥ dy˩

"衣大"道经

36.  la˧ mi˧ dy˩

"拉米"道经

37.  be˧ tsʻɿ˩ zɿ˧ dy˩

人类生存道经

38.  ɲi˧ uə˧ dy˩

"尼乌"道经

39.  li˧ tá˩ dʑi˥

烧魂偶经

40.  ə˧ mi˩ y˧ le˩ dʑər˩ tsæ˥

"阿明于楞"求圣灵经

十、 bæ˧ mi˧ tʂʅ˥ 燃灯经

1.  o˧ mɯ˧ da˩ gɯ˧

燃灯迎神经

2.  se˧ gɯ˧ to˧ tsæ˧

"释理"祖师忏悔经

3. 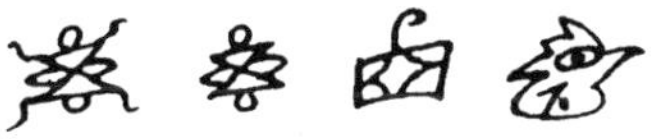 hæ˧ ʂʅ˩ dʑə˩ ɕə˩

施济魍魉经

4.  la˧ sæ˧ dʑi˧ dʑi˧

灯照神阙经

5. 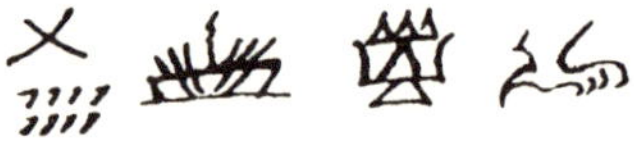 tsʰe˩ho˥dy˩bæ˧mi˧tʂɿ˥

燃灯光照十八狱经

6.  gə˩ba˩bæ˧mi˧tʂɿ˥

信徒(弟子)献灯经

7.  ʂɿ˥˥lo˧he˩pʏ˥

"释理"接引经

8.  gu˩tsæ˥

"释理"神骑经

9. 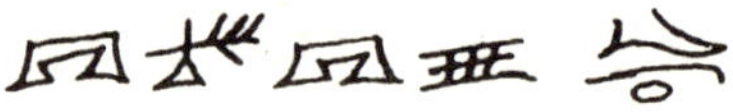 gə˩so˧gə˩dər˧zər˩

开路除邪经

10. 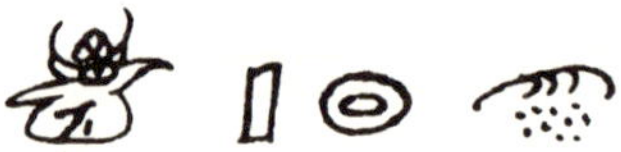 ɓə˧tɕʏ˩to˧ma˧no˥

神鹏面偶除邪经

11.  ga˧la˩kʰə˧pʏ˧tɕʰi˧

送神将归位经

十一、 la˧mu˧ŋʏ˥

祭老姆女神经

1.  la˧mu˧gv̩˧tɕv̩˧

“老姆”身体来由经

2.  la˧mu˧tɕv̩˧pɯ˥

“老姆”出处来历经

3.  la˧mu˧bu˩dze˧

“老姆”求偶经

4.  la˧mu˧o˩ʂər˥

招“老姆”魂经

5.  tɕʰi˥pa˧dʑi˥

祭“老姆”烧天香经

6.  la˧mu˧tv̩˩tsʰɿ˥

祭“老姆”竖神幡经

7.  sa˩da˥li˧to˧pʰi˥

送龙王面偶经

8.  la˧mu˧o˧tər˥pʰər˩

解“老姆”生前纠缠经

9.  la˧mu˧dv̩˩mu˧kʰɯ˥

“老姆”给“毒”鬼献牲经

10.  mi˧ua˧tsʻɿ˩tʻv˧pɯ˥

火狱鬼的出处来历

11.  sy˥mi˧ma˨mu˧kʻɯ˥

牲祭女魔王经

12.  mɯ˧tsɿ˩kua˩kʻɯ˧du˧

行火葬礼经

13.  tɕʻi˥kʻɯ˧kʻv˩

安葬八门经

14.  lo˩so˧kʻɯ˧pʻɯ˧

开八方门经

15. 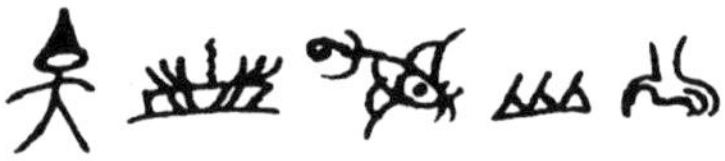 dv˩dy˩bæ˧mi˧tɕʻɿ˥

"毒"地燃灯经

16.  la˧mu˧pʻi˥ɕu˩

找"老姆"魂经

17.  lo˩ha˧iə˥

施食经

18.  dər˧tɕʻi˥pʻv˥

消除罪恶经

19.  mi˧ kʰə˩ pv̩˥

消除无妄之灾经

20. 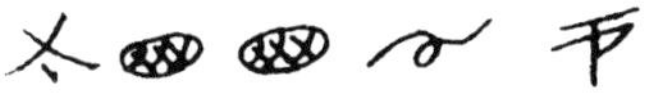 la˧ mu˧ mu˧ tər˥ pʰər˩

解"老姆"死后纠缠经

21.  ɓə˧ tɕʰy˩ to˧ ma˧ no˥

神鹏面偶除邪经

22.  mu˧ kv̩˧ la˥

牲头熟献经

23.  la˧ mu˧ tʂʰə˥ ʂu˥

祭"老姆"除秽经

24.  ga˧ la˩ kʰə˧ pv̩˩ tɕʰi˧

送神将归位经

25. 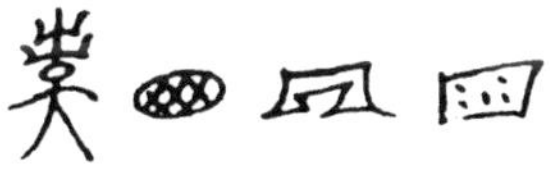 be˩ mu˩ gə˩ sɿ˧

犒劳神兵凯旋经

26.  la˧ mu˧ py˩ mæ˥ tər˥

祭"老姆"圆满忏经

27.  li˧ tʰa˩ dʑi˥

烧魂偶经

28. 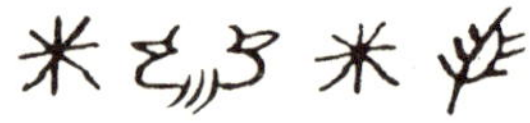 ty˩py˥ty˩ɕi˥

送神幡经

29.  gə˩dər˧zər˩

开路除邪经

30.  la˧mu˧mɯ˧tsɿ˩kua˩kʻɯ˧lɯ˧
sɿ˧kʻæ˥

祭"老姆"火葬场射箭仪式经

十二、 ʐɿ˧me˥

开路（开丧）经

1.  mu˧ɣɯ˩sy˥

杀"猛厄"鬼经

2.  ʐɿ˧tɕi˥py˩

驱死仇咒经

3.  tsɿ˧i˩

薦祖经

4.  ku˧ʂu˥ɬa˥

盖棺订钉经

5.  mu˥dzər˧

唱挽歌经

6.  tv̩˧tɕe˩pv̩˩

破"都质"鬼经

7.  mi˧se˥pv̩˩

破"米色"鬼经

8.  dæ˩o˩ʂər˥

招官魂经

9.  dæ˩gu˩tv̩˧

官之冥马来由经

10.  dæ˩la˧tv̩˧

官之冥虎来由经

11.  kʰua˥gæ˩tv̩˧

铠甲来由经

12.  dæ˩ŋv̩˥kv̩˧ly˥mæ˥sɿ˥tsæ˧

超荐官目经上.中.下

三册

13.  bɯ˧dæ˩gʏ˥kʏ˧ly˥mæ˥
ʂɿ˥tsæ˧

官娘超荐经上、中、下

三册

14.  zɿ˧ʂər˩gʏ˥kʏ˧mæ˥tɕʏ˥

祭长寿者上下册

15.  ər˧pər˩bʏ˧be˧tʏ˧

白铜锡由来经

16.  ɣɯ˧do˧dzər˩pa˥tʏ˧

"恩多"树枝来由经

17.  bɯ˧zɿ˧ʂər˩gʏ˥kʏ˧mæ˥tɕʏ˥

祭女长寿者上下册

18.  ʐo˧o˩sa˥

先世遗泽经

19.  mɯ˧ko˥

杀牛祭牲经

20.  mɯ˧du˧

献太牢经

21.  ɕi˧ŋv˥tso˩bər˧tv˧

超荐经人类迁徙记

22. 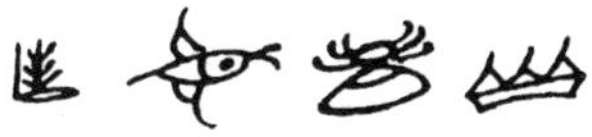 ɕi˧ŋv˥mɯ˥dzɿ˧mi˥

祭奠接引经

23. 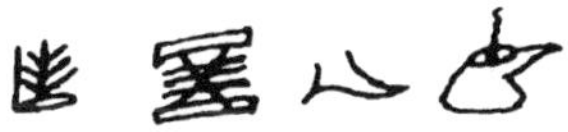 ɕi˧ŋv˥pʰe˩kʰɯ˧tsɿ˩

展奠入宗仪经

24.  dʑər˩dzɿ˧mi˥

献一切祭品经

25.  o˩dzɿ˧mi˥

“俄英都奴”烈女传

26. 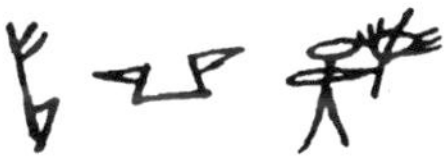 mɯ˥tʰv˧zɿ˧

持法杖经

27.  ɕi˧ŋv˥ər˧dzɿ˧mi˥

祭奠熟献·饮食来历经

28.  ɿe˧he˩hæ˧

掛福泽袋经

29.  ʂɿ˧kʻa˧tɕə˩

祭奠除死苦经

十三. 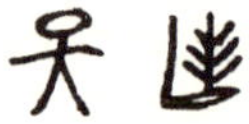 ɕi˧ŋv˥ 荐死经

1.  sɿ˧pʻər˨dʑi˨kɯ˥

搭白毡房经

2.  na˩sa˩uə˧kʻɯ˧ kʻuə˥ʂə˥

"纳萨"塞前叙古今经

3.  ŋv˧tsɿ˧

迎神主木偶经

4.  ŋv˧be˧

制作神主木偶经

5.  ŋv˧ha˧ʂɿ˩

偶前献饭经

6  gv˧dʑɯ˧o˧kɯ˥

迎九先师赞经

7 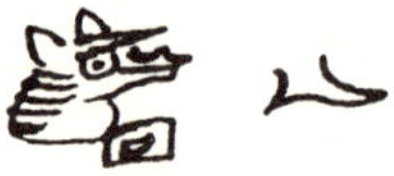 ta˧kʻɯ˥

骑迹灵经

8.  o˩ o˩ ʐər˥

招"饿"魂经

9.  ɕi˧ ŋv˥ tʂʻu˥ pa˧ dʑi˥

薦死烧天香经

10.  ŋv˧ tʂʻər˧ kʻɯ˥

为神主木偶点药经

11.  gv˧ dʑi˩ tʻv˩

舅设祭坛经

12.  gv˧ ʐu˩ gv˧ tse˥

舅制冥象经

13.  ŋv˧ ɣɯ˧ kʻo˥

薦死杀牛祭经

14.  y˩ tʻa˥ py˩

薦死祭祖经

15.  kʻɯ˧ py˩

竖标咒经

16.  bə˧ uə˧ pʻv˩

破“巴”寨·为薦者开道经

17.  tʂu˥do˩

序䀊穆经

18.  ər˧pʻv˥y˩dzɿ˧mi˥

播种祭祖经

19.  gv˧dʑi˩kʻæ˥

舅折祭壇经

20.  kʻo˧dʐɿ˧pʻv˥

撒米花退魔经

21.  ŋv˧sa˥tɕʻi˩

退口舌经

22. 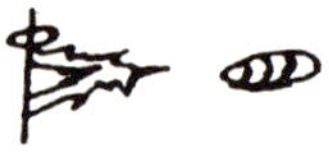 tʻe˧dʑi˧

偶衣经

23. 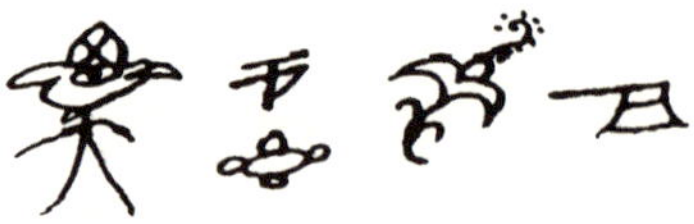 tsʻo˩dze˧pʻər˧dɯ˩tɕʻər˧ʂu˩

“崇则嗇德”找药经

24.  gu˩to˧pa˧ta˥

屡屡薦魂经

25.  gʏ˩ kɯ˥

送舅经

26.  ŋʏ˧˩ pʏ˥ ʏ˩ pʏ˥

送偶送祖

十四、 ga˧ ŋʏ˥ 祭帅崩

1.  ga˧ o˩ ʂər˥

招帅魂

2.  ga˧ le˩ tʂʰə˥ dzə˩

祭帅破狱鬼经

3.  ga˧ zɿ˩ y˩

祭帅擒敌经

4.  ga˧ mu˧ kʰɯ˥

祭帅献牲经

5.  ga˧ tʂʰʏ˧ pɯ˥

帅之出处来历经

6.  ga˧ ŋʏ˥ ko˩ kʏ˧ mæ˥ pi˧ tsʰæ˧

祭帅功德颂上、下册

7.  ga˧ŋv˥iə˧ma˩zɿ˩uə˧py˩

祭帅"尤麻"神攻破敌垒

十五、 py˩zo˧py˩mi˥

零杂（派生）经

1.  dzɿ˧uə˧py˩

原籍经（部落神）

2.  dʑi˧bɯ˧py˩

祭风雨经

3. 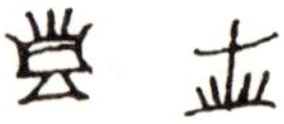 u˩py˩

祭"吾"（军师）经

 æ˩kʰɯ˥hy˥

放生鸡经

4.  bɯ˧kʰɯ˧mɯ˧py˩

得子祭天经

5. 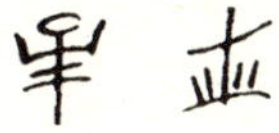 tv˥py˩

抵灾(冰雹)经

6. 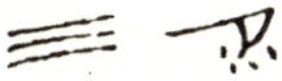 hər˧be˧

祈半消灾(祭风)经

7.  dʑi˧o˧py˩

岁暮退口舌经

8.  tɕi˥kv˧py˩

解劫消灾经

9.  y˩py˩

祭祖经

10.  dʑi˩mu˧ʈɯ˩py˩

祭"猛厄"(水怪)经

十六、 tso˥la˧ "左拉"卜经

1.  dzi˧ua˩tsɿ˩

推算"精恩"五行经

2.  pa˧kə˩tsɿ˩

推算"巴格"卜课经

3.  mi˧ua˩tsɿ˩

推算九宫经

4.  si˧dʑi˩da˧dʑi˩

流年数经

5.  dər˧ku˩

当供卜书

6.  bu˧tʻo˩kɯ˩tsɿ˩

推算甲子经

7. 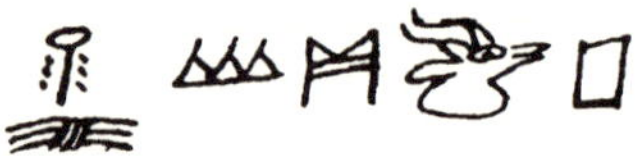 dʑɿ˩tsɿ˩mi˧ua˩dzɿ˩to˥

合婚择吉经

8.  pa˧kə˩pʻər˧sa˩na˧sa˩tsɿ˩

"巴格"课推算凶吉经

9.  mɯ˧za˩kʻɯ˧tsɿ˩

推算凶星经

10. 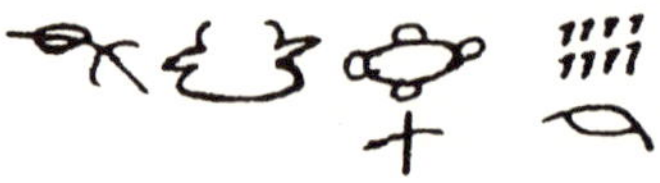 za˩bʏ˧dɯ˧ɕi˧ho˥pʻia˧

抽看"绕布"一百零八

贡卜凶吉兆

11.  kʻy˥dʑi˧gu˩dʑi˧tsɿ˩

推算年灾病厄经

12.  dʑə˧tɕe˩y˧tɕe˩kʻu˧ɕə˥

推看吉凶经

13.  bæ˩mæ˧ɕə˥

掷贝卜经